Amiens
La cathédrale

Chez le même éditeur

Dans la même collection « Le ciel et la pierre »

Avignon, le palais des Papes, par Dominique Vingtain, avec des photographies de Claude Sauvageot, 1998.

Bourges, la cathédrale, par Yves Christe et Laurence Brugger, avec des photographies de Claude Sauvageot, 2000.

Chartres, la cathédrale, par Peter Kurmann et Brigitte Kurmann-Schwartz, avec des photographies de Claude Sauvageot, 2001.

Laon, la cathédrale, par Alain Saint-Denis, Martine Plouvier et Cécile Souchon, avec des photographies de Claude Sauvageot, 2002.

Quimper, la cathédrale, par Philippe Bonnet, avec des photographies de François Talairach, 2003.

Reims, la cathédrale, par Patrick Demouy (dir.), Sylvie Balcon, Bruno Chauffert-Yvart, Bruno Decrock, Robert Neiss et Walter Berry, avec des photographies de Claude Sauvageot, 2000.

Saint-Denis, la basilique, par Elizabeth A. R. Brown, avec des photographies de Claude Sauvageot, 2001.

Strasbourg, la cathédrale, par Benoît Van den Bossche, avec des photographies de Claude Sauvageot, 1997.

Amiens
La cathédrale

Dany Sandron

Photographies de Christian Lemzaouda

Diplômé de l'École des chartes, ancien conservateur au Musée national du Moyen Âge – Thermes et hôtel de Cluny, Dany Sandron a rejoint l'Université en 1993. Il est actuellement professeur d'histoire de l'art et d'archéologie du Moyen Âge à la Sorbonne (Paris IV). Spécialiste de l'architecture gothique, ses recherches l'ont conduit à s'intéresser également aux arts figurés, sculpture et vitrail notamment, en adoptant des approches diversifiées.

Il a pu compter sur Christian Lemzaouda, photographe du centre André-Chastel (CNRS-Paris IV), dont l'intervention décisive – établissement d'une couverture photographique inédite de la cathédrale et unification de la documentation graphique – donne à l'ouvrage toute sa lisibilité.

Nous adressons nos plus vifs remerciements à ceux qui nous ont prêté leur concours à différentes étapes de notre travail. Que soient assurés de notre gratitude Geoffroy Asselin, Xavier Bailly, Uwe Bennert, Brigitte Buffet-Bazinsky, Jean-Marie Claustre, Dominique Daura, Jean-Claude Druesne, Maurice Duvanel, Karine Gautier, Patrick Hoffsummer, Isabelle Isnard, Fabienne Joubert, Bruno Klein, Claudine Lautier, Françoise Lernoux, Catherine Limousin, Philippe Lorentz, Jean Macrez, Marie-Françoise Maria, Annie-Claude Marteaux, Jean-Jacques Nasoni, Anne Prache, Père Corentin Seznec, Cédric Soulet, Panayota Volti, Jean-Marc Zuretti.

Pour l'accueil chaleureux qu'ils nous ont toujours réservé à la cathédrale, leur grande disponibilité, leur passion communicative pour un monument exceptionnel, nous avons plaisir à remercier tout particulièrement Aurélien André, Jacques Blanrue, Sébastien Delannoy, Patricia Leduc et Thierry Sanchez. Nous gardons un excellent souvenir de la participation active de Christian Lemzaouda, collaborateur aussi cordial qu'efficace.

Cet ouvrage est le neuvième volume
de la collection « Le ciel et la pierre ».

Édition : Emmanuelle Pariaud-Seguin
Correction : Chantal de La Hautemaison
Conception graphique et mise en pages
des cahiers iconographiques : Pierre-Louis Hardy
Fabrication : Yves Raffner

© Éditions Zodiaque, 2004
68, rue de Babylone, 75007 Paris
ISBN : 2-7369-0309-9

Le Code de la propriété intellectuelle interdit les copies ou reproductions destinées à une utilisation collective. Toute représentation ou reproduction intégrale ou partielle faite par quelque procédé que ce soit, sans le consentement de l'auteur ou de ses ayants cause, est illicite et constitue une contrefaçon sanctionnée par les articles L. 335-2 et suivants du Code de la propriété intellectuelle.

Sommaire

Introduction 7

PREMIÈRE PARTIE
L'HISTOIRE

La cathédrale avant la cathédrale 12
Le clergé et la fabrique 16
Le financement du chantier 21
Le chantier dans la ville 27
La maîtrise d'ouvrage en images 29
Chronologie du chantier 32

DEUXIÈME PARTIE
L'ARCHITECTURE

La maîtrise d'œuvre 37
Un projet global 43
La nef 48
La façade occidentale 60
Les parties orientales, transept et chœur 66
La charpente du grand comble et la flèche 78
Qualités fondamentales de l'architecture 82
La succession des trois architectes 83
La diversité des sources 83
Amiens et Paris 85
La polychromie 86

TROISIÈME PARTIE
LES VITRAUX

Une vitrerie lacunaire 90
Les commanditaires 91
L'iconographie 96
Le style 99
Les vitraux du XIVe siècle 101
Les vitraux du XVIe siècle 102
Les vitraux des XIXe-XXe siècles 102

QUATRIÈME PARTIE
LA SCULPTURE DES PORTAILS

Les portails occidentaux	106
Les portails du transept	136

CINQUIÈME PARTIE
LES CHAPELLES DE LA CATHÉDRALE AU MOYEN ÂGE

Les chapelles du chœur	152
Les chapelles latérales de la nef	154
Les chapelles du Beau Pilier	158

SIXIÈME PARTIE
LES AMÉNAGEMENTS DU CHŒUR DU XIIIe AU XVIe SIÈCLE

Le jubé de la fin du XIIIe siècle	164
Le chœur à la fin du Moyen Âge	166

SEPTIÈME PARTIE
LES AMÉNAGEMENTS MODERNES DU XVIe AU XXIe SIÈCLE

La cathédrale aux XVIe-XVIIe siècles	190
La cathédrale au XVIIIe siècle	194
La cathédrale au XIXe siècle	200
L'aménagement des abords de la cathédrale	205

Conclusion	207
Repères chronologiques	209
Orientation bibliographique	213
Index	217

Introduction

> « Si vous avez plein loisir et que le jour soit beau, vous aurez peut-être alors comme moi la chance de voir la cathédrale, qui de loin ne semble qu'en pierres, se transfigurer tout à coup, et – le soleil traversant de l'intérieur, rendant visibles et volatilisant ses vitraux sans peintures – tenir debout vers le ciel, entre ses piliers de pierre, de géantes et immatérielles apparitions d'or vert et de flammes. »
>
> Marcel Proust, préface
> à *La Bible d'Amiens* de John Ruskin, p. 20.

Dans le concert des cathédrales gothiques qui incarnent aux yeux du plus grand nombre la quintessence de l'art médiéval, celle d'Amiens, plus que d'autres, se prête aux superlatifs. Pour l'architecture, « il est difficile de voir une construction plus simple et plus économique, eu égard à sa dimension et à l'effet qu'elle produit », écrivait Viollet-le-Duc qui en dirigea la restauration au XIXe siècle (*Dict.*, t. II, p. 331). En effet, à l'époque de sa construction, dans le deuxième quart du XIIIe siècle, la nef culminant sous les voûtes à 42,30 m était le vaisseau le plus haut jamais édifié, le plus léger également. Notre-Dame d'Amiens reste la plus vaste église gothique du XIIIe siècle, avec 145 m de long et 70 m de large au transept. Ses portails forment à l'ouest la plus ambitieuse page sculptée jamais conçue en frontispice, animée de plusieurs centaines de personnages. C'est par milliers qu'il faut compter ceux dont on peupla les stalles du chœur au début du XVIe siècle, peu avant l'érection à la croisée d'une nouvelle flèche charpentée, aujourd'hui encore la plus ancienne de cette envergure.

L'accomplissement artistique et *a fortiori* la charge spirituelle de la cathédrale ne peuvent se réduire à ces chiffres qui en traduisent seulement l'ambition démesurée. C'est évidemment le dynamisme du clergé qui permit la réalisation d'une œuvre unique, confiée à des architectes parmi les plus talentueux de leur époque. Mais, au-delà d'une entreprise qui suscita l'orgueil bien légitime de ses initiateurs, d'abord les évêques, dont l'image est coulée dans le bronze, comme de ses réalisateurs, les trois architectes successifs dont l'effigie et le nom, à l'instar de Dédale, étaient scellés dans le dallage dessinant un labyrinthe, il faut chercher la signification profonde d'un tel monument à l'horizon de l'ensemble du diocèse, une région alors particulièrement prospère. Sa population, largement sollicitée pour le financement du chantier, devait trouver dans la cathédrale l'enseignement fondamental pour le Moyen Âge, celui du salut dans l'au-delà. La cathédrale déploie ainsi jusqu'à la démesure tous les moyens, architecturaux et imagés notamment, pour gagner ce but suprême.

De nos jours, le contraste est frappant entre cet édifice gigantesque et les quartiers environnants dont le tissu déchiré porte encore les marques d'un urbanisme brutal et les séquelles de la Seconde Guerre mondiale. Les projets en cours de réalisation de l'architecte Guillaume Huet sur le parvis et au nord de la cathédrale visent à rétablir un environnement plus conforme à la ville ancienne sans lequel la signification de l'édifice nous échappe en partie. Il faut s'attendre à voir le contraste entre la ville et la grande église non pas atténué – si ce n'est au regard de la qualité architecturale des nouvelles constructions – mais rehaussé par un plus grand effet de surprise au passage de l'une à l'autre. Surdimensionnée dès l'origine par rapport à la ville, la cathédrale a été conçue pour être abordée par étapes, et pour frapper violemment ceux qui s'en approchent. C'est bien un véritable choc qu'elle devait exercer, avec combien plus de force quand son décor peint était intact, on le voit bien au succès que rencontre auprès d'un large public l'illumination des portails, dans la lumière colorée des vitraux et l'éclat des châsses d'orfèvrerie.

Il faut imaginer un édifice qui n'apparaissait dans son intégrité qu'à distance, bien au-delà des limites de la ville, comme on l'aperçoit encore aujourd'hui d'où qu'on vienne, en suivant les pas de Ruskin ou de Proust, en remontant la vallée de la Somme depuis Abbeville, en la rejoignant depuis le nord ou le sud, à une cadence depuis longtemps oubliée qui permettait de s'imprégner progressivement de la présence tutélaire du monument. Puis, dans le lacis des rues médiévales, autrement plus tortueuses que la voirie actuelle, la cathédrale disparaissait. Elle surgissait soudain au détour d'une rue étroite dégageant une perspective oblique et incomplète sur le portail de la Vierge dorée ou sur la façade. Le parvis exigu, à peine la moitié en profondeur de la place actuelle, permettait tout juste d'embrasser frontalement du regard les trois portails. Le cortège solennel des statues d'une proximité intimidante devait rendre plus aiguë la conscience de la fragilité humaine, un sentiment encore accru par l'élévation impressionnante de la façade, dans le déferlement minéral de gâbles, pinacles et crochets depuis le sommet des tours.

En s'approchant, l'homme s'immergeait dans le monde des statues, ces pierres vivantes qui semblent l'accompagner sous les porches profonds. Il franchissait la porte pour se trouver immédiatement transporté dans un espace immense, une nef épanouie à des hauteurs vertigineuses, qu'une perspective rigoureuse transforme en voie triomphale, d'une architecture éthérée, sans aucun rapport d'échelle avec les constructions et les rues alentour, qui à la manière d'un sacrement pouvait donner l'impression d'être purifié (É. Mâle).

Ce choc, ressenti par le plus grand nombre encore aujourd'hui, pour des raisons religieuses ou des motivations esthétiques, était amplifié par une liturgie dramatique qui à son tour s'en nourrissait. Portée par des mises en scène théâtrales où le culte de reliques vénérées tenait une place éminente, jouant des effets de spectacle par les images des processions chamarrées, cette liturgie était accompagnée de chants, du son des orgues et des cloches, des parfums, dans la profusion de l'encens et autres fragrances végétales. On a peine à imaginer la puissance de cette expérience sensorielle, imprégnée de la résonance entre un décor fixe et celui, éphémère, mais toujours renouvelé, de la liturgie et des fêtes, entre l'histoire et l'événement. Ainsi, pour accueillir les évêques des diocèses voisins de Cambrai, Thérouanne, Beauvais ou Noyon, sonnait-on de façon exceptionnelle à la volée le bourdon pour commémorer la présence de leurs lointains prédécesseurs à la découverte miraculeuse au début du VIe siècle du corps de saint Firmin martyr, premier évêque d'Amiens, un haut fait de l'histoire religieuse du diocèse, représenté tant au portail nord de la façade qu'à la clôture du chœur et sur la grande châsse du saint qui trônait au fond du sanctuaire.

La cathédrale joue ainsi avec efficacité un puissant rôle identitaire. Elle abrite et cultive la mémoire des siècles, depuis les origines de l'Église d'Amiens, aux premiers temps de l'évangélisation de la population dont les pionniers, souvent martyrs, reposaient dans de magnifiques châsses d'orfèvrerie, au-dessus de l'autel majeur. Invités, en signe de ralliement, à venir visiter au moins une fois par an leur cathédrale, les diocésains étaient renforcés dans la conviction d'appartenir à une même communauté guidée par l'évêque, omniprésent par l'image, à l'intérieur comme à l'extérieur.

L'admiration pour la cathédrale, rarement démentie, a laissé des témoignages depuis le Moyen Âge. Au XIVe siècle, le Picard Philippe de Mézières, chancelier de Chypre, qualifie de temple mirifique (*templum mirificum*) sa « maison [de la Vierge glorieuse d'Amiens qui] l'emporte merveilleusement sur les autres ». L'évêque Jean de Cherchemont donna en 1370 ses joyaux à la cathédrale, « église d'une noble et admirable structure [...] afin qu'elle brille autant par la beauté de ses ornements que par celle de son architecture » (*ut sicut in materialibus edificiis, sic in ornamentorum decore precellat*). Une supplique adressée au milieu du XVe siècle au pape Eugène IV pour obtenir des indulgences afin de réparer la cathédrale endommagée par un ouragan, précise, sans craindre les redondances ni l'emphase, qu'elle est, de toutes les cathédrales de France, somptueuse, célèbre et fameuse, construite de manière somptueuse, tant pour les matériaux que pour leur mise en œuvre (*Ecclesia Ambianensis, que inter ceteras regni Francie cathedrales ecclesias sumptuosa et celebris est et famosa, atque materia et opere sumptuosissimis constructa*).

L'attention pour la cathédrale ne déclina pas après le Moyen Âge, comme le prouve le dynamisme de la confrérie du Puy Notre-Dame qui l'orna d'un magnifique ensemble de tableaux dont Louise de Savoie, la mère de François Ier, séduite, obtint des copies enluminées. Au XVIIIe siècle encore, le peuple d'Amiens s'y montrait toujours attaché au point que le clergé, insensible à ce patrimoine, dut se débarrasser nuitamment du mobilier ancien. Les mises au goût du jour successives, si elles peuvent faire regretter la disparition de pièces vénérables, voire d'origine, n'en sont pas moins dans la grande majorité des cas d'excellente qualité, comme on peut le suivre jusqu'aux restaurations du XIXe siècle.

Alors, l'intérêt pour la cathédrale augmenta dans le monde de l'érudition. Aux histoires antérieures, parfois peu rigoureuses sur le détail de l'architecture et du décor, succédèrent des enquêtes poussées, dont certaines font toujours référence, qu'il s'agisse des études sur le décor sculpté des portails et les stalles par Jourdain et Duval, membres éminents de la toujours active Société des antiquaires de Picardie, ou encore des observations de Viollet-le-Duc sur un monument qu'il connaissait bien pour en avoir dirigé la restauration sous le Second Empire. S'il ne faut retenir qu'un nom parmi les savants qui se sont penchés sur la cathédrale, c'est celui de Georges Durand, archiviste de la Somme, qui lui consacra en 1901 une étude exhaustive, modèle de l'érudition chartiste, qui exploite la totalité de la documentation accessible à l'époque pour dresser un tableau complet de l'histoire, de l'architecture et du décor du monument, sans se limiter au Moyen Âge, mais en intégrant les époques ultérieures. C'est, à un niveau plus modeste, cette voie que nous avons choisi d'emprunter, le format différent de l'ouvrage excluant de longs développements, notamment sur l'ensemble des stalles.

Depuis les travaux de Durand, la connaissance de la cathédrale a évidemment progressé en bénéficiant de travaux ponctuels mais surtout d'une perception toujours plus nette du contexte historique et artistique qui vit se dérouler sur la longue durée, à l'horizon du nord de la France, voire au-delà, le chantier de la cathédrale d'Amiens. Deux travaux universitaires d'envergure closent momentanément la série des investigations approfondies sur la cathédrale, le premier de Stephen Murray sur l'architecture du XIIIe siècle et dans une moindre mesure la sculpture des portails, l'autre de Detlef Knipping sur le décor du chœur, centré sur les clôtures. Comme d'autres avant eux, rassemblés ici dans la bibliographie, ils offrent de nouveaux éléments de compréhension du monument, soulèvent des questions, peuvent susciter le débat. Dans ce domaine aussi, la cathédrale est toujours un monument vivant.

PREMIÈRE PARTIE

L'HISTOIRE

LA CATHÉDRALE AVANT LA CATHÉDRALE	12
Les premiers évêques	12
Les premières cathédrales	13
Le trésor des reliques	15
LE CLERGÉ ET LA FABRIQUE	16
Les évêques	17
Le chapitre	19
La fabrique	20
LE FINANCEMENT DU CHANTIER	21
Les ressources du clergé	22
Le roi	22
La ville	23
Le diocèse	25
LE CHANTIER DANS LA VILLE	27
LA MAÎTRISE D'OUVRAGE EN IMAGES	29
CHRONOLOGIE DU CHANTIER	32

La métaphore d'une cathédrale arrimée au cœur de la cité et de sa région, incarnant son passé glorieux dans l'attente de la fin des temps, n'est pas seulement poétique. Elle recouvre au Moyen Âge surtout une solide réalité historique et religieuse. Le gigantisme de l'édifice gothique est à la mesure du caractère épique des premiers siècles de l'Église d'Amiens.

LA CATHÉDRALE AVANT LA CATHÉDRALE

Les premiers évêques

La cathédrale exalte la personnalité de ses évêques, à commencer par le premier d'entre eux, saint Firmin, auréolé de la gloire du martyr, et dont le récit tardif de la *Vita* ne permet pas toujours de distinguer le vrai de la légende. Né à Pampelune au IIIe siècle, sacré par Honorat, évêque de Toulouse, Firmin, au terme d'un voyage remarqué en Gaule, aurait été accueilli à Amiens par le sénateur Faustinien. Le succès de sa prédication, qui incita trois mille personnes à se convertir, lui valut d'être emprisonné dans le cachot de l'amphithéâtre sur ordre du gouverneur Sebastianus qui le fit décapiter. Il compte ainsi parmi les victimes de la dernière grande vague de persécution des chrétiens ordonnée par l'empereur Dioclétien. Il aurait été inhumé par Faustinien, dont le fils allait devenir évêque : il s'agit de saint Firmin le Confesseur, qui poursuivit l'œuvre de son illustre prédécesseur.

Des premiers temps de l'Église d'Amiens, Euloge est le seul évêque attesté par les sources. Il assista au concile de Cologne en 346 et a peut-être baptisé saint Martin, le lendemain de l'épisode célèbre du partage de son manteau avec un mendiant, qui eut lieu à la porte orientale de la ville, en 334 ou 354. Lacunaire durant le Ve siècle, la liste épiscopale se distingue à partir du siècle suivant avec les noms glorieux de saint Honoré et de saint Sauve. Ce dernier découvrit sur le site d'une nécropole au lieu-dit Abladène, le long de la route de Noyon au sud-est de la ville, là où s'éleva la future abbaye Saint-Acheul, la tombe d'un chrétien nommé Firmin que l'on identifia avec le premier évêque d'Amiens. On fit de cette importante nécropole le berceau mythique du christianisme dans la région.

La découverte et le transfert à l'intérieur de la cité, dans la cathédrale, du saint martyr, rejoint, toujours à l'initiative de saint Sauve, par ceux de saint Firmin le Confesseur, Ache et Acheul constituent deux faits éminemment emblématiques de l'histoire de l'Église d'Amiens évoqués à plusieurs reprises dans l'actuelle cathédrale.

Les premières cathédrales

La cathédrale gothique voit son prestige rehaussé de la perpétuation des lieux de culte depuis les origines. Il est en effet plus que vraisemblable qu'elle s'élève sur le site de la première cathédrale occupant l'angle nord-est de la ville fortifiée du Bas-Empire à l'intérieur de l'enceinte réduite du *castrum* protégeant depuis le IIIe siècle une vingtaine d'hectares qu'occupait une population de deux à trois mille habitants. Il paraît loin le temps où la ville, un siècle auparavant, étalait son quadrillage de rues sur une centaine d'hectares, rehaussés de bâtiments publics monumentaux comme le forum et l'amphithéâtre, à proximité de l'actuel hôtel de ville. La cathédrale, reléguée dans un angle de l'enceinte, n'en est pas moins l'église de l'ensemble du diocèse, la première chronologiquement et dans la hiérarchie. Le diocèse d'Amiens dont les limites, à défaut des structures administratives complètes, sont fixées très tôt, correspondait à un vaste territoire s'étendant du littoral jusqu'à Roye à l'est. Il débordait les limites actuelles du département de la Somme au sud et au nord où il rejoignait la vallée de la Canche en englobant la ville de Montreuil-sur-Mer.

Nous savons peu de chose sur les édifices qui précédèrent la cathédrale actuelle. Toutefois, la mention en 850 d'une donation par Anguilguin, dont la tradition locale a fait un comte d'Amiens, et sa femme Rumilde « aux sacro-saintes basiliques de Sainte-Marie et de Saint-Firmin », permet de déduire qu'il s'agissait alors sans doute d'une cathédrale double. Le vocable de Firmin a pu remplacer celui des apôtres Pierre et Paul qui pourrait concerner l'église que saint Firmin le Confesseur, troisième évêque d'Amiens, aurait élevée. Celui de la Vierge, introduit forcément après le concile d'Éphèse (431), se rapportait peut-être à la basilique élevée par saint Sauve à la fin du VIe siècle. L'invocation de la chapelle de l'Hôtel-Dieu à saint Jean-Baptiste, attestée au XIe siècle, pourrait conserver le souvenir d'un baptistère.

La cathédrale primitive ne sortit sans doute pas indemne des pillages répétés de la ville par les Normands en 859, 881, 883, 925 et 926. Un diplôme du roi Henri Ier de 1057 affirmait qu'elle avait alors été entièrement détruite. Un incendie ravageur est en outre mentionné à la date de 1019, sans que l'on en sache plus. Au début du siècle suivant, l'évêque Geoffroy (1104-1115), aux dires de son biographe Nicolas de Soissons, prêcha avec efficacité pour obtenir des dons « sinon pour rebâtir entièrement, du moins pour agrandir et embellir l'église où reposait le corps de saint Firmin ».

Cette basilique, victime à son tour d'un incendie qui ravagea la ville le 3 août 1137, fut immédiatement reconstruite. On mentionne à cette occasion le projet conçu par le clergé et le peuple d'une procession des reliques de saint Firmin dans les limites du diocèse afin d'obtenir des fonds. Toutefois, le saint évêque ne dut apparemment pas vouloir quitter sa ville car sa châsse devint si lourde arrivée à la porte au-delà du pont, qu'il fallut renoncer à l'entreprise et rapporter le corps dans l'église.

En 1148, l'office de la trésorerie fut réuni à l'évêché pour la réfection du toit de la cathédrale. L'église pouvait être terminée en 1152 lors de sa consécration solennelle par l'archevêque de Reims, Samson, en présence de nombreux prélats. Comme pour les précédentes cathédrales, on ne sait quasiment rien de cette église, sinon qu'elle comportait au moins cinq autels dédiés à la Vierge et aux saints Pierre, Paul, Jean et Jacques. C'est là qu'eut lieu le mariage de Philippe Auguste et d'Ingeburge de Danemark le 14 août 1193. Le lendemain, la reine y fut couronnée par l'archevêque métropolitain Guillaume-aux-Blanches-Mains, en présence des suffragants de la province ecclésiastique de Reims.

Contemporaine des monuments pionniers de l'architecture gothique, Saint-Denis, Noyon, des travaux de transformations de la cathédrale de Reims par l'archevêque Samson, la cathédrale d'Amiens sombra à son tour dans les flammes vers 1218. Le nouveau chantier gothique n'en laissa rien subsister. Le seul élément conservé qui pourrait en provenir est une grande auge en pierre longue de 2,28 m qui se trouve dans la dernière travée du bas-côté occidental du bras nord du transept. De forme oblongue, elle est moulurée à la base et en haut, et flanquée aux angles de statues en haut relief de quatre prophètes dont deux sont identifiables par des inscriptions : Joël et Zacharie. Le style de ces sculptures les place aux alentours de 1160-1180. La cuve sert depuis fort longtemps de fonts baptismaux, peut-être dès son installation dans la cathédrale gothique, comme pourraient le prouver les piliers sur lesquels elle repose, qui sont ornés de quatre-feuilles semblables à ceux du soubassement des portails occidentaux. Auparavant, elle a pu servir, selon l'hypothèse vraisemblable de Georges Durand, de pierre à laver les morts. Ainsi s'expliquerait mieux la présence de Joël et de Zacharie dont les prophéties insistent sur le Jugement dernier.

Le trésor des reliques

Le sinistre de 1218 a sans doute été exagéré. On peut s'étonner, en tout cas, que tous les corps saints détenus par la cathédrale depuis des siècles aient été épargnés. Les liens avec les origines héroïques de l'Église d'Amiens n'étaient donc pas rompus. Ils restèrent bien mis en évidence jusqu'à la fin de l'Ancien Régime, en position dominante au-dessus de l'autel majeur dans le sanctuaire. Outre les reliques de saint Firmin martyr, on y vénérait celles de saint Firmin le Confesseur, des saints locaux Ache, Acheul, , Fuscien, Warlus, Luxor, Honoré, Domice et Ulphe.

Ces corps saints étaient conservés dans des châsses d'orfèvrerie, pour certaines – dont celle du premier évêque, la plus prestigieuse – antérieures à la cathédrale gothique. La châsse de Firmin martyr, la seule entièrement en or, rehaussée de pierres précieuses et d'émaux, avait en effet été exécutée à l'initiative de l'évêque Thibaut d'Heilly qui y transféra le corps saint la dernière année de son épiscopat, en 1204. Strictement contemporaine des grandes châsses d'orfèvrerie rhéno-mosanes, elle affectait, comme la plupart d'entre elles, la forme d'un parallélépipède rectangle couvert d'un toit en bâtière et mesurait environ 1,40 m de long pour 40 cm de large et 65 cm de haut. Chacun des longs côtés et des versants du toit était subdivisé en trois champs accueillant des scènes en relief, expliquées par des inscriptions émaillées. La vie, le martyre et les miracles de saint Firmin y étaient figurés, notamment ceux représentés quelques décennies plus tard au tympan du portail gauche de la façade ouest : l'invention du corps par saint Sauve, sa translation à Amiens et l'arrivée des habitants de Beauvais, Noyon, Thérouanne et Cambrai attirés par la suave odeur des restes de l'évêque. Aux pignons se trouvaient les images du Sauveur et de saint Firmin céphalophore.

La châsse de saint Fuscien était peut-être un peu plus ancienne. On trouve trace d'un reliquaire réalisé par un chanoine dès la fin du XIe siècle dans une lettre de l'évêque d'Amiens Gervin (1091-1102) invitant l'évêque d'Arras Lambert (1095-1102) à la translation de la dépouille du saint dans la nouvelle châsse. Mais celle qui fut ouverte en 1651 ne devait pas remonter au-delà de l'épiscopat de Thibaut d'Heilly puisqu'on y signale deux authentiques, dont le plus ancien datait de 1175, identifiant les reliques de saint Fuscien et des saints Victoric et Gentien, l'autre étant daté de 1288. Cette châsse en argent représentait les martyrs des saints et l'histoire de l'invention de leurs corps.

Les châsses de sainte Ulphe et de saint Firmin le Confesseur devaient avoir été refaites pour la translation de leurs reliques, célébrée solennellement en 1279. Celle de saint Firmin le

Confesseur était en vermeil, un peu plus petite que celle de Firmin martyr. La vie du saint y était représentée en douze scènes où une importance particulière était accordée aux reliques que le pape lui aurait remises à Rome.

La date de réalisation de la châsse de saint Honoré, en vermeil, n'est pas connue. L'identité du matériau ne suffit pas pour fonder une même datation que la châsse précédente. Peut-être est-ce déjà cette châsse qui circula dans le diocèse en 1240 pour obtenir des fidèles des aumônes pour le financement du chantier de la cathédrale. La châsse des saints Ache et Acheul daterait au plus tard du début du XIVe siècle quand le chanoine Jean de Raineval († 1331) donna de la vaisselle d'argent pour sa réalisation. La date d'exécution de la châsse de saint Domice, mentionnée tardivement en 1535, nous échappe, tout comme celle du reliquaire des saints Warlus et Luxor.

D'autres reliques et reliquaires remontaient également à une date antérieure à la reconstruction de la cathédrale : ainsi un reliquaire de la Croix, décrit par Du Cange au XVIIe siècle comme un triptyque orné d'émaux, sans doute un travail byzantin rapporté de Constantinople après la quatrième croisade de 1204, tout comme le chef de saint Jean-Baptiste donné à la cathédrale en 1206, qui fut à l'origine d'un important pèlerinage à la fin du Moyen Âge.

Les corps saints et leurs reliquaires auréolaient de leur présence le sanctuaire de la cathédrale qui pouvait s'enorgueillir de posséder le plus grand nombre de reliques, parmi les plus précieuses du diocèse, et même des régions environnantes. L'histoire de ces saints personnages, leurs miracles, illustrés sur les flancs des reliquaires, étaient repris dans le décor peint et vitré, dans la sculpture des portails qui leur offraient une formidable résonance dans l'affirmation identitaire de l'Église d'Amiens. Cet orgueil diocésain trouva un nouvel accomplissement dans la construction de la cathédrale gothique.

LE CLERGÉ ET LA FABRIQUE

La mise en chantier à Amiens, vers 1220, de la plus grande cathédrale jamais conçue revient en toute logique à l'initiative du clergé. Il lui fallut conjuguer de multiples forces et ressources pour financer la construction, définir à un degré de détail qui nous échappe les lignes du projet, tant en architecture que pour le décor peint et sculpté.

Les évêques

À la fois guides spirituels et seigneurs féodaux, les prélats qui se succédèrent au XIIIe siècle utilisèrent au mieux les pouvoirs qu'ils détenaient et tirèrent admirablement parti d'une conjoncture régionale éminemment favorable pour élever un édifice emblématique de leur puissance. Ces fortes personnalités, issues de l'aristocratie, bénéficiaient d'une solide formation, souvent universitaire. Ce furent aussi des gestionnaires avisés, défendant jalousement les biens et les privilèges de leur église.

Évrard de Fouilloy (1211-1222) eut l'initiative de la reconstruction après le désastre de 1218 qui avait endommagé la cathédrale. Il avait déjà fait preuve de son autorité en réformant l'administration de son diocèse, puisqu'il fonda la charge d'official de l'évêque et limita le pouvoir de l'archidiacre d'Amiens, qui avait tendance à empiéter sur ses prérogatives, notamment en matière judiciaire. Il modifia la structure du chapitre cathédral en créant trois nouvelles dignités et veilla à l'instauration d'un nouveau système de distributions de gratification pour les assistants aux offices dans le chœur. Sa participation au IVe concile œcuménique du Latran en 1215, qui marque une étape clé dans l'organisation de l'Église et la définition de l'orthodoxie, ne manqua pas, si besoin était, d'achever de le convaincre de la nécessité d'une administration rigoureuse et efficace pour un meilleur encadrement des fidèles et aussi, sans doute, comme préalable à l'entreprise d'un chantier aussi ambitieux que la nouvelle cathédrale, dont il ne vit poindre que les fondations.

Ses deux successeurs, Geoffroy d'Eu (1223-1236) et Arnoul de La Pierre (1236-1247) gérèrent avec autant de scrupules leur diocèse, le premier en pourvoyant de nouveaux statuts bien des communautés religieuses, notamment Saint-Nicolas et Saint-Firmin-le-Confesseur à Amiens, en veillant sur la congrégation des quatorze curés de la cité épiscopale comme au transfert de l'Hôtel-Dieu, le second en acceptant l'installation en ville des ordres mendiants, les Dominicains en 1243 et les Franciscains l'année suivante. Ces deux prélats disposaient d'une solide formation universitaire, effectuée à Paris, en théologie notamment. Il est impensable qu'ils n'aient pas été consultés, sinon associés, pour la définition des cycles iconographiques de la cathédrale, surtout ceux des portails de la façade occidentale où transparaît la pensée théologique universitaire la plus récente, déjà illustrée à Notre-Dame de Paris.

Arnoul de La Pierre intervint plus que ses prédécesseurs immédiats dans le règlement du chœur, pour le régime des distributions aux chanoines. De plus, il accordait une place importante au culte des saints, et légua d'ailleurs à la cathédrale des fonds pour la solennisation des fêtes de saint Sauve, de saint Domice et sainte Ulphe. On lui doit sans doute le transfert des reliques de saint Domice à la cathédrale, et il est l'auteur, du moins l'inspirateur, de sa *Vita*. Là encore se pose la question de sa participation à l'illustration des thèmes hagiographiques, notamment au portail Saint-Firmin de la façade occidentale, où figurent bien des saints qui lui étaient chers.

La continuité de cette action fut assurée par l'évêque Gérard de Conchy (1247-1257), chanoine depuis 1220, et doyen du chapitre à partir de 1238. Il introduisit à la cathédrale le culte des frères Just et Arthémie et de leur sœur Honesta, trois martyrs d'un village proche des domaines familiaux. L'épiscopat d'Alleaume de Neuilly (1258-1259), trop bref pour laisser des traces, fut suivi de celui de Bernard d'Abbeville (1259-1278), issu du chapitre cathédral de Rouen. Il établit en 1262 un règlement avec le chapitre pour le service des chapelains à la cathédrale. Guillaume de Mâcon (1278-1308), formé aussi à l'université de Paris où il enseigna les arts libéraux, c'est-à-dire les disciplines de base, fut sans doute docteur en droit canon. Malgré de nombreux cumuls et une intense activité diplomatique, il veilla à dénombrer et accroître le temporel épiscopal.

Tous ces prélats issus de l'aristocratie entretenaient des relations suivies, avec le haut clergé du nord de la France, mais aussi avec le pouvoir politique. Avant d'accéder à la dignité épiscopale, ils avaient pu enseigner à l'université, détenir des prébendes canoniales à Amiens ou dans d'autres diocèses, comme Bernard d'Abbeville à Rouen. Leur appartenance aux sphères les plus élevées de la société facilitait certaines démarches, et l'on imagine toute la fierté qu'un évêque comme Guillaume de Mâcon pouvait ressentir à la tenue, vraisemblablement dans la cathédrale à peine achevée, de l'assemblée solennelle qui réunit en 1279 les rois de France et d'Angleterre, leur entourage, un grand nombre de princes, laïcs ou ecclésiastiques, pour confirmer le traité de Paris de 1259 fixant les règles de la paix entre les deux royaumes.

La puissance des évêques reposait sur un personnel nombreux et des institutions solides, établis en partie au nord de la cathédrale, sur le site qu'occupe l'ancien palais épiscopal du XVIIIe siècle, où résidait déjà l'évêque au Moyen Âge. Quant au chapitre, il s'était installé au sud de la cathédrale.

Le chapitre

Au XIIIe siècle, le chapitre cathédral d'Amiens avait abandonné depuis longtemps la vie commune des origines remontant à l'époque carolingienne, rétablie à la faveur de la réforme grégorienne pour l'abbaye voisine de Saint-Martin-aux-Jumeaux reconstruite en 1073. Ses effectifs comptaient depuis 1190 une quarantaine de membres, pour la plupart issus de l'aristocratie régionale. Si la première moitié du XIIIe siècle vit l'apparition de chanoines d'origine bourgeoise locale, la multiplication des collations apostoliques à la fin du XIIIe siècle fit augmenter les cas de cumul et, partant, d'absentéisme.

Les chanoines jouissaient d'une prébende qui leur assurait des revenus amplement suffisants. Chacun possédait des propriétés et pouvait être seigneur. Disposant de sa propre maison, il pouvait léguer un cinquième de ses possessions à son gré. On comptait vingt-neuf maisons canoniales à la fin du XIVe siècle, toutes sauf une dans le « cloître », une expression qui désignait le quartier canonial qui s'étendait au sud de la cathédrale, jusqu'à l'actuel Palais de justice. La présence religieuse dans cette partie de la ville était renforcée par les deux collégiales de Saint-Nicolas et de Saint-Martin-aux-Jumeaux. Sa spécificité était soulignée par l'existence de portes qui pouvaient l'isoler du reste de la cité.

À l'exception du doyen élu par ses pairs, les dignitaires à la tête du chapitre étaient tous choisis par l'évêque. Aux charges de prévôt, de chancelier, d'archidiacres d'Amiens et du Ponthieu, de chantre, préchantre, écolâtre et pénitencier, s'ajouta en 1460 l'office de théologal. Celui de cellérier, la plus importante des charges annuelles, remontait au moins au début du XIIIe siècle. Le trésorier n'était plus un dignitaire depuis la réunion de sa charge à la mense épiscopale en 1149.

Après une situation quelque peu critique, au tout début du XIIIe siècle, quand le doyen Simon fut destitué par le légat apostolique, entre autres pour illettrisme, et qu'un conflit opposa l'évêque Évrard de Fouilloy à l'archidiacre d'Amiens, Thibaut de Billancourt, pareillement démis de sa charge en 1221, les relations s'apaisèrent entre le prélat et un chapitre qu'il pourvut dès 1219 des trois nouvelles dignités de préchantre, d'écolâtre et de pénitencier, sans doute pour une meilleure prise en main de l'institution.

Le nouveau doyen Jean d'Abbeville, de la famille des comtes de Ponthieu, fut un théologien érudit et un prédicateur de renom. Malgré un départ précoce en 1226 pour le siège archiépiscopal de Besançon, sa participation à l'élaboration du programme sculpté et vitré de la cathédrale, dont il fut la tête du chapitre pendant les premières années du chantier de 1218 à 1225, a sans doute été capitale.

Les chanoines étaient entourés d'un personnel nombreux, notamment les chapelains qui pouvaient les assister, voire les remplacer pour le service religieux. Ces chapelains n'étaient encore qu'une douzaine en 1216 mais, dès 1233, ils se groupaient en une communauté appelée « université ». Leurs effectifs subirent une inflation considérable à la fin du Moyen Âge puisqu'on en comptait soixante en 1372. Le nombre des stalles basses – cinquante-quatre – où ils prenaient place dans le chœur liturgique en atteste encore l'importance au début du XVIe siècle. Les enfants de chœur, une dizaine au XIIIe siècle, formaient, avec huit vicaires, la « musique » de la cathédrale, composante essentielle dans le déroulement des offices.

La fabrique

Le chapitre joua un rôle fondamental dans la direction administrative du chantier de la cathédrale. Désigné bien souvent par l'expression *Ecclesia Ambianensis* (Église d'Amiens), il jouissait ordinairement des libéralités faites à celle-ci. Par ailleurs, les chanoines contrôlaient l'institution de la fabrique, responsable de la construction et de l'entretien de l'édifice, de l'exécution des travaux comme de la recherche et la gestion de ressources afférentes. Quelle que soit leur origine, les sommes destinées au chantier étaient versées à la fabrique. Si la plus ancienne mention de la *fabrica* date de 1234, quand ses procureurs achetèrent au chapitre de Saint-Martin de Picquigny les droits sur la carrière de Beaumetz, il n'est pas douteux que le système remontait au début de la reconstruction de la cathédrale, voire avant.

La disparition des comptes anciens de la fabrique – les seuls subsistant pour le Moyen Âge couvrant les années 1357-1358 – nous prive à jamais d'une connaissance intime du déroulement du chantier. La structure administrative de la fabrique et son fonctionnement sont mal documentés, mais ils ne devaient pas différer outre mesure de ce que nous connaissons par les sources pour des époques plus récentes.

À la fin de l'Ancien Régime, le personnel de la fabrique se composait d'un chanoine, portant le titre de maître de la fabrique, délégué par le chapitre, qui avait sous ses ordres un clerc et un valet de la fabrique, un maître maçon, un maître charpentier, un couvreur et d'autres ouvriers et serviteurs. Cette organisation pourrait remonter au début du chantier de la cathédrale actuelle, même si ce n'est pas avant la fin du XIVe siècle qu'apparaît le titre de « maître de la fabrique ». Auparavant, on trouve mention de *procuratores fabrice*, ce qui semble induire une gestion collégiale jusqu'à l'achèvement des travaux de gros œuvre, au plus tard dans les années 1360, quand un seul homme (*provisor et receptor fabrice*, 1366) en fut chargé, qui devait rapidement prendre le titre de *magister* (le chanoine Lucien de Seux est qualifié ainsi en 1387).

La fonction de clerc de la fabrique pourrait remonter au moins à l'évêque Thibaut Briton (1169-1204), quand un certain Jean d'Arras (Johannes de Attrebato) en fut pourvu. Le valet de la fabrique (*famulus operis ecclesie*, occurrence la plus ancienne de 1355) assistait non seulement le maître de la fabrique, mais aussi les autres maîtres (maçons, charpentiers…). À l'origine, il creusait les fosses mortuaires dans l'église. Il faut le distinguer des *servitatores fabrice ecclesie* à qui, par exemple, le doyen Adrien de Hénencourt légua en 1527 un salaire, pour épousseter trois fois par an l'histoire de saint Firmin sur la clôture du chœur et les tombeaux afférents. Ces *servitatores* ne doivent pas être confondus non plus avec les marguilliers (*matricularii*), mentionnés dès 1232, qui étaient chargés de l'ordonnance matérielle des offices, de l'entretien des ornements, de la sonnerie des cloches, c'est-à-dire de tout le service intérieur de l'église.

Les comptes de fabrique mentionnent naturellement différents corps de métier que nous envisagerons plus loin en liaison avec la maîtrise d'œuvre.

LE FINANCEMENT DU CHANTIER

La quasi-totalité de l'origine et du montant des fonds de la fabrique du XIIIe siècle nous échappe. Les mentions erratiques et laconiques qui s'y réfèrent ne permettent pas de quantifier les sommes investies, sans doute énormes, ni de juger de la répartition du financement entre différentes provenances. Elles risquent même, par leur caractère lacunaire, de donner une image fausse de la réalité. L'estimation des dépenses annuelles, oscillant entre 1 500 et 2 500 livres, fournie par Kraus, ne repose sur aucune base documentaire. Elle est difficile à accepter puisqu'elle ferait de la cathédrale d'Amiens un chantier dont le coût du gros œuvre, entre 90 000 à 150 000 livres, serait à peine quatre fois plus onéreux que la construction nettement plus modeste de la Sainte-Chapelle de Saint Louis, estimée à 40 000 livres.

Les ressources du clergé

À l'évidence, les revenus fixes de la fabrique provenant de ses biens et des droits qu'elle détenait étaient insuffisants pour soutenir un effort prolongé et coûteux de construction. Ainsi, les cens sur ses immeubles à Amiens, 23 maisons en 1357-1358, lui rapportaient 89 livres, 2 sous et 7 deniers, une somme dérisoire par rapport aux investissements requis par le chantier. Des amendes et des oblations faites à certaines messes ou dans certains troncs pouvaient être affectées, temporairement ou non, à la fabrique, des emprunts contractés ou des subsides particuliers versés. Mais dans l'ensemble, il fallut faire plus largement appel à la générosité des individus. Les contributions personnelles des membres du clergé s'intègrent alors dans un mouvement plus large de sollicitation de la société pour le financement de la construction.

Les donations individuelles fourmillent dans l'obituaire de la cathédrale qui dresse la liste des bienfaiteurs de l'église dont on célébrait la mémoire chaque année, qu'il s'agisse de dons en argent ou en nature. Le chapitre vendait les seconds au plus offrant, par exemple les vêtements souvent légués par les chanoines. Il est toutefois rarement précisé que ces dons sont bien affectés à la fabrique.

Le roi

L'intérêt des rois pour Amiens, une ville clé dans le dispositif d'affermissement de leur pouvoir depuis le début du XIIe siècle, a incité les souverains successifs à intervenir, notamment dans les affaires du clergé. Louis VI appuya l'évêque dans le conflit qui l'opposait au comte d'Amiens, en soutenant le siège qui aboutit en 1115 à la destruction du château comtal, ce qui permit à l'évêque d'imposer véritablement sa prééminence sur l'ensemble de l'aristocratie locale. Mais quand, en 1185, Philippe Auguste recueillit entre ses mains le comté d'Amiens, la suzeraineté de l'évêque devint tout à fait fictive.

Sa présence renforcée à Amiens depuis le rattachement de la ville au domaine royal en 1185 a fait attribuer au roi un rôle décisif dans la reconstruction de la cathédrale, ce dont on chercherait vainement des traces dans les archives. L'obituaire de la cathédrale célèbre la mémoire de Philippe Auguste, Louis VIII, Blanche de Castille, entre autres personnages de la famille royale, sans préciser s'ils ont personnellement participé de manière significative au financement du chantier. L'obit très élogieux de Philippe Auguste est muet sur ce point, alors qu'il exalte son action politique et militaire, qui aboutit à l'agrandissement du royaume, et la protection qu'il exerça sur l'Église, des prérogatives régaliennes qui n'ont pas de rapport précis avec Amiens. Le nécrologe de la cathédrale insiste sur la générosité d'un des principaux conseillers de ce roi, Barthélemy de Roye, grand chambrier, qui fit de nombreux dons de grande valeur pour l'ornementation de la cathédrale (*nostram multis et caris ecclesiam decoravit*). On ne sait si ces libéralités ont un lien avec ses fonctions ou plus naturellement avec ses origines familiales dans la partie du Vermandois relevant du diocèse d'Amiens.

Les souverains ont pu, à l'occasion, faciliter le déroulement du chantier, comme Louis IX appuyant les démarches du chapitre pour le transfert de l'Hôtel-Dieu dans le nouveau quartier septentrional de la ville, afin de permettre la poursuite des travaux. Ils n'ont jamais été les initiateurs du projet, ni ses principaux bienfaiteurs.

La curieuse présence dans la vitrerie haute de l'abside d'une reine d'Angleterre, Éléonore de Castille († 1290), l'épouse d'Édouard Ier, que l'on peut identifier par ses armes décrites par Du Cange au XVIIe siècle, avant la destruction du vitrail, s'explique par le fait que la reine avait hérité de sa mère, Jeanne de Dammartin, du Ponthieu, correspondant à la partie occidentale du diocèse d'Amiens, une terre qui resta anglaise de 1279 à la fin du XIVe siècle. S'il n'y a pas lieu de faire de la donation de la verrière un acte politique de dimension internationale, on y trouve *a contrario* la preuve que la cathédrale n'entrait pas dans la catégorie des chantiers du roi de France car, si tel avait été le cas, Philippe III n'aurait pu tolérer la présence en pareil lieu d'une couronne étrangère, fût-ce par alliance. En revanche, c'est un témoignage supplémentaire, et de poids, du phénomène identitaire qui rassemble dans l'église mère les représentations de toutes les forces du diocèse, comme le détaillera plus loin l'analyse du décor sculpté et vitré de l'édifice.

La ville

Les offrandes des membres de l'aristocratie ou de la bourgeoisie fortunée d'Amiens et de sa région, les Picquigny, Boves, Moreuil, Heilly, Poix, Saveuse, Riencourt, prises individuellement, peuvent être relativement élevées. À côté de ces initiatives strictement personnelles, on relève des entreprises émanant de groupes sociaux bien définis, comme la ville, ou des métiers, comme les waidiers ou teinturiers de guède.

Toutefois ces donations, rarement antérieures à la fin du XIIIe siècle, ne semblent pas concerner le gros œuvre, mais signer des opérations plus ponctuelles concernant la vitrerie ou la construction et le décor mobilier des chapelles.

On a longtemps soutenu, notamment depuis Viollet-le-Duc, que la cathédrale gothique était la manifestation du dynamisme urbain et que sa construction était largement soutenue par la bourgeoisie locale. Cette vision tributaire de l'historiographie positiviste du XIXe siècle ne résiste pas à l'analyse, qui montre la part essentielle jouée par le clergé, en réalité le premier concerné par la construction de cette église. L'expression *accedente capituli et civium Ambianensium consensu* dans une charte de l'évêque Arnoul de La Pierre de 1238 ne doit pas être détournée de son sens véritable. Elle n'implique pas forcément la participation massive de la bourgeoisie d'Amiens au financement de la cathédrale, tout au plus sa consultation et son accord pour le déploiement du chantier.

La ville d'Amiens, avec une population d'une vingtaine de milliers d'habitants au début du XIIIe siècle, ne pouvait à elle seule soutenir une opération de cette ampleur. Les relations qu'elle entretint avec le clergé cathédral ne furent sans doute pas aussi sereines qu'on l'a dit, pour preuves les difficultés à transférer l'Hôtel-Dieu dans la partie septentrionale de la ville, la possible complicité avec le bailli lors de l'affaire des clercs relevant de la juridiction de l'évêque, assassinés en 1244 à l'instigation du représentant du roi à Amiens, ou encore les accusations portées contre des bourgeois d'Amiens dans le vol d'archives du chapitre et de l'incendie qui suivit en 1258. Les difficultés pour dégager un parvis à l'ouest de la cathédrale auraient sans doute été facilement levées si l'échevinage avait coopéré.

L'évêque et son clergé étaient certes parvenus au siècle précédent, à la différence de bien d'autres cités épiscopales, à tirer profit de l'émergence du pouvoir communal. Les notables, fondateurs des institutions urbaines constituaient une dizaine de familles qui monopolisèrent les charges municipales durant le XIIe siècle, dont certaines fournirent même des chanoines au chapitre pendant plusieurs générations. Ensemble, ils édifièrent au nord de la vieille ville, bientôt à l'abri d'une nouvelle enceinte élargie, le long des bras multiples de la Somme et de l'Avre l'ensemble portuaire du Grand et du Petit Quai qui fit d'Amiens un centre économique important, dont la prospérité était fondée avant tout sur le travail de la laine, à usage local, et le traitement de la guède, plante tinctoriale cultivée dans la moyenne vallée de la Somme avec ses affluents, et exportée largement en Europe, en Angleterre notamment. Dans ce contexte, la capitale picarde entretenait des relations étroites avec la région alentour, qui lui fournissait l'essentiel de la main-d'œuvre nécessaire. Le chapitre s'enrichit alors considérablement, et c'est indubitablement ce qui permit de lancer la reconstruction très ambitieuse de la cathédrale. Mais ce serait pécher par anachronisme que de prolonger cette situation jusqu'en plein XIIIe siècle. Il est révélateur qu'alors, la Terre-l'Évêque, nom donné au quartier du Hocquet entre Avre et Somme, la seule à échapper à l'administration communale, n'a pas été touchée par l'essor économique de la ville.

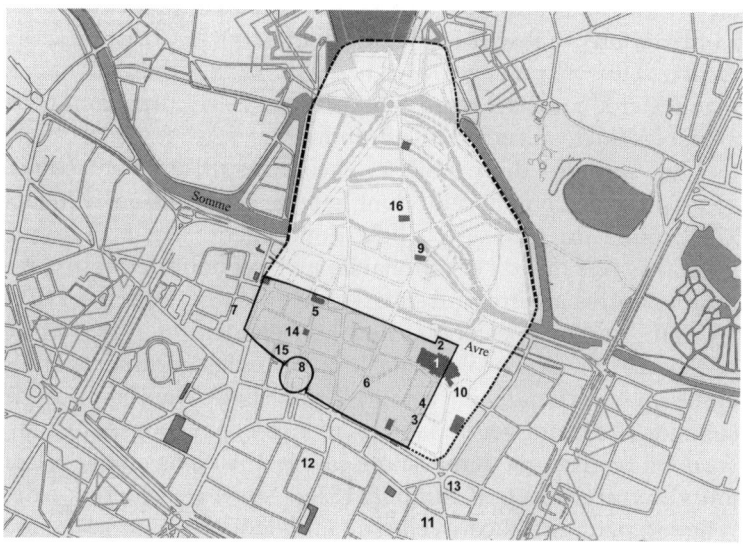

1 Cathédrale Notre-Dame
2 Collégiale Saint-Firmin-le-Confesseur
3 Abbaye Saint-Martin-aux-Jumeaux
4 Église collégiale Saint-Nicolas
5 Église paroissiale Saint-Germain-l'Écossais
6 Église paroissiale Saint-Remi
7 Église paroissiale Saint-Firmin-Martyr
8 Église paroissiale Saint-Firmin-en-Castillon
9 Église paroissiale Saint-Leu
10 Église paroissiale Saint-Michel
11 Couvent des Dominicains
12 Couvent des Franciscains
13 Prieuré et cimetière Saint-Denis
14 Beffroi
15 Bailliage
16 Hôpital Saint-Jean ou Hôtel-Dieu
▬▬ Enceinte du Castrum IIIe siècle
▬ ▬ ▬ Enceinte fin XIIe-début XIIIe siècle

Plan de la ville au XIIIe siècle (d'après Bayard).

Le diocèse

C'est en fait l'ensemble des diocésains, soit plusieurs centaines de milliers de personnes, qui permirent, par leurs dons, la réalisation du projet architectural et sculpté le plus ambitieux de l'époque, ce qui rejoint tout à fait les conclusions de Wolfgang Schöller sur le financement des chantiers de cathédrales en France et dans l'Empire au XIIIe siècle.

Les opérations à l'échelle du diocèse pouvaient prendre une ampleur considérable, comme ce fut le cas en 1240, quand la châsse de saint Honoré, apparemment spécialement affectée à cet usage, fut promenée dans le diocèse afin de solliciter les fidèles à participer financièrement au chantier. Une lettre du doyen de la cathédrale à l'abbé de Corbie le priait « d'envoyer des lettres aux paroisses de sa juridiction en faveur de la fabrique de la cathédrale pour qu'elles reçoivent avec honneur le corps de saint Honoré ». On peut voir un reflet de ce voyage de reliques à la façade du bras sud du transept, au sommet du tympan du portail Saint-Honoré, réalisé à la même époque, où le Christ en croix incline la tête au passage de la châsse du saint. Comment mieux manifester le caractère sacré et miraculeux de ce corps saint pour inciter les fidèles à verser des offrandes ?

Les sermons du XIIIe siècle, encore insuffisamment édités, sont édifiants, comme celui dont le texte fut remis en 1276 aux 777 prêtres du diocèse : « Bele douce gent, mesir l'evesque d'Amiens [...] manda et commanda a vo segneur de prestre et a tous les autres prestres qui sont en son evesquie, dont il a VII^c et LXXVII, que en quelconque lieu les benoîtes reliques [...] de l'église d'Amiens venroient, que li jour et les festes fussent gardes entièrement, si hautement comme le saint jor de Noel et comme le saint jor de Pasques et de saint diemence [...] À tous les bienfaiteurs de la glise ma dame sainte Marie d'Amiens envoie VIIxx jours de vrai pardon » (Crampon, 1876). Ainsi, à la vénération des reliques, peut-être encore celles de saint Honoré, pour lesquelles on déclare les jours de passage fériés, s'ajoute l'octroi d'indulgences, une pratique qui ne fit que croître à la fin du Moyen Âge, comme l'attestent des bulles pontificales de 1371 et 1435.

L'organisation administrative du diocèse, fixée dès le début du XIIIe siècle, dut faciliter ce type d'opération de grande envergure. La volonté de l'évêque et du chapitre pouvait être relayée jusqu'aux centaines de cures par l'intermédiaire des deux archidiacres qui se trouvaient à la tête des principales subdivisions du diocèse, le grand archidiaconé pour sa partie orientale, l'archidiaconé de Ponthieu à l'ouest, tous deux divisés respectivement en douze et huit doyennés. L'autorité de l'évêque s'exerçait aussi sur les abbayes et collégiales à l'origine desquelles on trouve d'ailleurs bien des prélats. Même l'abbaye de Corbie, la seule à bénéficier de l'exemption et donc à être rattachée directement au Saint-Siège, pouvait être sollicitée par le chapitre qui y mettait toutefois les formes, pour le financement de la cathédrale.

L'ordinaire de la cathédrale rédigé en 1291 prescrivait, entre autres directives concernant le fonctionnement de l'église, que lors des synodes qui rassemblaient une fois l'an le clergé du diocèse, l'évêque recommandât la fabrique de la cathédrale, celle de Saint-Firmin-le-Confesseur, l'Hôtel-Dieu, les Franciscains et les Dominicains. L'ensemble du clergé diocésain constituait donc le relais de l'évêque et de son chapitre auprès de la population des fidèles pour le financement de la cathédrale. Il en allait toujours ainsi à la fin du Moyen Âge. Les statuts synodaux de 1464 précisent qu'il faut inciter les fidèles du diocèse à verser des offrandes pour achever les réparations de la cathédrale endommagée par un ouragan trente ans auparavant.

Le poids démographique et économique de la Picardie, et du diocèse d'Amiens en particulier, est par ailleurs, au XIIIe siècle, proportionnellement bien supérieur à ce qu'il est de nos jours. Cette richesse, en hommes et en biens, transparaît au niveau national quand la Picardie fournit au roi 12 % de ses recettes alors qu'elle ne représente en superficie que 6 % de ce que le roi détient en France. Les Picards sont aussi largement représentés dans l'armée et l'administration royale jusqu'au début du XIVe siècle. On a calculé que les territoires autour d'Amiens étaient alors occupés si densément qu'ils frôlaient la saturation (Fossier), ce qui permet d'avancer un chiffre supérieur à un demi-million d'habitants pour le territoire du diocèse d'Amiens de l'époque.

La reconstruction de la cathédrale à partir de 1220 intervint donc à un moment éminemment favorable d'apogée du développement démographique et économique de la région, initié au début du XIe siècle. Elle témoigne de la puissance spirituelle et temporelle de l'Église dont l'encadrement de la population semble plus que jamais efficace, mais que pourraient inquiéter les velléités croissantes de pouvoirs bientôt rivaux, celui de la bourgeoisie urbaine des commerçants et maîtres artisans et surtout de l'administration royale, établie sur place depuis que Philippe Auguste avait recueilli le comté d'Amiens en 1185. La ville et ses alentours furent bientôt dominés par la masse énorme de la cathédrale, symbole de force dont la démesure visait autant à célébrer Dieu qu'à indiquer aux hommes, prompts à la distraction, la vraie voie, en marquant plus que jamais un paysage urbain en pleine mutation.

LE CHANTIER DANS LA VILLE

On perçoit, dans la manière dont ont été négociés les arrangements entre le chapitre et les différents pouvoirs en place dans la ville, la complexité des opérations liées à l'ouverture et au déroulement d'un chantier gigantesque. Pas plus le roi que l'aristocratie et la bourgeoisie locale n'ont joué le premier rôle dans cette affaire, et le clergé dut user de toutes ses forces pour imposer une entreprise emblématique de son pouvoir.

Le nouveau chantier dépassait largement en ampleur la cathédrale précédente. Vers l'ouest, il n'était pas possible de s'étendre car la « terre de l'église » s'arrêtait à quelques mètres de la façade. Au-delà, les terrains relevaient de la commune. L'extension se fit donc vers l'est et le nord. Il fallut sacrifier l'ancienne église Saint-Firmin-le-Confesseur, que les historiens anciens placent sous le bras nord du transept de l'actuelle cathédrale (Pagès), et transférer le lieu de culte plus à l'ouest sur le site de l'Hôtel-Dieu, lequel devait être déplacé à Grand-Pont, dans la partie nord de la ville récemment close d'une nouvelle muraille.

Cette gigantesque redistribution des espaces ne se fit pas sans difficulté. Si l'église Saint-Firmin comme l'Hôtel-Dieu relevaient du chapitre, le nouveau site d'implantation de l'institution hospitalière lui échappait. Il fallut obtenir l'accord de la collégiale Saint-Martin-aux-Jumeaux qui en était détentrice. En attendant le règlement de l'affaire, une charte de l'évêque Geoffroy d'Eu de 1236 précise que les paroissiens de Saint-Firmin, privés d'église tant qu'une nouvelle n'aurait pas été reconstruite, pouvaient assister aux offices dans un bas-côté de la cathédrale, et que les chanoines de cette collégiale pouvaient se rassembler dans le chœur de l'église mère. Il apparaît donc qu'à cette date, si l'Hôtel-Dieu n'est pas encore transféré, l'ancienne église Saint-Firmin n'existe plus et que, par conséquent, le chantier de la cathédrale peut se porter à son emplacement, aux environs du bras nord du transept. Vers 1238, on envisageait le transfert de l'Hôtel-Dieu sur un terrain qu'avait acheté Jean de Croy, bourgeois d'Amiens, mais ce n'est pas avant 1247 qu'on trouve mention du chantier de construction de la nouvelle église Saint-Firmin sur le site de l'ancien Hôtel-Dieu.

Vers l'est, le rempart fut repoussé bien au-delà de l'antique *castrum* afin de permettre la construction du chevet gothique et de bâtiments annexes. La porte Saint-Denis qui perçait la nouvelle portion d'enceinte est citée en 1245. Dès 1223 toutefois, le vidame d'Amiens, Enguerrand de Picquigny, avait donné à Geoffroy d'Eu une pièce de terre contiguë à son palais épiscopal, où le prélat et ses successeurs pourraient faire construire comme ils l'entendaient. En 1232, le même évêque donna au chapitre, pour faire une salle capitulaire et un cloître, les maisons de sire Grégoire et de sire Guillaume de Domart ainsi que celle des marguilliers, avec toute la terre qui s'étendait derrière elles jusqu'à la clôture du verger de l'évêché et jusqu'au mur de l'Hôtel-Dieu. Il est probable que des terrains furent acquis de cette institution pour l'aménagement du cimetière qui s'éleva à l'est de l'abside, car à la fin du XIIIe siècle et jusqu'au début du XVIIe siècle encore, le chapitre cathédral payait une redevance à l'Hôtel-Dieu pour cette acquisition. Ainsi, au début des années 1230 au plus tard, toute la surface nécessaire au chantier de la cathédrale et de ses annexes paraît avoir été disponible.

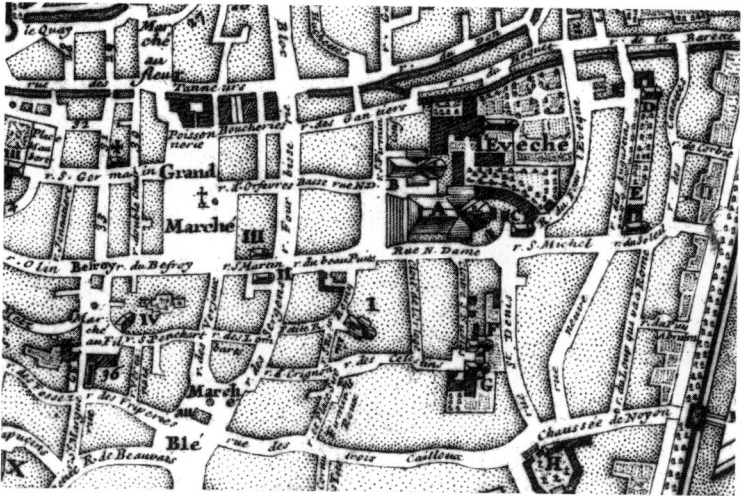

Le quartier de la cathédrale d'Amiens et le marché, d'après un plan de Beaurin, vers 1725. Bibliothèque nationale de France, département des cartes et plans (cliché BNF).

LA MAÎTRISE D'OUVRAGE EN IMAGES

Si la reconstruction de la cathédrale fut rendue possible par la participation collective de l'ensemble des fidèles du diocèse, elle s'incarne par définition dans la personne du chef de l'église locale, son évêque, d'où vient son nom, la *cathedra* désignant le trône épiscopal. Jusqu'au XVIIIe siècle, l'identification des détenteurs de cette dignité avec leur église était magnifiquement mise en évidence. En effet, le tombeau d'Évrard de Fouilloy, l'initiateur de la cathédrale gothique, déplacé depuis sous l'arcade sud de la troisième travée de la nef, se trouvait initialement dans la première travée du vaisseau central de la nef, au revers du portail principal. Cette place d'honneur facilitait le rapprochement entre la figure de l'évêque magnifié dans le bronze, sous une arcade simulant l'architecture de l'église qui l'abrite et qu'il incarne, encensé par des anges, et celle du Christ du trumeau, foulant comme lui les puissances du mal. Son épitaphe figurant sur le tombeau (*qui fundamenta locavit hujus structure*) n'est pas sans rappeler son obit qui, dans une formulation empruntée aux psaumes, célébrait son amour pour la beauté de la maison du Seigneur (*propter decorem domus Domini quem dilexit*) dont il fit jeter les fondations dignes d'admiration (*hujus basilice fundamenta mirabili structura, ut apparet, locavit*).

Le même parti fut repris, mais cette fois-ci soumis à un traitement d'une grande sobriété, pour le tombeau de son successeur Geoffroy d'Eu († 1236) qui prit place immédiatement à l'est de celui d'Évrard, sur l'axe majeur de l'église. Les auteurs anciens (Corblet) se sont attachés au détail, disparu depuis le transfert des tombeaux au XIXe siècle, de la dalle de bronze d'Évrard de Fouilloy qui reposait sur un soubassement plein maçonné alors que celle de Geoffroy d'Eu a toujours été isolée du sol. Ils y ont vu l'illustration de l'œuvre respective des deux prélats : le premier jetant les fondations, d'où un tombeau plein, le second veillant à la construction des parties hautes, d'où la surélévation de son tombeau. Cette interprétation plaisante, qui se fait sans doute l'écho de traditions populaires, manifeste en tout cas le succès de la mise en scène de l'effigie des deux évêques. Ils eurent recours à la délicate et onéreuse technique du bronze, réservée aux dignitaires les plus élevés. Parmi les rares tombeaux de ce type connus par les documents, comme ceux de l'évêque de Paris Eudes de Sully († 1208) et de l'évêque de Noyon Nicolas de Roye († 1239), il faut signaler les deux gisants malheureusement disparus de la reine Ingeburge († 1236) à la commanderie Saint-Jean-de-Jérusalem à Corbeil et le tombeau à l'abbaye de Joyenval de Barthélemy de Roye, chevalier originaire du Vermandois, l'un des plus proches conseillers de Philippe Auguste († 1237), tous deux signés d'un certain Hugues de Plailly, originaire sans doute de cette localité du Beauvaisis. On connaît la générosité de Barthélemy de Roye envers la cathédrale d'Amiens. Il n'est donc pas exclu que le choix de tombes en bronze pour les évêques d'Amiens ait un lien avec ce personnage. À Amiens même, cette technique n'était pas inconnue, puisque le tombeau de l'évêque Thibaut d'Heilly († 1204) dans la collégiale de Saint-Martin-aux-Jumeaux était également en bronze. Ce fut peut-être la source immédiate des tombeaux de la cathédrale, que l'on peut également rapprocher d'un point de vue formel de celui en pierre de saint Germain l'Écossais dans la commune de Saint-Germain-sur-Bresle, à la limite méridionale du diocèse d'Amiens.

La réalisation des deux gisants ne doit pas être très éloignée de la période d'élaboration du décor sculpté des portails occidentaux. Les différences formelles entre les deux tombeaux sont patentes : l'effigie d'Évrard de Fouilloy présente, outre une tendance décorative plus poussée qu'illustre l'abondance de la ciselure, un relief aux plans plus subtilement nuancés que l'image de Geoffroy d'Eu, plus abrupte. Une même patine contribue toutefois à unifier les deux œuvres, dont rien ne permet de repousser la date d'exécution bien au-delà de 1240, date de l'achèvement du gros œuvre de la nef, comme de l'exécution des tombeaux comparables d'Ingeburge et de Barthélemy de Roye.

À l'autre extrémité du vaisseau central, ce sont encore deux figures d'évêques qui retenaient l'attention. Arnoul de La Pierre († 1247) dont les témoignages anciens situent majoritairement le tombeau dans le déambulatoire entre les piliers du pan axial de l'abside, a disparu, ce qui a pu faire douter de l'identification traditionnelle, certains auteurs estimant qu'il se trouvait au nord du chœur, comme c'est attesté pour ses deux successeurs, le tombeau sous enfeu de Gérard de Conchy étant d'ailleurs conservé dans la seconde travée du bas-côté nord du chœur. Dans le déambulatoire, il ne subsiste du monument du XIIIe siècle qu'un long soubassement de plus de 4 m orné de lys – bûchés – et de castilles, un décor héraldique dont l'usage se répand à partir du règne de Saint Louis, sans impliquer forcément un rapport direct avec la royauté. Les grandes dimensions de ce socle ne trouvent guère d'équivalent que dans le tombeau de Dagobert du milieu du XIIIe siècle, dont le soubassement pareillement traité occupe la largeur d'une arcade du chœur de la basilique de Saint-Denis. Nous ignorerons toujours si le monument funéraire d'Arnoul de La Pierre pouvait revêtir cette forme exceptionnelle proche d'un portail, mais il n'est pas exclu qu'il ait pris un développement particulier, d'autant qu'il était accompagné, selon les sources anciennes, du tombeau de deux archidiacres, non identifiés. Qu'il s'agisse ou non des dignitaires contemporains d'Arnoul, en l'occurrence Thibaut de Clermont et Bernard, archidiacre de Ponthieu, nous avions là une représentation particulièrement éloquente de l'ensemble du diocèse à travers ses trois plus éminents représentants.

À l'aplomb du tombeau d'Arnoul de La Pierre figure encore la double représentation de l'évêque Bernard d'Abbeville, sur le vitrail dont il fit don pour la baie centrale du chevet. Du Cange, au XVIIe siècle, signala la présence de chaque côté de verrières héraldiques aux armes du Vermandois dont il faisait du même évêque le donateur.

Ainsi, d'un bout à l'autre, d'ouest en est, depuis son commencement jusqu'à l'achèvement du gros œuvre, la cathédrale se trouve scellée par la figure de ses évêques constructeurs qui, pour les trois premiers, s'arrogeaient peut-être moins l'initiative personnelle du chantier qu'ils n'incarnaient la politique éditiaire de l'ensemble du diocèse.

L'image de Bernard d'Abbeville en donateur d'une verrière, plus anecdotique, appartient déjà à une autre époque, la fin du Moyen Âge, où se multiplient et même dominent les initiatives individuelles, comme on en trouvera de nombreux exemples dans la construction des chapelles latérales de la nef et la réalisation de la vitrerie.

CHRONOLOGIE DU CHANTIER

La décision de construire un nouvel édifice fut motivée par les dégâts qu'un incendie, que l'on date de 1218, infligea à l'ancienne cathédrale. Deux ans plus tard, le chantier était ouvert. En 1222, à la mort de l'évêque initiateur, Évrard de Fouilloy, les fondations étaient sinon achevées, du moins bien avancées. Les travaux furent menés rondement durant les premières années, au point qu'en 1233, au plus tard en 1236, la nef était achevée : à la première date correspondent la fondation de la chapelle de la Conversion de saint Paul par l'ancien doyen Jean d'Abbeville à l'extrémité du bras sud du transept et la constitution officielle de la communauté des chapelains, qui pourrait signifier la mise en service d'une partie de la cathédrale momentanément à usage de chœur liturgique, à la seconde l'affectation provisoire d'un bas-côté pour les paroissiens de l'église voisine Saint-Firmin et du « chœur » de la cathédrale pour les chanoines de cette collégiale.

Avant même le transfert de l'Hôtel-Dieu dans la partie nord de la ville, peut-être dès 1238, pour la construction à la place d'une nouvelle église Saint-Firmin entamée en 1247, l'ancienne étant détruite en 1241 au plus tard, les chanoines disposaient des terrains à bâtir vers l'est, au-delà de l'ancien rempart du *castrum*, grâce à de multiples donations, dont celle de l'évêque Geoffroy d'Eu en 1232 est sans doute la plus importante. Peu après, en 1234, les chanoines achetèrent de nouvelles carrières à Beaumetz dont il semble qu'on utilisa le matériau pour les remplages des bas-côtés du chœur. La fondation en 1243 de la chapelle Saint-Éloi dans la première chapelle rayonnante sud laisse croire que le chevet était alors en cours de construction, ce que ne contredisent pas les analyses dendrochronologiques des bois qui s'y trouvent, dont la coupe est datée entre 1241 et 1254 (Hoffsummer, 2002). L'évêque Arnoul de La Pierre († 1247) fut inhumé entre les piliers du pan axial de l'abside. Il faut signaler que ce prélat avait fondé dès 1236 un obit à la mémoire de son oncle l'archevêque de Rouen, Thibaut d'Amiens, pour qui deux cierges devaient brûler sur l'autel Saint-Jean pour la messe anniversaire de sa mort. Nous ignorons

1 **Page précédente:** La cathédrale vue depuis le beffroi.

2 La cathédrale vue depuis le sud.

3 Le flanc sud de la nef.

4 Le vaisseau central en direction du chœur.

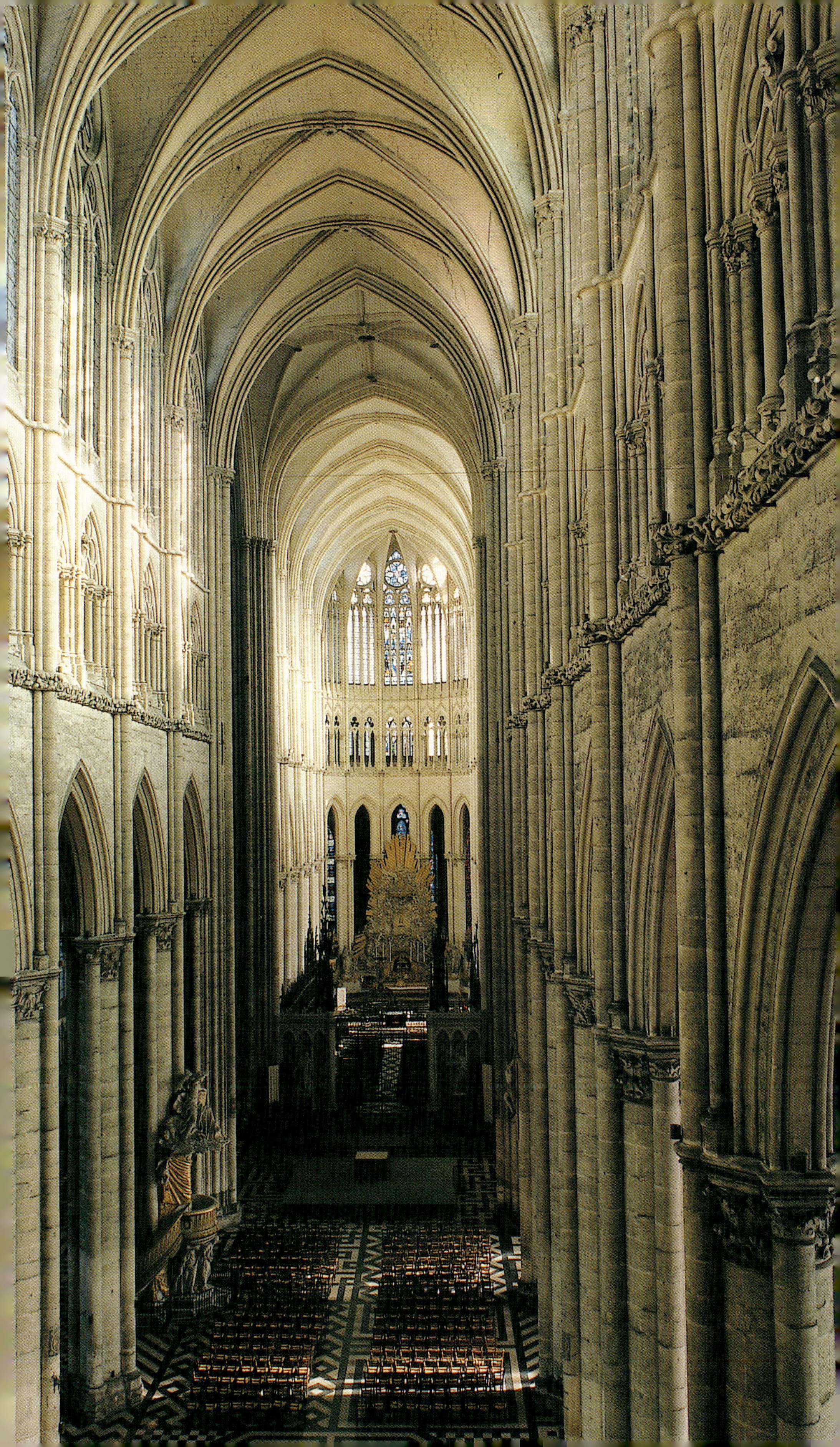

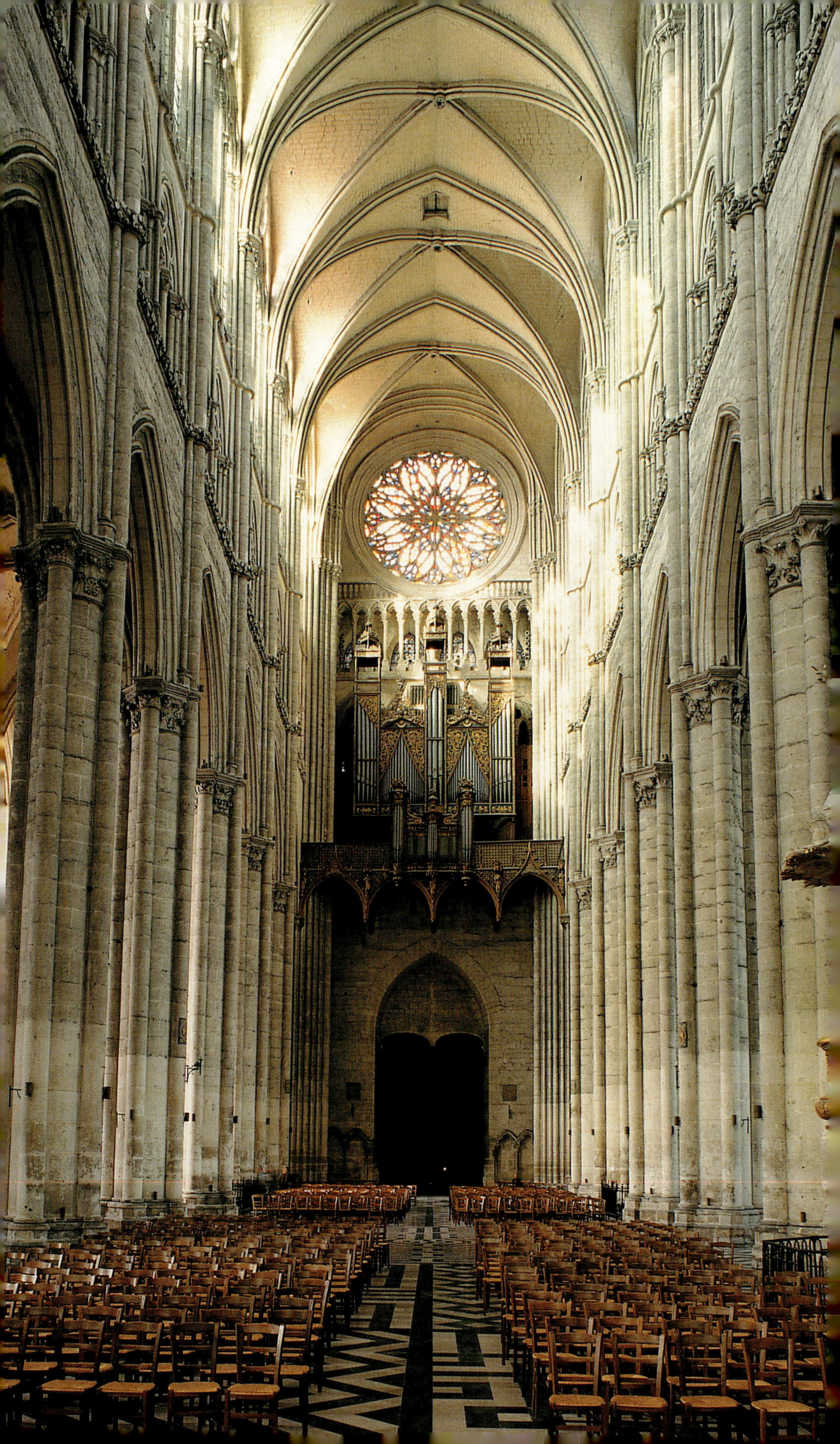

5 Le vaisseau central et le revers de la façade ouest.

6 Triforium et fenêtre haute de la dernière travée de la nef, côté nord.

7 Détail du triforium de la dernière travée de la nef, côté nord.

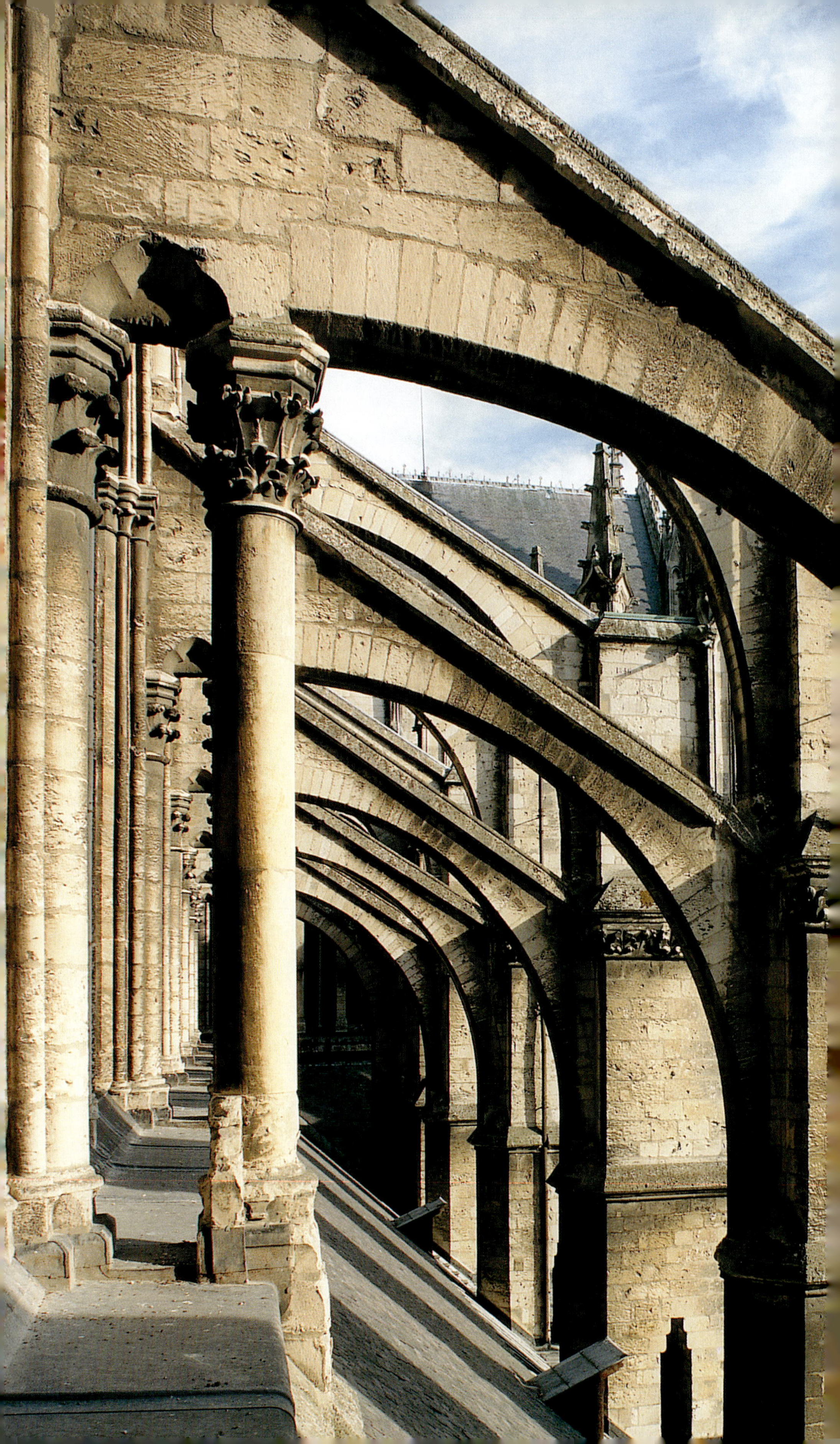

8   La succession des volées d'arcs-boutants du flanc sud de la nef, vers l'est.

9   Le contrebutement du flanc sud de la nef et du bras sud du transept vu depuis le sommet de la tour sud de la façade.

10 Le labyrinthe
   dessiné par
   le dallage
   des quatrième et
   cinquième travées
   du vaisseau central
   de la nef.

11 Le tombeau de l'évêque Évrard de Fouilloy sur le côté sud de la troisième travée du vaisseau central de la nef.

12 Détail du gisant d'Évrard de Fouilloy.

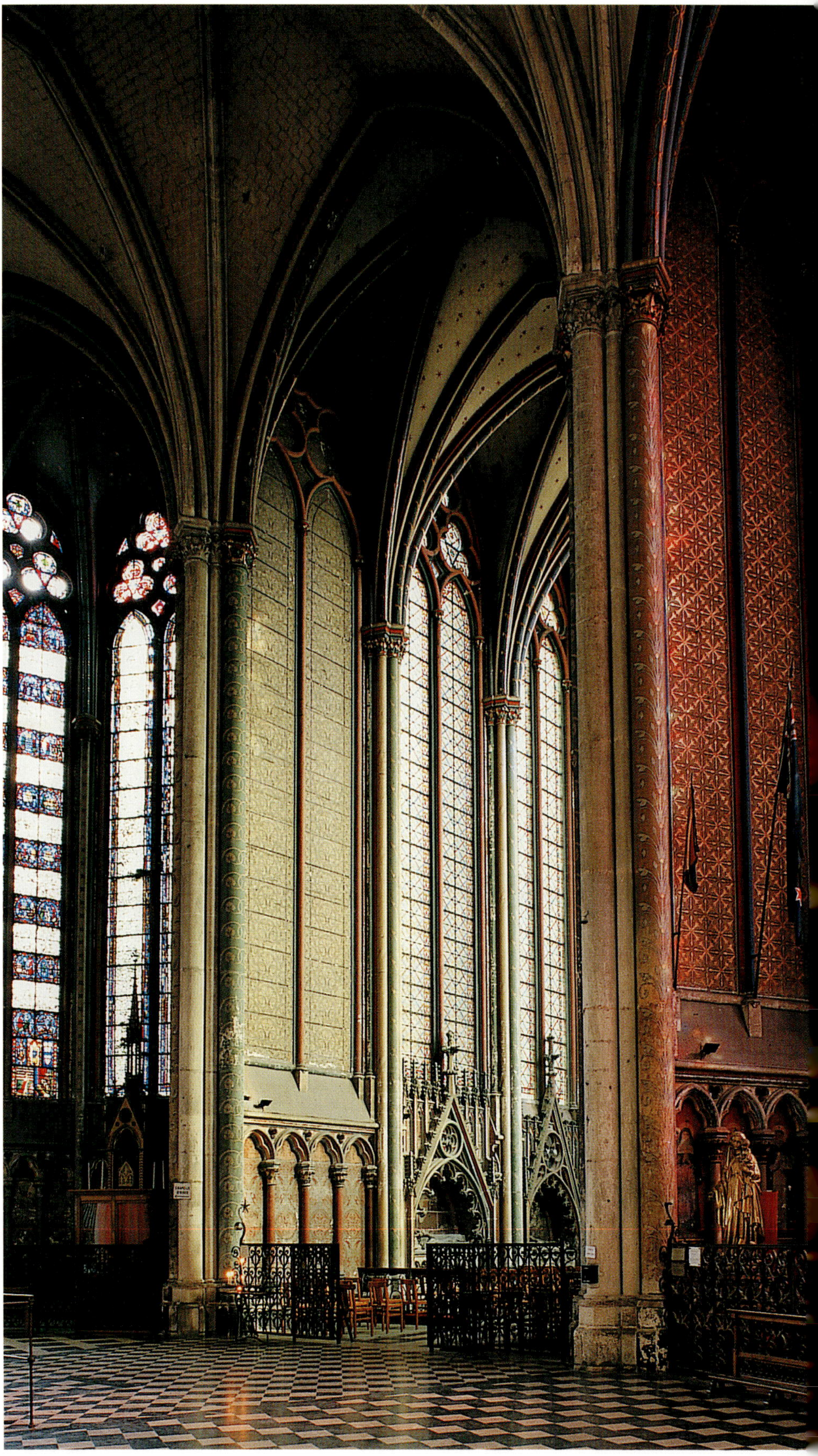

13 Le déambulatoire
et l'entrée
de la chapelle
de la Vierge.

14 Vue plongeante
depuis le triforium
à travers les grandes
arcades du
sanctuaire sur le
double collatéral et
les chapelles
rayonnantes sud.

15 La cathédrale vue depuis la tour Perret.

16 Le chevet de la cathédrale vu depuis la tour Perret.

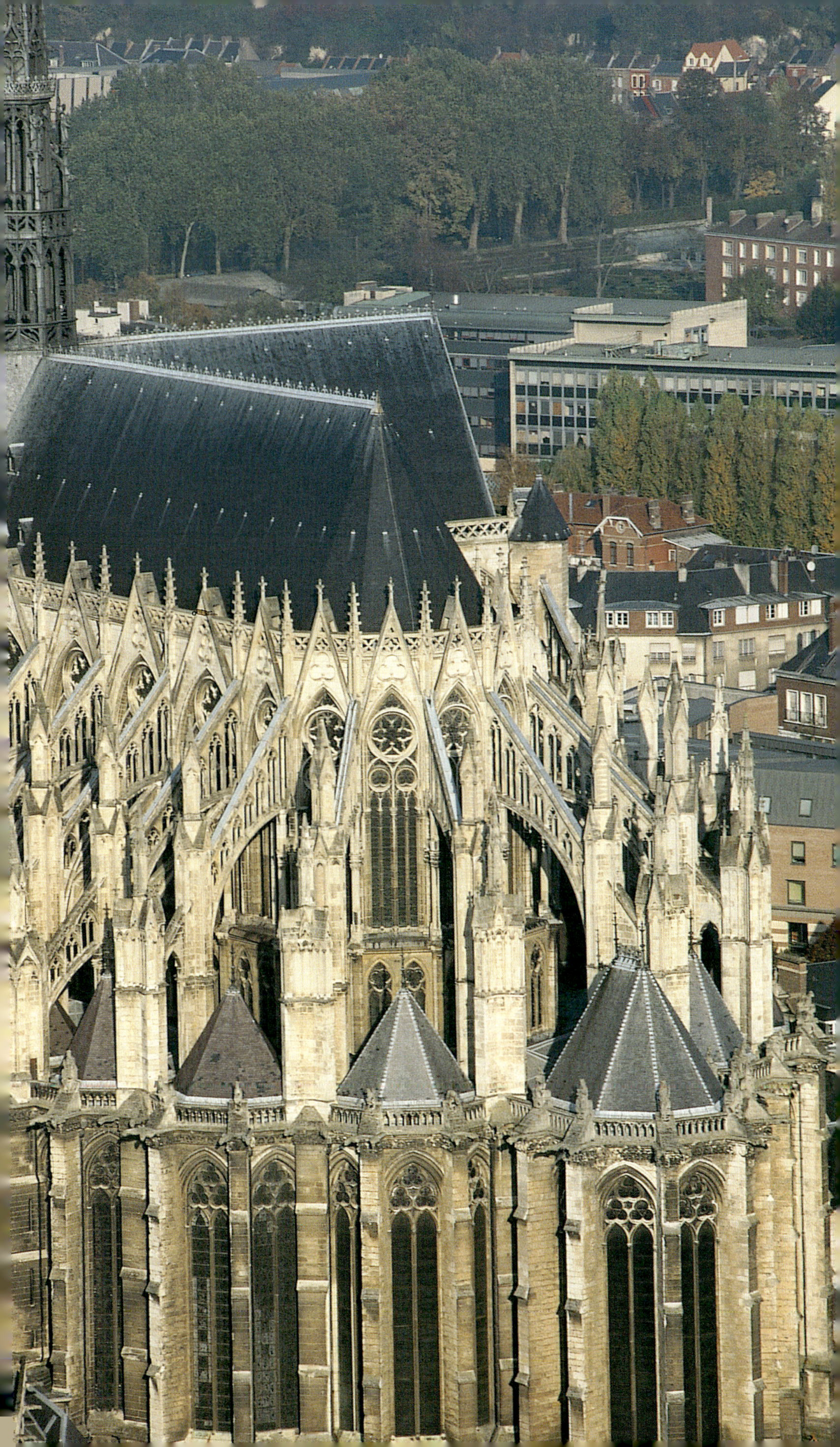

17 Les parties hautes
    du chœur: triforium,
    fenêtres hautes
    et voûtes.

18 Détail de la vitrerie
du triforium
du chœur: un saint
évêque (baie 113).

19 Détail de la vitrerie
du triforium
du chœur: saint
Paul (baie 111).

20 Verrière de la baie
d'axe du chœur
donnée par l'évêque
Bernard d'Abbeville
en 1269.

malheureusement s'il s'agit déjà de la chapelle rayonnante immédiatement au nord de la chapelle d'axe, ce qui fournirait des arguments supplémentaires pour une datation haute de cette partie de l'édifice. En 1252, le chanoine Pierre d'Eu fonda la fête de la Conception de la Vierge, vraisemblablement dans la chapelle d'axe.

Le rythme du chantier se ralentit dès les années 1240 en raison d'un tassement des ressources imputable en partie peut-être aux sommes importantes prélevées pour l'organisation de la croisade – 6 092 livres dans le bailliage d'Amiens en 1248. La châsse de saint Honoré voyagea alors dans le diocèse pour recueillir des dons pour la fabrique. La conjoncture semble s'être détériorée davantage avec le grave conflit qui opposa le clergé de la cathédrale au bailli d'Amiens qui avait fait périr cinq clercs de la juridiction épiscopale en 1244 et qui fut condamné entre autres à la dotation de cinq chapellenies, effective en 1262, et un incendie sans doute d'origine criminelle en 1258 dont l'étendue est difficile à cerner depuis les restaurations du XIXe siècle.

Le chantier se poursuivit dans les années 1260 selon un rythme chaotique dont témoignent les parties hautes du transept et du chœur, très peu homogènes. Des chambres pour les marguilliers furent construites près de la trésorerie en 1265, le vitrail du pan axial de l'abside, donné par l'évêque Bernard d'Abbeville portant la date de 1269, a pu n'être mis en place qu'un peu plus tard, peut-être en même temps que celui – disparu – offert par la reine d'Angleterre, sans doute en 1279. Une prestigieuse assemblée assista alors à la translation solennelle des reliques de saint Firmin le Confesseur et de sainte Ulphe dans de nouveaux reliquaires. Le chœur devait alors être prêt de son achèvement. Les années 1280 correspondent à la mise en place d'autres vitraux dans les parties hautes du transept et de la nef, où le labyrinthe fut posé en 1288, portant le nom des trois architectes. Cette année-là, la châsse de saint Fuscien fut ouverte, comme l'indiquait un authentique de l'évêque Guillaume de Mâcon trouvé à l'intérieur au XVIIe siècle. La mise en place des grands reliquaires sur le maître-autel remonterait peut-être à cette date. Vers la même époque fut réalisé le jubé isolant le chœur de la croisée et un nouvel ordinaire fut rédigé en 1291 à l'initiative du doyen Raoul de Rouvroy pour codifier les usages liturgiques dans la cathédrale enfin achevée.

Les récentes analyses de la charpente du haut comble ont montré que sa mise en place dans le chœur n'était pas antérieure à 1285 et qu'elle avait été complétée dans la nef vers 1305. À la base du comble, le garde-corps ajouré à motifs de losanges, refait au XIXe siècle, devait remonter à cette date. Ce n'est pas un hasard si le parvis ne fut aménagé qu'en 1304. À cette date, le gros œuvre, maçonnerie et charpente, était terminé, et les abords de la cathédrale pouvaient être nettoyés pour en faciliter l'accès. La construction plus circonscrite des chapelles latérales de la nef, amorcée au début des années 1290, pouvait se poursuivre. Elle s'acheva vers 1375, avec les chapelles du Beau Pilier, contre les deux premières travées du bas-côté nord. Peu de temps avant, le chantier avait été repris dans les parties hautes de la façade occidentale qui, depuis les années 1240 environ, était restée en plan juste au-dessus de la rose. La tour sud était peut-être terminée en 1372, la tour nord ne le fut qu'en 1401.

À part la réfection de la flèche de la croisée du transept de 1528 à 1533, la période moderne s'est attachée exclusivement à marquer de son empreinte le mobilier de l'édifice. Au-delà de leur valeur intrinsèque, ces transformations ne rompent jamais complètement avec la tradition. Elles participent en tout cas à l'histoire d'un édifice qui a appris à vivre pour les siècles.

DEUXIÈME PARTIE

L'ARCHITECTURE

LA MAÎTRISE D'ŒUVRE	37
Les architectes	37
La main-d'œuvre	39
Les matériaux	40
La technicité de la construction	41
UN PROJET GLOBAL	43
Les principes géométriques générateurs du plan	43
Les unités de mesure	46
Le symbolisme des nombres	46
L'établissement des fondations	47
LA NEF	48
L'élévation	49
Le voûtement	55
Les bas-côtés	56
La structure et le contrebutement	57
LA FAÇADE OCCIDENTALE	60
La structure du massif de façade	60
Le frontispice	62
Une façade « harmonique » originale	64
L'achèvement des tours aux XIVe-XVe siècles	65

L'ARCHITECTURE

66	LES PARTIES ORIENTALES, TRANSEPT ET CHŒUR
67	Les doubles bas-côtés du chœur
70	Les chapelles rayonnantes et le déambulatoire
70	Le triforium
71	Les fenêtres hautes
72	Le contrebutement
75	Les parties hautes des façades du transept
78	LA CHARPENTE DU GRAND COMBLE ET LA FLÈCHE
78	Le grand comble
80	La flèche
82	QUALITÉS FONDAMENTALES DE L'ARCHITECTURE
83	LA SUCCESSION DES TROIS ARCHITECTES
83	LA DIVERSITÉ DES SOURCES
85	AMIENS ET PARIS
86	LA POLYCHROMIE

Notre-Dame d'Amiens est la plus vaste cathédrale élevée au XIIIe siècle. En suivant le parti monumental adopté pour ce type d'édifices dans le nord de la France depuis la fin du XIIe siècle, ses trois architectes successifs se sont illustrés en offrant une synthèse unique, fondée sur une interprétation pleine d'élégance de diverses traditions architecturales.

LA MAÎTRISE D'ŒUVRE

Les architectes

À l'évêque, dont la figure emblématique résume la maîtrise d'ouvrage, répondent au XIIIe siècle les noms d'architectes ou maîtres de l'œuvre, pour reprendre la terminologie de l'époque, qui semblent à eux seuls incarner la totalité du chantier. Rien n'a été négligé pour la mise en scène des responsables de la construction. Leurs noms figuraient gravés sur une lame de cuivre au centre du labyrinthe que dessinait le dallage de la nef dans les quatrième et cinquième travées du vaisseau central. Le labyrinthe actuel est le fruit d'une réfection du XIX[e] siècle, mais la pierre centrale originale est conservée au musée de Picardie et le texte de l'inscription, avant de disparaître, avait été relevé plusieurs fois, et ce dès le XIV[e] siècle.

En l'an de grace mil II[c]	En l'an de grâce Mille deux cent
Et XX fu l'euvre de cheens	et vingt, fut l'œuvre d'ici
Premierement encommenchie	d'abord commencée
Adonc yert de cheste evesquie	Alors était de cet évêché
Evrart evesques benis	Evrard l'évêque béni
Et roy de France Loys (sic)	et roi de France Louis (sic)
Qui fu filz Phelippe le sage	qui fut le fils de Philippe le Sage
Chil qui maistre yert de l'œuvre	Celui qui était maître de l'œuvre
Maistre Robert estoit nommes	Maître Robert était nommé
Et de Lusarches surnommes	et de Luzarches surnommé
Maistre Thomas fu apres luy	Maître Thomas fut après lui
De Cormont, et apres	de Cormont, et après
Ses filz maistre Regnault qui mettre	Son fils maître Renaud qui mettre
Fist a chest point chy ceste lettre	fit en ce point-ci cette lettre
Que l'incarnation valoit	que l'Incarnation valait
XIII[c] ans, XII en faloit.	Treize cents ans, moins douze

On y apprenait donc que la cathédrale commencée en 1220, sous l'épiscopat d'Évrard de Fouilloy (sous le règne de Philippe Auguste et non de Louis VIII !) eut pour maîtres d'œuvre successifs Robert de Luzarches, Thomas de Cormont puis son fils Renaud qui mit en place l'inscription en 1288. Le choix de la figure du labyrinthe, comme à Chartres, Reims ou Saint-Quentin fait évidemment allusion à la science de l'architecte mythique Dédale dans la postérité duquel les trois maîtres amiénois semblent vouloir se placer en revendiquant les plus hauts talents. En fait de labyrinthe, il s'agit plutôt d'un itinéraire compliqué dessiné par les dalles blanches et sombres, menant indéfectiblement au centre de la figure, qui fut sans doute utilisé dès le Moyen Âge pour des pratiques dévotionnelles symbolisant le chemin difficile vers les Lieux saints, d'où le nom de « lieue de pèlerinage » qu'on lui donne parfois.

Au-dessus du portail du bras sud du transept, une inscription déjà très ruinée au XIXe siècle, et relevée en 1843 par les Antiquaires de Picardie, devait également commémorer la pose de la première pierre de la cathédrale en 1220. Elle mentionnait le nom de Robert, sans doute le premier architecte : « En l'an que l'incarnation valoit MCC et XX [...] or *ifu rimist* le premiere piere *iasis* [...] le cors [...] Robert [...] » (les mots en italique n'ont aucun sens, peut-être sont-ils des erreurs de transcription). L'inscription devait remonter au plus tôt aux alentours de 1240, sa réalisation en caractères de 17 cm de haut sur une longueur d'environ 13 m évoque celle qui fut gravée vers 1258 au bas de la façade du bras sud de Notre-Dame de Paris.

Le labyrinthe et l'inscription du bras sud d'Amiens sont deux témoignages éloquents du prestige acquis par les architectes au XIIIe siècle. Ils sont malheureusement trop laconiques pour permettre à eux seuls de cerner la part qui revient à chacun d'eux.

La seule information supplémentaire que nous fournissent les archives tient dans la mention en 1260 d'une maison qui avait appartenu à Renaud de Cormont alors qualifié de maître (*domus quondam magistri Renaudi cementarii, magistri fabrice beate Marie Ambianensis*). L'absence d'autres repères chronologiques – on ignore quand l'activité de Robert de Luzarches prit fin à Amiens, et quand précisément Renaud succéda à son père – et la difficulté de rattacher leur action à telle ou telle partie de la cathédrale expliquent les différents points de vue développés par les spécialistes. Si la plupart des historiens d'art s'accordent pour attribuer à Robert de Luzarches le projet initial de l'ensemble et à Renaud l'achèvement du gros œuvre, le rôle dévolu à Thomas de Cormont, dans la période centrale du chantier, est plus malaisé à définir. Il est toutefois assez probable que la totalité de la nef et les parties basses du chœur, relativement homogènes, reviennent à Robert de Luzarches et à Thomas de Cormont qui prit assez rapidement le relais et dont nous pourrions avoir une représentation « cryptée » dans la statue de saint Thomas tenant initialement une équerre au portail central de la façade ouest. En revanche, les parties hautes du chœur et du côté oriental du transept, plus récentes et différentes, reviendraient à Renaud, à la tête du chantier sans doute depuis au moins 1260.

Nous ignorons donc pratiquement tout de la formation et de la carrière de ces architectes. Tout au plus peut-on supposer que Robert est originaire du village de Luzarches au nord de Paris, et que Thomas et Renaud sont picards, le village de Cormont se trouvant à quelques dizaines de kilomètres d'Amiens.

Il n'y a pas de raison d'exclure une carrière comparable à ce que l'on connaît ailleurs pour cette époque, comme plus tardivement à Amiens, où l'architecte ajoute à ses responsabilités de maître d'œuvre, au service d'une seule ou de plusieurs institutions, des compétences d'expert dans une diversité d'activités, propice à l'enrichissement personnel. Ainsi nous apparaît, à la fin du Moyen Âge, Pierre Tarisel, né vers 1440, qui finit par cumuler des années 1480 à sa mort en 1510 les fonctions de maître maçon du roi, de la ville d'Amiens, et de la cathédrale où il eut à résoudre les problèmes de stabilité, en reprenant certains piliers et arcs-boutants et en installant des tirants en fer dans le triforium. Au service de la municipalité, son action, beaucoup plus importante, concernait l'entretien des cours d'eau, des édifices publics ou privés appartenant à la ville, les remparts, la voirie, les ponts, les puits et les fontaines. Il visita la cathédrale de Noyon en mauvais état en 1475, examina en 1500 les plans de Martin Chambiges pour la cathédrale de Beauvais, travailla à Arras, sans doute pour le compte de Louis XI, en 1477.

Cette activité multiforme, occasionnant des déplacements nombreux, était indispensable à la culture d'un architecte appelé à mettre sur pied ces chantiers d'excellence que sont les cathédrales. Amiens ne fait pas exception, entre l'apprentissage sur le tas, d'où ce phénomène « dynastique » qu'illustrent ici les Cormont, et les multiples voyages qu'on peut déceler par les affinités entre tel et tel chantier, et dont nous avons des témoignages proches comme celui d'un autre Picard, Villard de Honnecourt.

La main-d'œuvre

Ces hommes se trouvaient à la tête d'un chantier dont les effectifs nous sont inconnus mais devaient varier considérablement selon les époques et les saisons, selon les besoins et les moyens. Les renseignements disponibles sur les hommes de métier actifs sur la cathédrale et les immeubles appartenant au chapitre ne sont pas antérieurs au XIVe siècle. La main-d'œuvre obéissait à une certaine hiérarchie : un maître maçon de l'époque, Reginaldus, recevait des gratifications en nature, dont des vêtements, en sus de son paiement à la journée ; le maître charpentier, Colard, avait un valet. On mentionne les travaux de Guillelmus, maître verrier, Jean, couvreur de plomb, maître Éloi, couvreur de tuiles, Pierre de Gaissart, couvreur d'herbes, c'est-à-dire de chaume, Jean, fabricant de cordes, et Helie, forgeron. Les comptes de 1357-1358 attestent l'existence d'une loge où étaient entreposés le matériel, chariots, brouettes, balais, pelles et auges.

C'est également dans la loge que devaient être conservés les plans et les gabarits servant à la production des éléments de construction, de pierre, de bois comme de métal. On ignore où se trouvait cette loge et si elle remontait au XIIIe siècle, ce qui est probable. On mentionne en 1324 une maison de l'œuvre rue Saint-Denis. À l'angle du bras sud du transept et du chœur se trouvait la cour dite du « Puits de l'Œuvre » qui aurait fourni l'eau pour le chantier. Une porte percée après coup dans le soubassement de la deuxième travée du bas-côté sud du chœur permettait d'accéder directement dans la cathédrale depuis cette cour.

En 1874, le sculpteur Duthoit rapporte que près de ce puits démoli en 1850 se dressait une table de pierre sur laquelle on comptait chaque semaine le salaire des ouvriers employés à la construction de la cathédrale. Même si ces dispositions ne remontaient pas au début du XIIIe siècle, elles ne semblent pas incompatibles avec la réalisation du gros œuvre.

Les matériaux

Le chantier de la cathédrale, en raison de l'activité qui s'y déploya de façon quasiment constante de 1220 à la fin du XIIIe siècle, fut un des foyers principaux de l'économie amiénoise et picarde. Il concentrait les métiers nombreux qui travaillaient la pierre, le bois et le métal.

La pierre était d'origine locale. Furent d'abord exploitées les carrières de la vallée de la Celle à Croissy, Fontaine-Bonneleau et Doméliers dont le chapitre était seigneur à environ 25-30 km au sud-ouest d'Amiens. Les carrières de Beaumetz dont l'usage fut accordé au chapitre cathédral par celui de Saint-Martin de Picquigny en 1234 se trouvaient dans la vallée de l'Acon, près de Tirancourt, sur la rive droite de la Somme. Cette pierre, dont le lieu d'extraction était plus proche d'Amiens, à une douzaine de kilomètres environ, était d'un transport relativement aisé par la

Somme alors que la Celle ne devait pas offrir les mêmes facilités. Pour le soubassement de l'édifice qui requérait un matériau particulièrement résistant et isolant, on utilisa un grès extrait au nord de la ville, près de Villers-Bocage. Les voûtains qu'il fallait alléger au maximum sont en craie tendre des environs d'Amiens.

Pour le gros œuvre, la pierre pouvait être dégrossie dans la carrière et les finitions apportées sur le chantier même, ce qui diminuait les charges à transporter – une économie non négligeable.

Le bois servait naturellement pour les charpentes, qu'elles soient provisoires ou définitives, mais également pour la réalisation des engins de levage et les échafaudages, pour les cintres et les tirants qui maintenaient les maçonneries en place en attendant la prise des mortiers. Contrairement à une idée répandue, les bois, grâce au mode de débitage, pouvaient être utilisés dans l'année suivant l'abattage de l'arbre, ce qui réglait d'éventuels problèmes de stockage.

Le métal prit de plus en plus de place sur le chantier. Le fer était nécessaire pour la confection des outils tout autant que pour la réalisation de l'armature des barlotières qui maintenaient en place les panneaux de vitraux dans les baies toujours plus vastes. Il remplaça également le bois pour offrir des tirants plus résistants à la naissance des voûtes du déambulatoire. À la fin du Moyen Âge, on ceintura sur toute sa longueur l'édifice à mi-hauteur avec du fer d'Espagne dont on voit les barres d'une section impressionnante dans le passage du triforium.

Une crête de plomb garnit le faîte du grand comble en ardoises. Des épis plus décorés ornent le pignon du bras nord comme la flèche entièrement recouverte de ce métal. On faisait, naturellement, largement usage de plomb pour la réalisation des vitraux.

La technicité de la construction

L'étude archéologique du monument (Kimpel, 1977) a montré que les procédés de construction obéissaient à des règles – perfectionnées d'ailleurs au cours du chantier – qui traduisent une organisation particulièrement structurée du travail. À titre d'exemple, les piliers cantonnés de quatre colonnettes des grandes arcades du vaisseau principal sont constitués d'assises superposées qui finissent par n'être plus composées que de deux éléments empilables et interchangeables d'un support à l'autre. La réduction à l'extrême du nombre des gabarits pour la réalisation des blocs, où les déchets de taille sont minimes, permettait d'accélérer le rythme du travail. La standardisation de l'appareil offrait aussi la possibilité de poursuivre les activités de taille de la pierre en hiver. Pareilles observations peuvent être faites sur le mode de construction des piliers engagés dans les bas-côtés dont les assises sont de plus en plus régulières. Le traitement du mur aboutit dans les chapelles rayonnantes à la superposition d'assises continues sur le pourtour du chevet. Les éléments de remplage des fenêtres suivent, dès le début, la technique en châssis inventée à Reims une dizaine d'années auparavant et qui permit, là encore, la préfabrication des éléments isolés que sont les montants (ou meneaux) et une partie des têtes de lancettes et des oculi. On observe un progrès supplémentaire dans la taille de ces éléments dans le chœur, où ils semblent, comme par cristallisation, dériver d'un seul gabarit, réduit ou dilaté à volonté suivant la taille qu'on voulait donner aux différents composants de la baie.

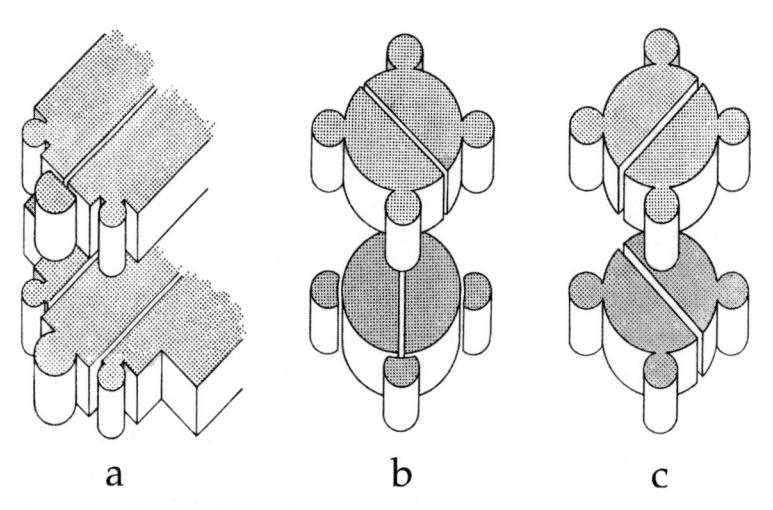

Coupe d'un pilier (d'après Kimpel).
a. Piliers engagés des bas-côtés de la nef.
b. Pilier de la nef.
c. Pilier du chœur.

Il va de soi que le haut degré de technicité du système de contrebutement de l'édifice n'a pu être atteint sans une réflexion intellectuelle approfondie sur l'architecture, qui demandait à être relayée par d'autres moyens (dessins, maquettes, épures) avant d'être réellement mise en œuvre.

Les progrès techniques, par rapport aux chantiers immédiatement antérieurs des cathédrales de Chartres et de Reims, sont considérables. Ils autorisaient des gains de temps et d'argent qui expliquent la relative rapidité avec laquelle le chantier avança durant les quinze premières années. Une telle rationalisation de la production ne peut se comprendre sans une solide organisation du travail : à partir des plans de l'architecte étaient tirés des gabarits effectués peut-être par les soins d'un personnel spécialisé, qui préfigure les appareilleurs mentionnés sur les grands chantiers à la fin du XIIIe siècle. Ces gabarits, sans doute conservés dans la loge, permirent aux tailleurs de pierre, sur place ou déjà sur le lieu d'extraction du matériau, de réaliser les moellons nécessaires à la construction.

Cette hiérarchisation de la main-d'œuvre a pu bénéficier de l'exemple local des métiers du textile puissamment structurés qui faisaient la fortune d'Amiens et de sa région. Elle contribua aussi à faire de la cathédrale d'Amiens un édifice exemplaire, dont la perfection de la construction fut rarement dépassée.

UN PROJET GLOBAL

La construction de la cathédrale d'Amiens, comme toute entreprise d'envergure, répond à un projet global défini initialement. Si des modifications ont pu intervenir, surtout en fin de chantier, comme nous le verrons, elles n'ont jamais profondément remis en cause l'unité du monument. Le bon sens commande en effet que les maîtres d'ouvrage, l'évêque et le chapitre aient eu à cœur de se lancer dans la reconstruction complète de leur église, et que leur choix se soit porté sur un projet global d'architecte, en l'occurrence celui de Robert de Luzarches.

Le plan initial de la cathédrale s'inscrit d'ailleurs parfaitement dans la série des grands chantiers épiscopaux de l'époque. Une façade à deux tours clôt une nef à trois vaisseaux, longue de sept travées, séparée, par un transept saillant, du chœur qui s'étire sur quatre travées bordées de doubles collatéraux jusqu'à l'abside à sept pans entourée d'un déambulatoire simple sur lequel ouvrent sept chapelles rayonnantes. Ces dispositions, où le transept se situe approximativement au milieu du vaisseau longitudinal en raison de l'extension du chœur, par ailleurs dilaté, sont déjà celles de la cathédrale de Chartres où le déambulatoire est toutefois double. Elles commandent également dans les grandes lignes le plan de l'abbatiale cistercienne ruinée de Longpont près de Soissons et, dans une moindre mesure, celui de la cathédrale de Reims, avant qu'on n'en allonge la nef.

Les principes géométriques générateurs du plan

Dans bon nombre d'édifices voûtés d'ogives comme la cathédrale d'Amiens, la travée, c'est-à-dire la portion d'un vaisseau comprise entre deux supports, semble fournir le module de base qui peut se répéter d'un bout à l'autre de l'édifice, à l'identique, doublé ou inversement subdivisé. Ce système modulaire paraît encore plus évident lorsque l'attention se porte sur les voûtes, dont le tracé des arcs transversaux, longitudinaux et diagonaux dessine une grille, qui, projetée au sol ou sur le plan, donne vraiment l'impression d'un canevas d'ensemble du monument. Cette perception sensible n'est pas, bien sûr, celle de l'architecte qui dut recourir à la géométrie pour définir les lignes du plan comme de l'élévation du monument.

Sur ce point, à Amiens, la croisée du transept joue un rôle essentiel. C'est autour d'elle que s'articule la construction des différents vaisseaux suivant les quatre points cardinaux. Le carré constitué par la croisée et les travées contiguës de la nef, du chœur et des bras du transept, ainsi qu'aux angles les travées ultimes des bas-côtés, fournit peut-être un module clé pour l'ensemble de l'édifice (Murray, 1996). En tout cas, sa diagonale correspond à la longueur de la nef. Le rapport euclidien de $1\sqrt{2}$ entre le côté du carré et sa diagonale commanderait aussi les dimensions générales de la nef et de la partie droite du chœur, qui le reproduisent dans les proportions largeur/longueur. La géométrie régit à l'évidence les dispositions du chevet qui suit une composition radiale. La projection au sol des arcs des voûtes paraît tout simplement livrer le dessin de l'extrémité orientale de l'édifice. À partir de la clé de voûte de l'abside principale divergent les rayons passant par les piliers du rond-point, pour suivre les doubleaux séparant les travées du déambulatoire et enfin donner la direction des premiers pans de mur des chapelles rayonnantes. Ce schéma, qui flatte l'œil et dont le symbolisme, simple, se lit aisément, ne correspond toutefois pas à la réalité d'une exécution autrement plus complexe, puisqu'elle intègre des pans de longueur variable dans l'abside. En outre, il ne faut pas minimiser la difficulté de reconstituer les schémas géométriques directeurs des plans qui se heurtent au caractère approximatif des tracés médiévaux réalisés au moyen de cordes et à la fidélité toute relative avec laquelle ces schémas pouvaient être suivis dans la mise en œuvre, sans parler des inflexions qui pouvaient être apportées à la figure de base au cours du chantier. Pour se limiter à un exemple, les chapelles rayonnantes d'Amiens ne sont pas implantées selon une parfaite composition radiale, où les maçonneries auraient pris trop d'épaisseur. Les murs séparant les chapelles s'amincissent de l'extérieur vers l'intérieur. D'une largeur d'environ 2 m au front des contreforts, ils ne mesurent plus que 25 cm au revers des piliers engagés qui marquent le seuil des chapelles.

UN PROJET GLOBAL | 45

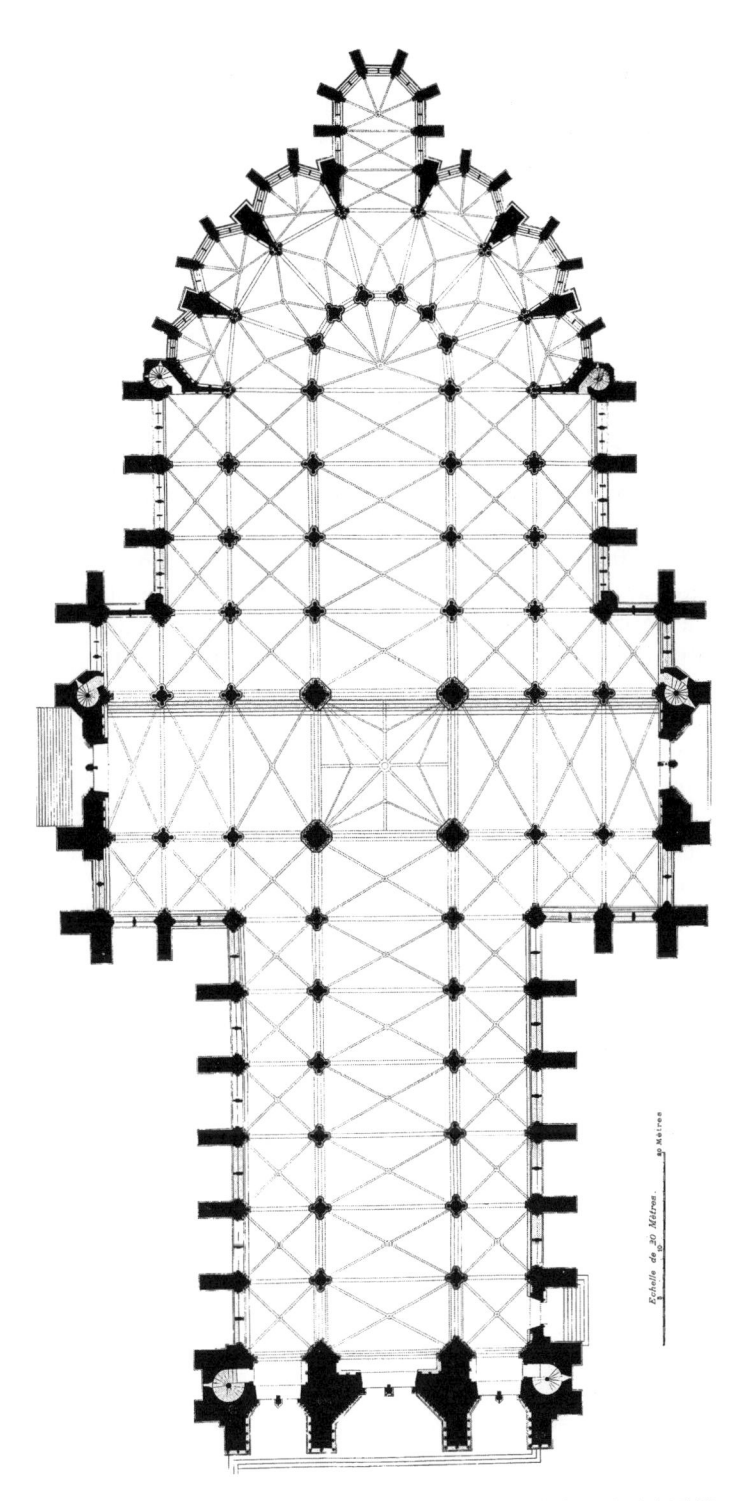

Plan de la cathédrale, projet initial (d'après Durand).

D'autres rapports géométriques simples semblent régir l'élévation du monument. Le vaisseau central est en effet trois fois plus haut que large. La largeur intérieure des trois vaisseaux de la nef est égale à la hauteur du fût des colonnes placées à la retombée des doubleaux du haut vaisseau (Murray, 1996).

Les unités de mesure

Si, à un certain niveau de synthèse, une restitution géométrique des tracés du plan et de l'élévation de la cathédrale dispense de connaître les unités de mesure utilisées, une analyse approfondie du monument, tenant compte de la réalité du chantier, ne peut se passer de cette donnée. On a vraisemblablement utilisé à Amiens le pied local, dit « romain », en usage, comme son nom l'indique, depuis l'Antiquité, dont la longueur oscille selon les auteurs entre 29,5 cm (Murray, 2002) et 30,66 cm, soit de toute façon des dimensions moindres que le pied royal (32,47 cm). On observe au demeurant la permanence de certains usages. Si la largeur du vaisseau central d'Amiens est identique à celle de la cathédrale de Reims, mise en chantier une dizaine d'années plus tôt, il est curieux de constater qu'elle correspond à la largeur des rues de la ville au Haut-Empire. Si la cathédrale ne se modèle sans doute pas sur la voirie antique, elle n'en illustre pas moins la tradition séculaire des usages.

Pour la charpente du haut vaisseau, la présence de repères tracés précis dans les combles permet de supposer l'utilisation d'un pied de 30,8 cm de long, ce qui fournit un écartement de 12 pieds, soit 3,70 cm entre les fermes principales, 2 pieds entre les fermes secondaires et un module simple d'1 pied pour la section des entraits (Hoffsummer, 2002). L'écart chronologique et l'absence de correspondance rythmique avec les travées empêchent toute extrapolation avec l'étude des maçonneries.

En ce qui les concerne, en utilisant un pied de 29,5 cm, la nef compte 50 pieds de largeur dans le vaisseau central, 30 dans les bas-côtés, et des rapports de proportions simples entre les arcades, doubleaux et ogives, respectivement épais de 4, 2 et 1 pieds. La hauteur de la nef atteindrait 144 pieds, la façade occidentale serait ordonnée selon un module de 10 pieds correspondant à la largeur des contreforts flanquant le portail central.

Le symbolisme des nombres

Ces données ont l'avantage de fournir des chiffres ronds, parfois arrondis, auxquels on a proposé une interprétation allégorique : les 50 pieds de large du vaisseau principal renverraient aux

50 coudées de large de l'arche de Noé, ses 144 pieds de haut correspondraient aux 144 coudées de la Jérusalem céleste selon l'Apocalypse de Jean (Murray, 2002).

Ces correspondances de mesures entre la cathédrale et des monuments bibliques emblématiques sont répandues au Moyen Âge. Elles participent, comme l'iconographie des portails, au symbolisme d'un monument, dont la portée dépasse de très loin les simples possibilités d'accueil d'un clergé et de fidèles, pour se placer dans le schéma global de l'histoire sainte. On pourrait trouver dans l'architecture d'autres références bibliques : les deux files de six supports isolés de la nef pourraient bien évoquer les douze apôtres qui figurent déjà à l'extérieur sur les ébrasements du portail central. C'est d'ailleurs un topos en architecture médiévale dont l'abbé Suger témoigna à Saint-Denis vers 1144 et qui fut illustré de manière magistrale un siècle plus tard à la Sainte-Chapelle du palais de la Cité à Paris avec les statues d'apôtres adossées aux piliers.

Toutefois, il ne faut pas perdre de vue que les rapprochements jouant sur les chiffres et les figures géométriques courantes étaient à ce point ancrés dans les esprits et les dispositions intellectuelles de l'époque, qu'il faut peut-être y voir, dans bien des cas, plus des réflexes ou des habitudes mentales que des objectifs déclarés.

L'établissement des fondations

Plus concrètement, avant de passer à l'exécution d'un édifice qui frappe par l'homogénéité des lignes principales alignant les supports des trois vaisseaux de la nef, prolongés jusqu'à la naissance du chevet en d'immenses perspectives, il fallut procéder à l'établissement des fondations. Les fouilles menées par Viollet-le-Duc, notamment vers la cour du Puits de l'Œuvre, au sud du chœur, ont permis de découvrir que le terrain sur lequel s'élève la cathédrale est remblayé sur 7 à 9 m au-dessus du sol vierge. Ce remblai aurait été aménagé sur toute la superficie de l'édifice. Au-dessus prit place un massif de moellonnage et de mortier dont la surface horizontale se trouve à environ 5 m sous le dallage.

Au-dessus encore s'élèvent des murs radiers, qui forment un chaînage quadrillé transversalement et longitudinalement, sous les murs gouterots et les files de supports isolés. Ces radiers se rétrécissent progressivement en hauteur pour atteindre 2,40 m de large au sommet. Selon Viollet-le-Duc, ils reposaient sur une couche de terre à brique de 40 cm d'épaisseur, couverte d'un lit de béton de même épaisseur. Leurs quatorze assises de 30 à 40 cm en libages provenaient des carrières de Bavelincourt, puis venaient une assise de pierre de Croissy et trois assises de grès sous le sol extérieur. Ces revêtements de fondation enveloppaient un blocage de gros fragments de silex et de pierres diverses, noyés dans un mortier très dur qui formait une sorte de roc factice. Au-dessus du sol extérieur, tout l'édifice repose sur six autres assises de grès bien parementées. On voit, à l'ampleur des travaux de terrassements et de fondation, qu'Évrard de Fouilloy, l'initiateur des travaux, pouvait s'enorgueillir de leur réalisation, comme le célébrait son épitaphe.

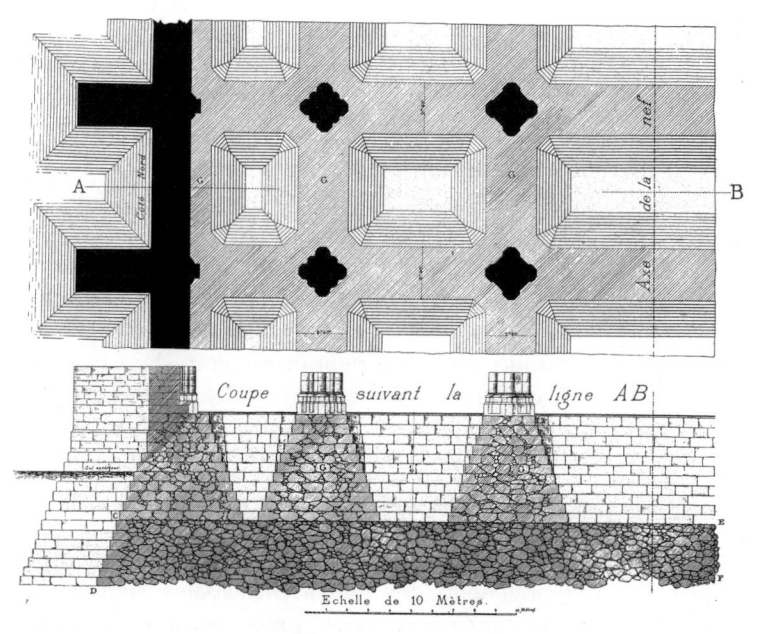

Croquis des fondations (d'après Durand).

On distinguera, dans l'architecture de l'édifice, la moitié occidentale composée de la nef, de la façade ouest jusqu'à la rose incluse et du mur ouest du transept, de la moitié orientale, commencée quelque peu après et nettement plus récente dans les parties hautes du chœur et du mur oriental du transept.

LA NEF

La nef d'Amiens est la partie de la cathédrale la plus ancienne et, à ce titre, la plus proche du projet initial de Robert de Luzarches. Encore faut-il, pour en retrouver l'idée première, la débarrasser des chapelles latérales qui ont été ajoutées ultérieurement et lui restituer des bas-côtés simples, directement éclairés par d'amples baies géminées sous des oculi dont on conserve des témoignages dans le bas-côté ouest du transept. Dans son état d'origine, la nef devait paraître encore plus élancée, légère et lumineuse.

L'élévation

En déclinant une élévation à trois niveaux, la nef d'Amiens se range parmi les grandes églises qui, depuis la nef de Chartres et le chœur de Soissons, ont renoncé aux tribunes et privilégié l'étirement des grandes arcades et des fenêtres hautes, séparées par le triforium, une coursière ouvrant par des arcades sur le vaisseau central.

On a pu, à la suite de Focillon, qualifier de classique cette architecture caractérisée par son gigantisme et surtout l'équilibre de ses structures, manifeste d'un apogée et comparée à une « langue qui, une fois fixée, n'a plus besoin de néologismes ». Toutefois, si grandes que soient les affinités entre la nef d'Amiens et les vaisseaux de Chartres, Reims ou Soissons, les inventions qui y fourmillent contredisent tout statisme dans la création architecturale de l'époque, à plus forte raison si l'on prend en compte, outre les questions formelles, les aspects techniques déjà évoqués, qui témoignent au contraire d'une inventivité jamais tarie.

Les grandes arcades

À la parité que Chartres et Soissons offrent au traitement des deux niveaux extrêmes de l'élévation, déjà infléchie à Reims en faveur de grandes arcades légèrement étirées, Amiens privilégie délibérément le premier niveau, auquel elle accorde franchement la moitié de la hauteur totale de l'élévation, des proportions qui tendent à devenir ultérieurement la règle dans les grands édifices de l'époque rayonnante. Cet allongement des grandes arcades, inspiré peut-être par la cathédrale de Bourges, renforce l'impression de gigantisme en repoussant à des hauteurs jamais atteintes les superstructures.

Les supports du vaisseau central, que les spécialistes appellent « piliers cantonnés », parce que dans leur noyau cylindrique quatre colonnettes sont engagées à intervalles réguliers, se placent dans la lignée de la cathédrale de Chartres, la première à en avoir généralisé le type. Mais les proportions, déjà affinées à la cathédrale de Reims, sont très nettement allongées dans la cathédrale picarde où les éléments engagés amincis ne représentent plus qu'un tiers environ du noyau du support. Reposant sur des socles polygonaux et couronnés par de puissants chapiteaux à

Élévation extérieure de la nef avant l'adjonction des chapelles latérales (d'après Durand).

Coupe longitudinale de la nef (d'après Durand).

décor de crochets végétaux et feuilles stylisées, les fûts, d'un diamètre de 1,40 m pour une hauteur d'environ 12 m, donnent l'impression d'une svelte colonnade dont la légèreté est accusée par la brisure des arcs qu'ils supportent. Le traitement des arcs à double rouleau minimise la masse des maçonneries, larges à cet endroit de 1,38 m, par le retrait des deux arcs emboîtés, l'arc supérieur profilé en doucine, le rouleau inférieur aux angles ornés de tores.

Le premier niveau se trouve délimité au sommet par une épaisse corniche à décor végétal très plastique, qui s'étire d'un bout à l'autre de la cathédrale et qui n'est interrompue que par les piliers de la croisée du transept et les supports engagés aux angles de ses bras et à l'extrémité occidentale de la nef. Reprenant peut-être l'exemple de la corniche végétale qui couronne le premier niveau du chœur de Saint-Remi de Reims et du bras sud de la cathédrale de Soissons, la frise d'Amiens enrichit ses modèles par le foisonnement de ses rinceaux aux feuilles grasses, à digitations, parsemées de fruits grenus. L'inclinaison des branches suggère un mouvement d'ensemble qui prendrait son départ à la pile nord-ouest de la croisée, pour rejoindre la pile sud-ouest en contournant la totalité du vaisseau central.

En marquant nettement la limite avec la moitié supérieure de l'élévation en même temps qu'elle dissimule le retrait des maçonneries qui s'opère dès le triforium, la frise constitue aussi la première des deux assises formant parapet le long de la coursière du triforium, alors qu'on s'attendrait à ce qu'elle règne au niveau du passage. C'est une preuve supplémentaire qu'elle fut bien conçue pour marquer la frontière entre les deux moitiés de l'élévation.

Le triforium

La coursière du triforium est particulièrement ample avec 1,25 m de large et près de 7 m de haut. Les pierres qui le coiffent, posées sur les assises en encorbellement, servent en même temps de dallage à la coursière extérieure qui longe l'appui des fenêtres hautes. Dans chaque travée, le triforium donne sur le vaisseau central par une paire de triplets coiffés chacun d'un trèfle sous un arc de décharge. Si le rythme ternaire est répandu dans le nord de la France dans le traitement de ce niveau d'élévation à Laon, Saint-Remi de Reims, Soissons ou Saint-Quentin, la hiérarchisation du dessin des arcades aux triplets emboîtés dans des formes majeures n'a pas vraiment d'équivalent. Les rapprochements avec les arcades des fausses tribunes de la cathédrale de Sens, ou le triforium aux arcades prises sous un arc de décharge à Bourges, sont insuffisants pour expliquer la genèse de la formule amiénoise infiniment plus élégante et riche d'effets que les monotones arcatures continues de Chartres, Reims ou Soissons. Que l'on songe à la multiplicité des colonnettes qui composent les supports des arceaux, combinées ou non à des pilastres, à la finesse de découpe des dalles dressées formant les tympans dont les redents des trilobes ajourés s'ornent de menus bouquets de feuillage au nord ou d'une simple feuille de trèfle au sud. Il n'est pas exclu que le triforium de la nef de la cathédrale de Rouen, dans sa configuration du début du XIIIe siècle, ait pu fournir une référence majeure, d'autant plus qu'il se compose de deux fois trois arcades. Au revers du bas-côté nord de l'église normande, le triplet est pris sous un arc de décharge percé de trèfles et d'un oculus, des ajours qui ont pu inspirer à Amiens la solution des trilobes.

Socles, bases et tailloirs hexagonaux des colonnettes sont démesurément allongés, ce qui prouve, comme l'avait remarqué Viollet-le-Duc, qu'ils ont été tracés selon un point de vue pris du sol. Les profils étirés restent ainsi lisibles, même avec un angle de vue très aigu oscillant entre 45 et 60°. L'adjonction d'une assise supplémentaire entre la frise de feuillage et les bases des colonnettes permettait de les laisser visibles malgré le retrait des maçonneries. Pareille ingéniosité peut s'observer à la même époque à la galerie supérieure de la façade occidentale de Notre-Dame de Paris.

Le mur de fond du triforium de la nef compte, dans chaque travée, un arc de décharge sous lequel le remplissage du mur est curieusement en craie. Au sud, ce comblement est monté en retrait de quelques centimètres par rapport au nu du parement intérieur en pierre, par ailleurs chanfreiné sur les bords. Le bouchage en craie marque donc un repentir. Il est fort probable que, initialement, on concevait de vitrer la partie supérieure du mur de fond, comme on l'a fait dans la partie centrale de la façade, un parti qui sera repris dans le triforium du déambulatoire de la cathédrale de Beauvais, aujourd'hui bouché. On peut restituer comme remplage des triangles vitrés garnis d'un oculus comme il en existe au-dessus des portails latéraux de la façade, ou deux têtes de lancettes sous un oculus comme dans les fenêtres hautes du déambulatoire de Beauvais. Il s'agit d'un des tout premiers projets d'éclairage direct d'un triforium, dont l'abandon avant réalisation reste inexpliqué. En effet, sur le flanc nord de la nef, légèrement plus tardif que son symétrique au sud, les arcs de décharge sont conservés, preuve de leur importance structurelle, mais ils ne sont plus chanfreinés. Le remplissage de craie y affleure le parement et atteint presque le sol de la coursière alors que, au sud, il repose sur un mur-bahut haut de 1,77 m, contre lequel pouvait s'appuyer un toit en appentis faiblement incliné. Il reviendra à l'architecte des parties orientales de parvenir à réaliser effectivement l'ajourement du niveau intermédiaire.

Les fenêtres hautes

Les fenêtres hautes sont composées de deux paires de lancettes coiffées chacune d'un petit oculus quadrilobé, le tout sous un grand oculus à huit lobes. Des trilobes inscrits dans des cercles garnissent les écoinçons latéraux. La technique utilisée pour la réalisation du tracé des baies est celle des remplages à meneaux, sans doute mise au point sur le chantier de la cathédrale de Reims dans la deuxième décennie du XIIIe siècle. La baie forme un châssis dont certains éléments pouvaient être mis en place indépendamment du gros œuvre. On remarque que les points de contact entre lancettes et oculi sont taillés dans un même bloc pour plus de solidité. Les éléments principaux du remplage sont biseautés avec un boudin à l'intérieur et à l'extérieur simulant une colonnette engagée avec base sur un socle faisant la hauteur du glacis à l'intérieur, et des chapiteaux qui contournent tout le meneau et dont les tailloirs sont, comme ceux du triforium, hypertrophiés afin de rester bien lisibles d'en bas.

Fenêtres hautes et triforium sont réunis au centre de chaque travée par un meneau continu depuis l'appui du passage. On y a vu le développement nouveau d'un parti de la première architecture gothique, à Saint-Remi de Reims par exemple, repris seulement dans l'abside à la cathédrale de Reims, promis à un bel avenir dans le gothique rayonnant. Contrairement à ces édifices, le nombre des baies change entre le triforium et les fenêtres hautes, passant d'un rythme ternaire à un rythme binaire. Les fenêtres hautes de la nef d'Amiens comptent parmi les plus anciennes à quatre lancettes et trois oculi. Elles marquent donc le dédoublement de la fenêtre composée chartraine, traitée selon la technique mise au point à Reims. La coexistence de plusieurs dessins pour les profils des différents meneaux des fenêtres hautes de la nef, à la différence du principe de « cristallisation » qu'on observe dans les baies hautes du transept ou du chœur, comme par exemple à la Sainte-Chapelle à Paris, où toutes les formes de meneaux, quelle que soit leur taille, dérivent d'un même profil, réduit ou grossi à volonté, plaide pour une datation précoce des fenêtres hautes de la nef, dès les années 1230.

Dans la profonde unité qui caractérise la nef, dont les différents niveaux sont traités à l'identique d'un bout à l'autre du vaisseau, on ne trouve qu'une entorse avec le remplage plus serré de la fenêtre haute de la dernière travée nord. Le doublement de quatre formes en huit lancettes à meneaux fourchus n'est pas d'origine et date sans doute de la seconde moitié du XIIIᵉ siècle, par analogie des chapiteaux des meneaux avec ceux du chœur. Des traces d'incendie à l'extérieur expliquent sans doute la réfection de la baie.

Le voûtement

Lancées au-dessus du vaisseau, les voûtes d'ogives partent à peu près à mi-hauteur des lancettes des fenêtres hautes. Leur plan suit le rythme des travées rectangulaires – ou barlongues –, aux angles desquelles convergent les arcs au profil triangulaire acéré. Les voûtains longitudinaux sont légèrement bombés du fait que le sommet des doubleaux est un peu plus bas que les clés lisses des ogives, alors que les voûtains latéraux se rapprochent de l'horizontale à leur sommet. Loin d'alourdir la nef, comme le font les voûtes de Reims, particulièrement pentues, celles d'Amiens en dégagent les parties hautes, qu'une lumière abondante paraît dilater. Sur ce point aussi, Amiens joue un rôle décisif dans le succès des voûtes plates dans l'architecture rayonnante.

Les colonnettes placées aux retombées des arcs sont subtilement différenciées. Sous les puissants arcs-doubleaux transversaux s'élève de fond une forte colonnette, simplement ceinte de deux bagues moulurées à hauteur du tailloir des chapiteaux des grandes arcades et à la naissance de l'appui taluté des fenêtres hautes. Elle est contournée par la frise végétale à la base du triforium. Cette colonnette au fût continu reprend, en le développant, le traitement appliqué au même type de retombée à Chartres, en renonçant à la base qui y subsistait juste au-dessus du tailloir des grandes arcades. C'est une étape importante dans la fusion entre supports et charges et l'unification renforcée de l'ensemble de la structure murale et voûtée.

Les colonnettes placées sous les ogives prennent naissance au-dessus des chapiteaux des grandes arcades et suivent en montant le même rythme que celle qu'elles flanquent, à cette différence près que le chapiteau qui les coiffe est réduit en hauteur. Les colonnettes correspondant aux formerets qui se confondent avec le cadre des fenêtres hautes sont plus courtes encore et ne partent qu'au-dessus de la frise végétale, tout comme le meneau médian du triforium qui se prolonge plus haut.

Ainsi, les colonnettes des retombées s'étoffent progressivement en faisceaux, au fur et à mesure qu'on s'élève, pour aboutir au bouquet d'arcs lancés sur le vaisseau. Cette gradation, inconnue des édifices précédents, comme Chartres, Reims ou Soissons, où toutes les colonnettes partant du tailloir des grandes arcades formaient une forte saillie qui appuyait le rythme des travées, contribue à l'élégance de la plastique murale amiénoise, infiniment plus subtile, qui marquera le chantier de la cathédrale de Beauvais.

Les bas-côtés

Le vaisseau principal est bordé de bas-côtés simples, de la hauteur des grandes arcades, et dont les murs extérieurs ont été éventrés dès la fin du XIII siècle pour l'aménagement de chapelles latérales entre les contreforts. On peut aisément reconstituer l'aspect primitif des collatéraux par analogie avec le bas-côté occidental du transept et grâce aux vestiges des maçonneries des murs goutterots. Les arcades d'entrée des chapelles ont l'épaisseur des piédroits des fenêtres d'origine, comparables sans aucun doute à celles des parties basses du transept : des baies composées de deux larges lancettes sous un oculus à huit lobes avec ce détail de deux crochets latéraux destinés à empêcher les voussoirs contigus à la partie inférieure du cercle de glisser, au-dessus des têtes de lancettes. Les écoinçons vitrés et les meneaux isolés en font des répliques précoces des fenêtres à châssis inventées sur le chantier de la cathédrale de Reims. Le soubassement des baies était orné d'une arcature trilobée sur colonnettes comparable à celle du transept et de la partie droite du chœur, dont quelques éléments ont été remontés dans les chapelles ultérieures mais sont maintenant dissimulés par les boiseries modernes. Le raffinement apporté au traitement mural semble renvoyer au premier art gothique, tout comme il annonce le soin apporté à ces détails dans l'architecture rayonnante.

Ces arcatures, d'une échelle à peine supérieure à la taille humaine, offraient un rapport saisissant avec le gigantisme du grand vaisseau. Le soubassement plein, avec 4,70 m de haut, atteint à peine le quart de la hauteur totale du bas-côté, beaucoup moins, proportionnellement, qu'à Chartres ou Reims. Les baies n'en paraissaient que plus vastes. À la verticalité renforcée des travées de bas-côtés, dont l'espace se dilue maintenant dans les chapelles, correspondait une luminosité différente, rapprochée, mais dont nous ignorons la nature, plus ou moins colorée, depuis la disparition des vitraux.

Les voûtes quadripartites des bas-côtés couvrent des travées légèrement barlongues. Elles retombent logiquement vers le vaisseau central, sur les piliers cantonnés des grandes arcades, tandis que, vers l'extérieur, des piliers fasciculés font correspondre autant de colonnettes, aux cinq arcs convergents aux angles des travées, suivant les mêmes variations de calibre. Les sommiers de toutes les voûtes sont en tas de charge : les premières assises appareillées horizontalement sont montées en surplomb, ce qui permet de réduire la portée des cintres pour la pose des voussoirs supérieurs et donne, à la naissance des voûtes, plus de résistance aux poussées obliques du couvrement.

La structure et le contrebutement

Un édifice aussi vaste et aérien que la nef d'Amiens requérait évidemment des organes d'équilibre sophistiqués, qui, selon les principes du voûtement d'ogives, touchent essentiellement les angles des travées où se concentrent les forces et les masses.

Coupe transversale sur la nef avant l'adjonction des chapelles latérales (d'après Durand).

Les plus spectaculaires sont les arcs-boutants qui contrebutent les poussées des voûtes du haut vaisseau. À Amiens, les volées sont dédoublées : la tête de la volée inférieure se trouve à la hauteur des retombées des voûtes, la volée supérieure aboutit juste au-dessous de la corniche faîtière. Ce système ingénieux contrebute efficacement les poussées engendrées par les voûtes, comme celles du vent qui peut ébranler les superstructures. Les volées couvertes en chaperons transfèrent les poussées à une culée de 1,66 m d'épaisseur qui s'élève vigoureusement depuis le sol. La construction des chapelles latérales en dissimule désormais la base, profonde de 5,60 m. On distingue dans les murs de séparation des chapelles un joint vertical marquant la ligne de contact des culées avec les cloisons. Elles les prolongent vers l'extérieur et épousent le tracé ponctué régulièrement par des larmiers du front primitif des contreforts qui se rétrécissaient progressivement jusqu'à atteindre 3,25 m de profondeur au-dessus des bas-côtés.

La partie sommitale des culées au-dessus de la jonction avec les volées d'arcs-boutants a été refaite à la fin du XVe siècle ou au début du XVIe siècle. Les pinacles servant d'amortissement, couronnés d'arcades en accolade, ont alors remplacé les charges primitives dont les culées à l'angle de la nef et du transept conservent le souvenir. Des colonnettes en délit y supportent des arcs trilobés à la base d'une courte flèche. Les volées supérieures servent aussi à l'évacuation des eaux de pluie. Les eaux collectées sur les chéneaux s'écoulent par une gargouille sur l'extrados de la volée, recreusé en canal jusqu'à l'extrémité de la culée où deux petites gargouilles en divisent le jet vers les côtés.

Si ingénieux que soient les arcs-boutants d'Amiens, mieux placés que tous les exemples antérieurs de contrebutement à volées superposées, leur efficacité serait affaiblie s'ils n'étaient combinés à des procédés plus discrets mais tout aussi savants de raidissement et d'étrésillonnement des murs.

Les têtes des volées d'arcs-boutants soutenues par des colonnes engagées sont soulagées par des colonnettes en délit, c'est-à-dire dressées perpendiculairement à la stratification de la pierre, superposées au droit du mur de fond du triforium. Celui-ci se trouve renforcé à cet endroit par un contrefort dissimulé sous les combles des bas-côtés, lequel repose sur le mur servant d'étrésillon monté sur les doubleaux des bas-côtés. Ce petit contrefort est uni au pilier des retombées par deux linteaux monolithes formant parpaing – l'un est visible dans le triforium, l'autre se confond avec le couvrement de la coursière. Cette tige maçonnée, constituée de l'empilement d'éléments verticaux, sert très efficacement de raidisseur à la pile principale, à laquelle elle est connectée à différents niveaux.

Cette technique évitait aux piles de boucler, c'est-à-dire de se tordre, vers l'intérieur ou l'extérieur. Pour prévenir des mouvements oscillatoires suivant l'axe principal du vaisseau, on eut recours à un système non moins ingénieux d'arcs de décharge lancés d'une pile à l'autre pour les étrésillonner. Ainsi, coiffant les doubles rouleaux des grandes arcades, un arc très épais est bandé au-dessus de la voûte des bas-côtés qui le dissimule. Cet arc supporte en partie la coursière du triforium, qui sans cela porterait à faux sur les voûtes du collatéral, mais sa principale fonction est de renforcer l'entretoisement des supports. Les arcs de décharge du mur de fond du triforium de la nef reportent pareillement, aux angles des travées, la charge du couvrement du passage, d'ailleurs assez négligeable. Ils entretoisent également les pilastres déjà évoqués, qui supportent les colonnettes libres sous les têtes des arcs-boutants.

Le système d'entretoisement des fenêtres hautes est comparable à celui des grandes arcades. Une arcade à deux rouleaux lancée au sommet des piliers sert à l'intérieur de formeret, à l'extérieur d'archivolte. Le second rouleau profilé en doucine n'est visible que dehors. Un autre arc bandé par-dessus les voûtes repose sur leurs sommiers. Cette combinaison offre l'avantage de renforcer la structure en la chargeant. Elle permet également au sommet du mur élargi de recevoir l'extrémité des sablières, ainsi qu'une coursière extérieure, faisant office de chéneau, et son garde-corps. Sur ce point, les fenêtres hautes reprennent le traitement des murs gouttereaux des bas-côtés. On trouve, dans les deux cas, une corniche à décor végétal d'environ 60 cm d'épaisseur, doublée d'un cordon mouluré qui sert de larmier au sommet des structures.

Amiens offre dans la nef une rare maîtrise des solutions d'équilibre avec arcs-boutants, raidissement et étrésillonnement des piliers. Le chantier tira des leçons des expériences antérieures. Un meilleur positionnement des volées permit d'en réduire l'épaisseur, contrairement aux arcs fort lourds de Chartres et de Reims. La présence d'une charge sommitale fut un appoint précieux qui permit, dans les parties hautes, un amincissement des maçonneries inédit dans un édifice de cette taille. Les renforcements indispensables furent très intelligemment dissimulés dans les combles. À la structure colossale du niveau des fenêtres hautes de Chartres ou de Reims, enjambées à l'extérieur par de puissantes arcades, Amiens peut opposer son élégance.

La minceur de la structure de la nef d'Amiens ne connaît d'exception, et encore, qu'aux extrémités. À l'est, les culées d'arcs-boutants du transept, de section cruciforme, reposent en partie à faux sur les archivoltes des baies de bas-côtés qui ont été épaissies pour cette raison. À l'intersection des bas-côtés de la nef et du transept, les doubleaux ont été renforcés par l'adjonction d'un second rouleau, sans doute pour mieux épauler les piles vertigineuses de la croisée, qui s'élèvent sans interruption jusqu'à 33 m au-dessus du dallage. À l'ouest, contre le frontispice, la première travée de chacun des trois vaisseaux voit l'encadrement de ses baies renforcé d'un rouleau supplémentaire.

LA FAÇADE OCCIDENTALE

Tout en épaulant la nef et abritant la sonnerie des cloches, la façade occidentale offre un frontispice magistral à l'entrée de l'édifice, d'où l'ampleur considérable accordée aux portails. Des jugements sévères ont parfois été portés sur cette façade que l'on trouvait lourde, d'une qualité et d'une échelle bien inférieures à la nef. Ces opinions subjectives ne devraient pas retenir outre mesure l'attention, si elles n'avaient produit des interprétations fausses du monument. Le plan barlong des tours qui sont deux fois plus larges que profondes, a longtemps été présenté comme l'abandon d'un projet initial plus ambitieux, où elles auraient été carrées. Sur ce point, les fouilles de Viollet-le-Duc que l'on évoque fréquemment sont totalement imaginaires – l'architecte a tout au plus souhaité en mener, sûr de trouver des fondations plus imposantes.

La structure du massif de façade

En prétendant que la façade actuelle était un repentir, on a voulu en dissocier la construction de la nef qu'on estimait antérieure (A. Erlande-Brandenburg, 1977). Or, l'examen de l'édifice prouve que la façade d'Amiens a été montée en même temps que la nef voisine. Les parties basses sont, quoi qu'on ait dit, dépourvues de toute franche rupture d'appareil. La structure du frontispice s'avère d'ailleurs indispensable à l'équilibre de l'ensemble. En effet, les murs gouterots des trois vaisseaux de la nef viennent buter sur quatre énormes massifs de maçonnerie d'environ 12 m de long. Des voûtes en berceau brisé reposent sur ces massifs à l'extrémité des bas-côtés. Leur épaisseur considérable, perceptible quand on observe les trous de cloches qui y sont ménagés, indique bien leur rôle structurel. Un puissant massif de maçonnerie remplit la même fonction au revers du portail central. L'ensemble a donc dû être commencé dès le début du chantier, dans les années 1220.

Des salles et différents passages ménagés à l'étage des tours sont accessibles par les tourelles d'escalier latérales. Peu ajourées à ce niveau, les maçonneries sont déjà réduites avec un net

LA FAÇADE OCCIDENTALE | 61

Élévation de la façade en 1845 (d'après Durand).

amincissement des contreforts. À cette hauteur, l'écartement entre les tours est maintenu constant à l'extrémité de la nef, par deux registres superposés de quatre arcades très épaisses, dissimulées à l'intérieur comme à l'extérieur, derrière les arcatures infiniment plus légères du triforium et du niveau de la galerie des rois. Les cloches se trouvaient au XIIIe siècle dans la partie ajourée des tours, au niveau de la rose. Si le remplage de celle-ci a été refait à la fin du Moyen Âge, sa voussure circulaire est d'origine. Les huit rouleaux qui en portent l'épaisseur à plus de 2 m réduisent d'autant le diamètre à vitrer et traduisent sa nécessaire fonction d'étrésillonnement que vient doubler à l'intérieur le puissant arc-doubleau en plein cintre lancé à la jonction des tours et de la première travée du vaisseau central.

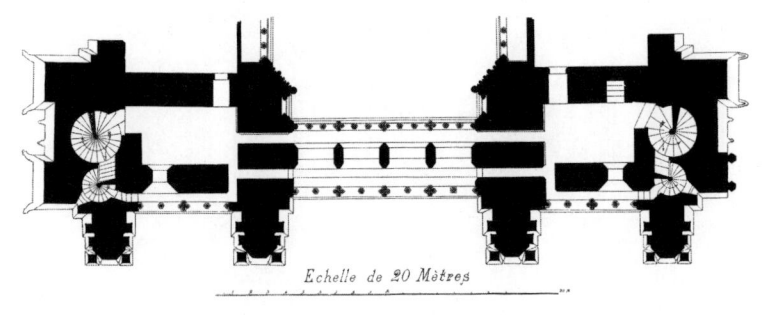

Coupe de la façade à hauteur du triforium (d'après Durand).

Son rôle structurel majeur explique que la façade du XIIIe siècle soit massive et quasiment aveugle dans sa moitié inférieure, ce que dissimulent les portails à l'extérieur, mais que révèle la partie centrale du revers, laissé nu jusqu'à mi-hauteur. En revanche, les parties hautes sont largement ajourées, les organes d'équilibre sont habilement dissimulés au point de créer l'illusion d'une structure diaphane très légère, selon un principe de raidissement et d'étrésillonnement tout à fait comparable à celui utilisé dans la nef.

Le frontispice

Le frontispice obéit à la composition tripartite largement répandue depuis la façade de la basilique de Saint-Denis consacrée en 1140. Il est délimité en trois parties verticales par quatre puissants contreforts. Leur base très massive se fond au niveau des portails dans le décor des ébrasements et se trouve travestie au-dessus en pinacle grâce au placage d'arcatures et l'adjonction de flèches à motifs d'imbrication, refaites par Viollet-le-Duc selon un tracé nettement plus élancé qu'à l'origine. Les contreforts marquent un net rétrécissement au niveau des deux galeries et apparaissent plus nettement à hauteur de la rose.

Le parti des portails, enfoncés sous de profonds porches et coiffés de gâbles, dérive de la façade ouest de Laon. Cependant, près de la cathédrale, la collégiale Saint-Nicolas, dans le quartier canonial, en présentait déjà le reflet dans une composition tripartite que l'on date des environs de 1170. La triple entrée triomphale présente une composition remarquablement unifiée. D'un bout à l'autre du frontispice, le soubassement des portails et des contreforts superpose, de manière continue, un décor couvrant de quatre-feuilles inscrits dans des losanges et deux rangées de quadrilobes figurés. Une longue théorie de grandes statues dressées sur des consoles et magnifiées par des dais à décor architecturé occupe les ébrasements des portails, les joues et les fronts des contreforts. Les statues-colonnes reçoivent les voussures des portails et des porches. Sur le front des contreforts, elles sont associées à un couronnement qui simule un remplage de fenêtres à deux lancettes trilobées.

Cet habillage illusionniste des culées de contrefort est répété à hauteur des gâbles des portails avec des baies géminées prises sous un arc de décharge timbré d'un quadrilobe ou d'un oculus, le tout coiffé de pinacles élancés à flèche de pierre ornée d'imbrications. Ces éléments verticaux scandent sur toute sa hauteur le niveau des portails et font l'effet de tourelles ajourées entre lesquelles viennent buter les gâbles. Ce souci d'alléger la construction en utilisant des formes liées aux baies pour revêtir des maçonneries pleines apparaît déjà au soubassement, où les quadrilobes évoquent les contours des panneaux de vitrail forgés qui ornent les fenêtres. Ce transfert de formes d'une technique à l'autre sera repris à la Sainte-Chapelle et au bras sud de Notre-Dame de Paris.

Les rapports de proportion entre le portail central et les portails latéraux reproduisent en toute logique ceux observés à l'intérieur entre les trois vaisseaux de la nef. Le portail central domine nettement ceux qui le flanquent : leur archivolte extérieure a à peu près les dimensions de la première voussure du portail central. Les arceaux ajourés qui ornent l'intrados de l'archivolte des portails suivent ce schéma : on en compte 28 au portail central et la moitié sur les côtés – 14. Ce rapport de proportions simple paraît amplifié par la profonde symétrie des deux portails latéraux, conçus quasiment en miroir.

La galerie qui surmonte les portails rend également lisible le rapport de proportions, du simple au double, entre les bas-côtés et le vaisseau central, puisque ce sont latéralement deux arcades géminées à lancettes trilobées sous quadrilobes et, au milieu, quatre arcades du même dessin qui composent la claire-voie de cette coursière. Ce motif d'arcades, inusité dans la cathédrale, a pu être mis en place avec un certain décalage chronologique par rapport à la construction du gros œuvre. Il en va de même pour la galerie des rois dont bien des figures, avant les importantes réfections du XIXe siècle, trahissaient une date assez avancée dans le XIIIe siècle (Murray, 1996). La rose frappe par l'épaisseur de son archivolte qui en réduit d'autant le diamètre. Des trilobes plaqués ornent les écoinçons comme à Notre-Dame de Paris. À l'origine, son remplage devait suivre la composition d'une roue où des colonnettes reliaient un oculus central à la périphérie, comme aux façades occidentales des cathédrales de Laon et de Paris.

Une façade « harmonique » originale

La façade d'Amiens est qualifiée d'harmonique parce qu'elle révèle à l'extérieur les dispositions internes de la cathédrale. Ses trois portails correspondent aux trois vaisseaux. Les baies en forme de triangle curviligne, qui percent le mur à l'arrière des portails latéraux, indiquent la hauteur des bas-côtés. La galerie inférieure, qui coiffe le niveau des portails, est au niveau du triforium. La rose ajoure le sommet du vaisseau principal.

La galerie des rois, sous la rose, entre moins aisément dans ce schéma de correspondances. En effet, à l'extérieur, comme au revers de la façade, elle constitue un quatrième niveau qui n'existe évidemment pas dans l'élévation de la nef. Sans se perdre en conjectures, il faut reconnaître que la galerie des rois s'intègre maladroitement dans la composition du frontispice. Avant que Viollet-le-Duc ne la restaure en inventant le tracé alourdi des arcades à décor végétal, elle était bizarrement couronnée d'une succession de petits gâbles ajourés de trèfles, par lesquels s'évacuaient les eaux de pluie du chéneau longeant la grande rose. Ces dispositions, sources de fuites et d'infiltration dans les maçonneries, semblent bien traduire une adjonction de la galerie en cours de construction. Cette modification de taille du frontispice eut des répercussions importantes dans les parties supérieures. La grande rose fut reportée plus haut que prévu. Par conséquent, son sommet dépasse la hauteur des voûtes de la nef, ce qui nécessita à l'intérieur du vaisseau central la mise en place d'un voûtain rampant dans la première travée et, plus visible, le surhaussement du premier arc-doubleau au tracé en plein cintre, par l'adjonction de faisceaux de colonnettes au-dessus des puissants piliers en demi-losanges qui partent de fond.

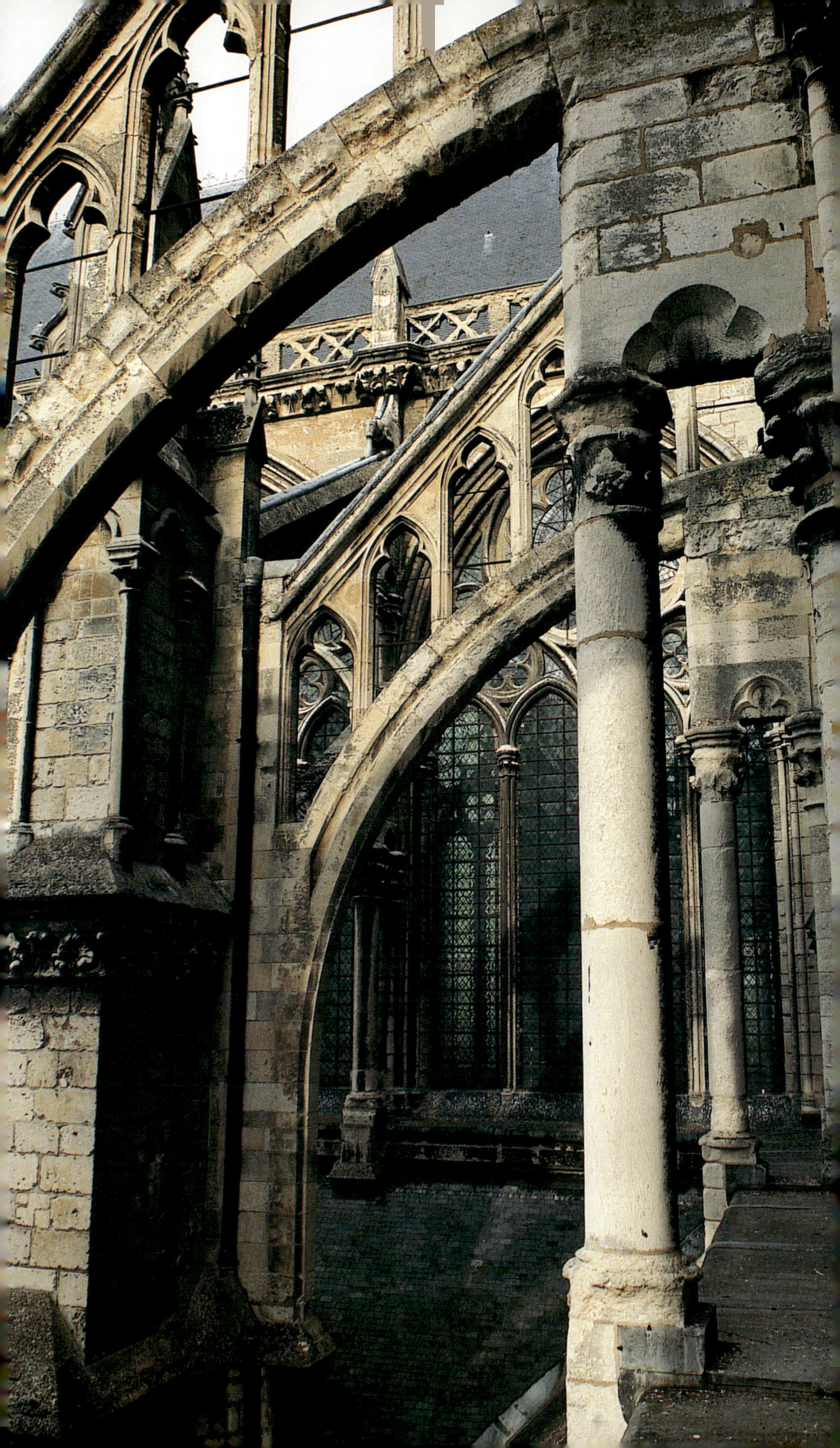

21 **Page précédente :**
Volées des arcs-boutants du flanc sud du chœur, lancés au-dessus des bas-côtés.

22 Contrebutement des parties hautes du chœur, côté sud.

23 Détail des arcs-boutants du chœur.

24 Les arcs-boutants
à doubles volées
du chœur, côté sud.

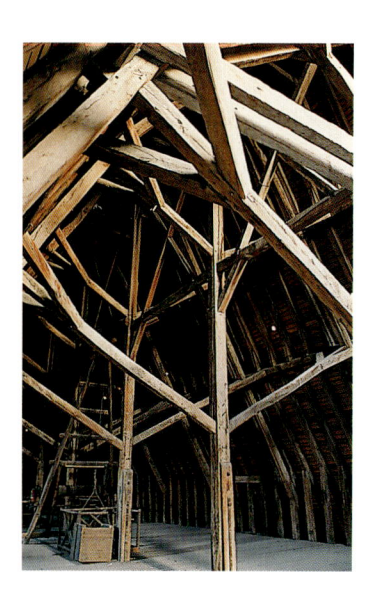

25 Détail de la charpente de la nef.

26 Parties hautes du bras sud du transept : triforium, fenêtres hautes et rose, voûtes.

27 Voûtes de la croisée du transept et des travées adjacentes.

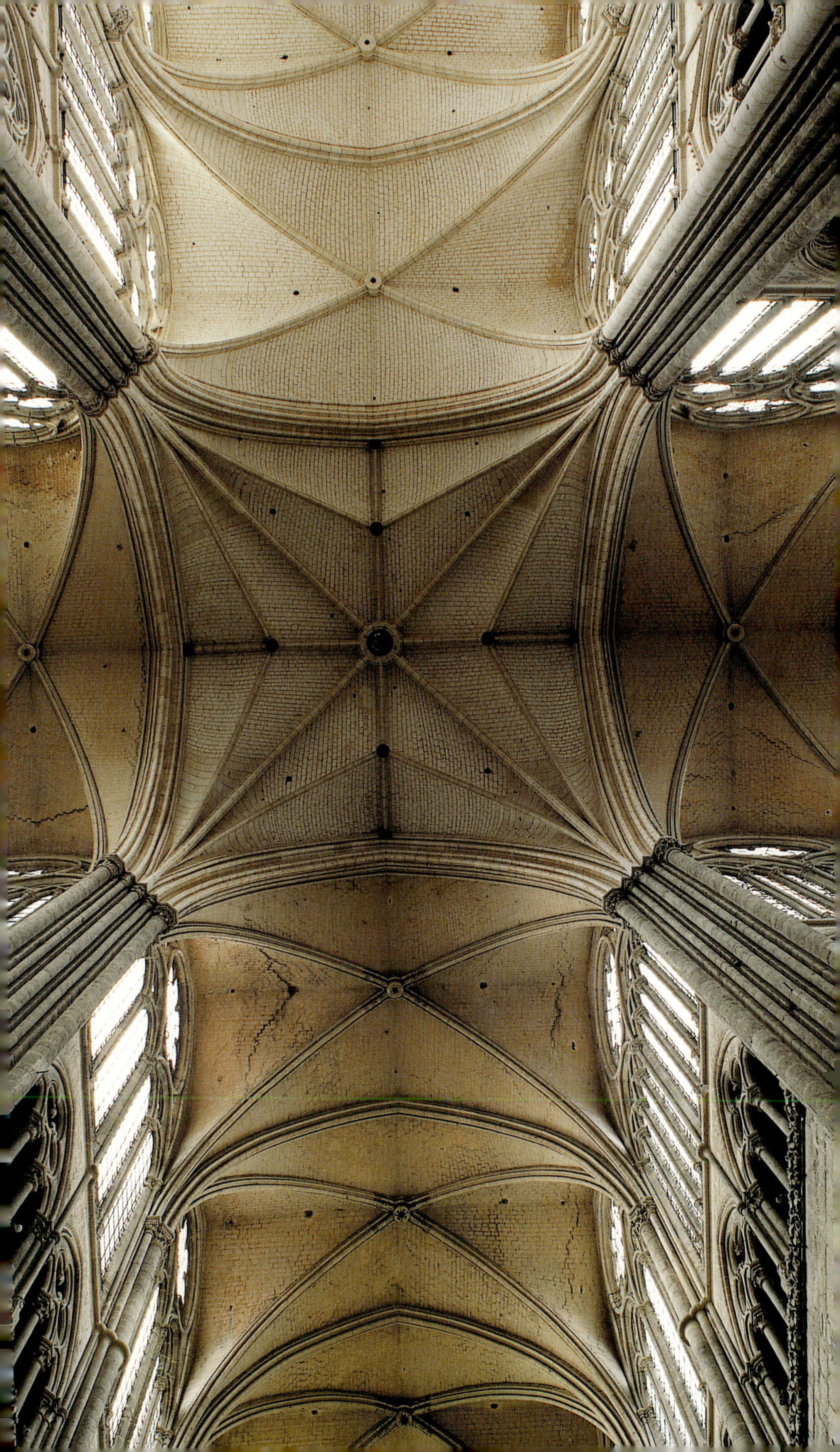

28 Rose et triforium du mur-pignon du bras sud du transept.

29 Parties hautes de la façade du bras sud du transept.

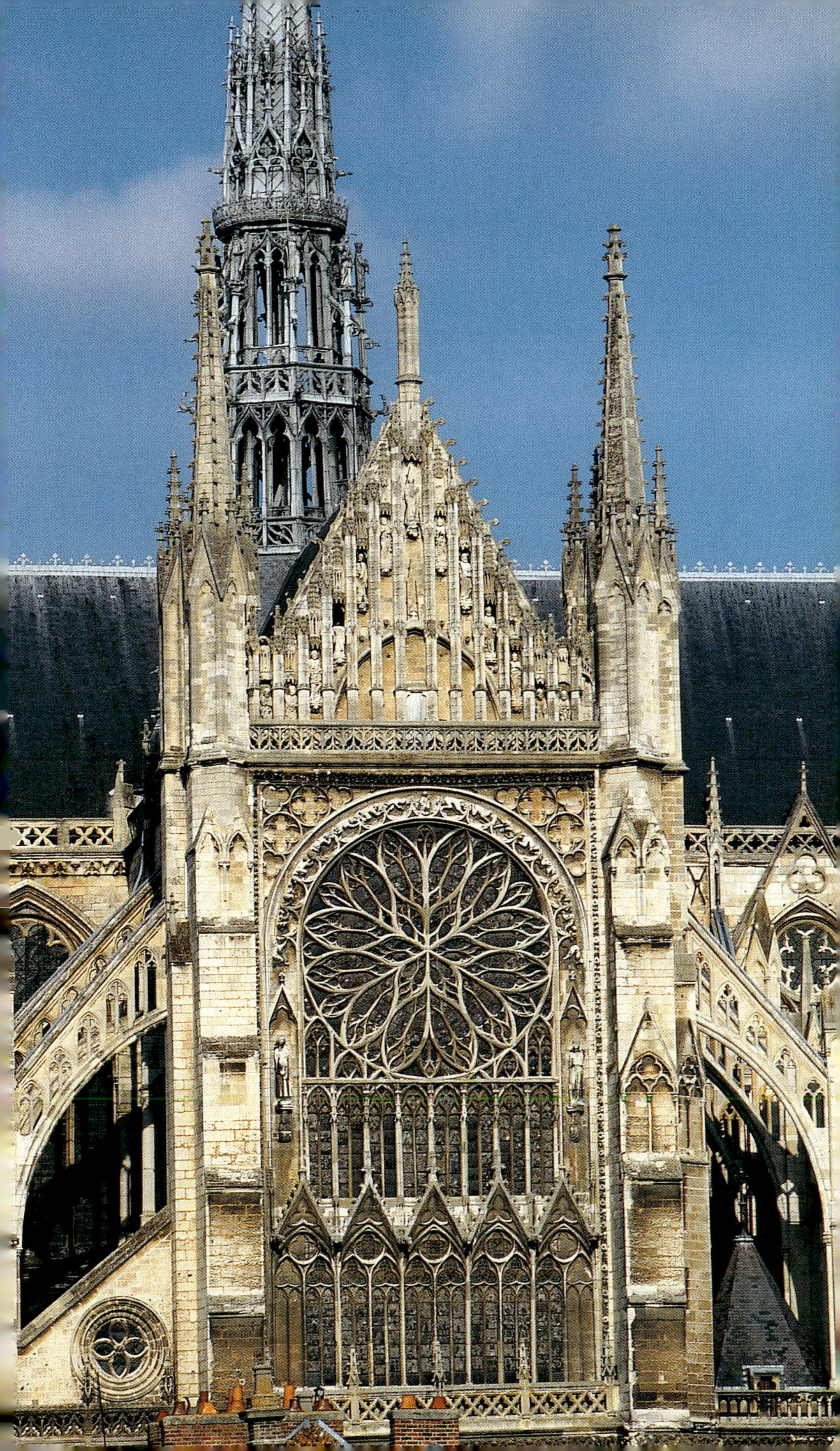

30 Bras sud du transept
   vu depuis la tour
   Perret.

31 Le vaisseau du
   transept en direction
   du nord.

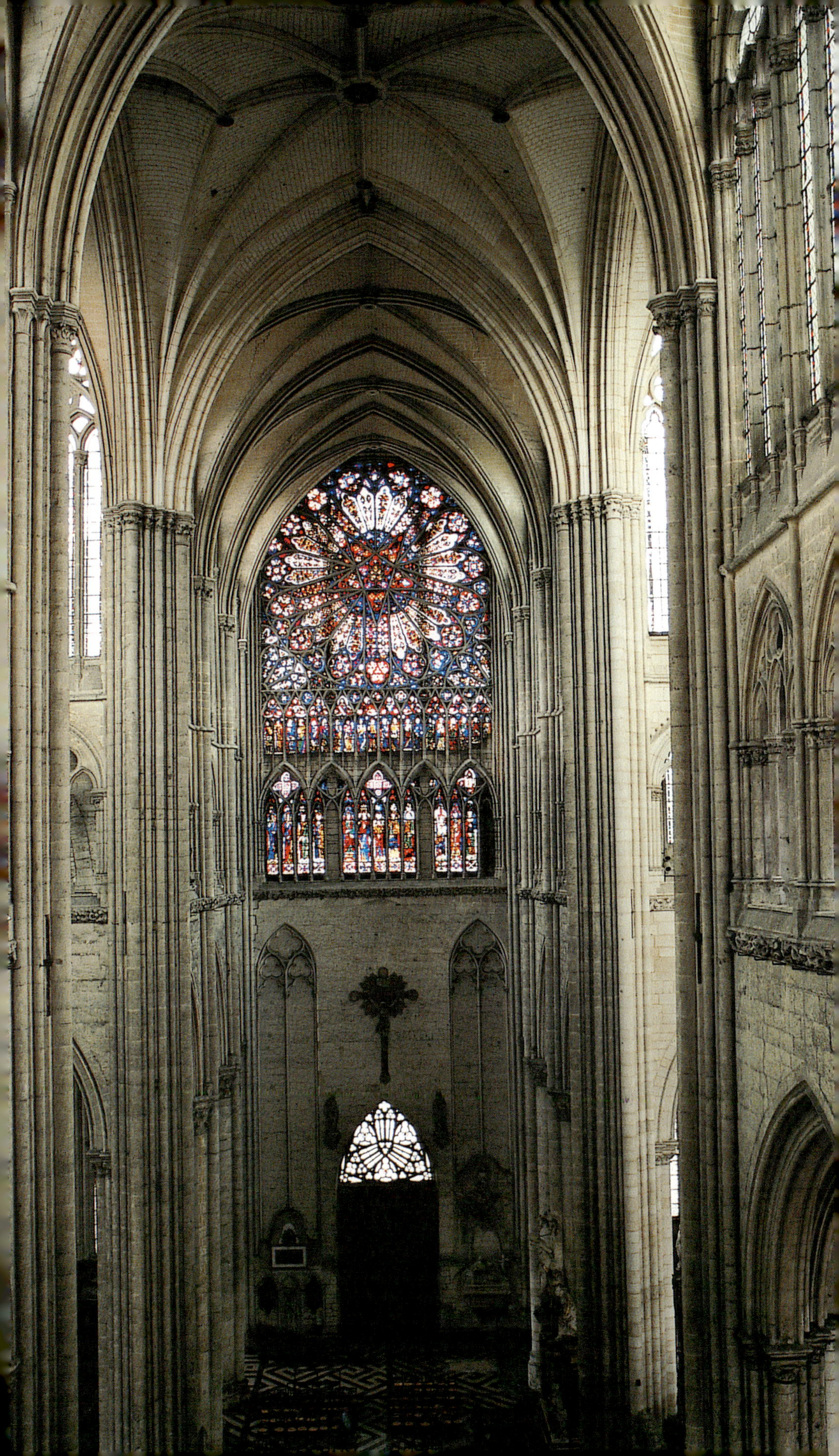

32 Le flanc sud de la nef depuis le bras sud du transept.

33 La façade occidentale.

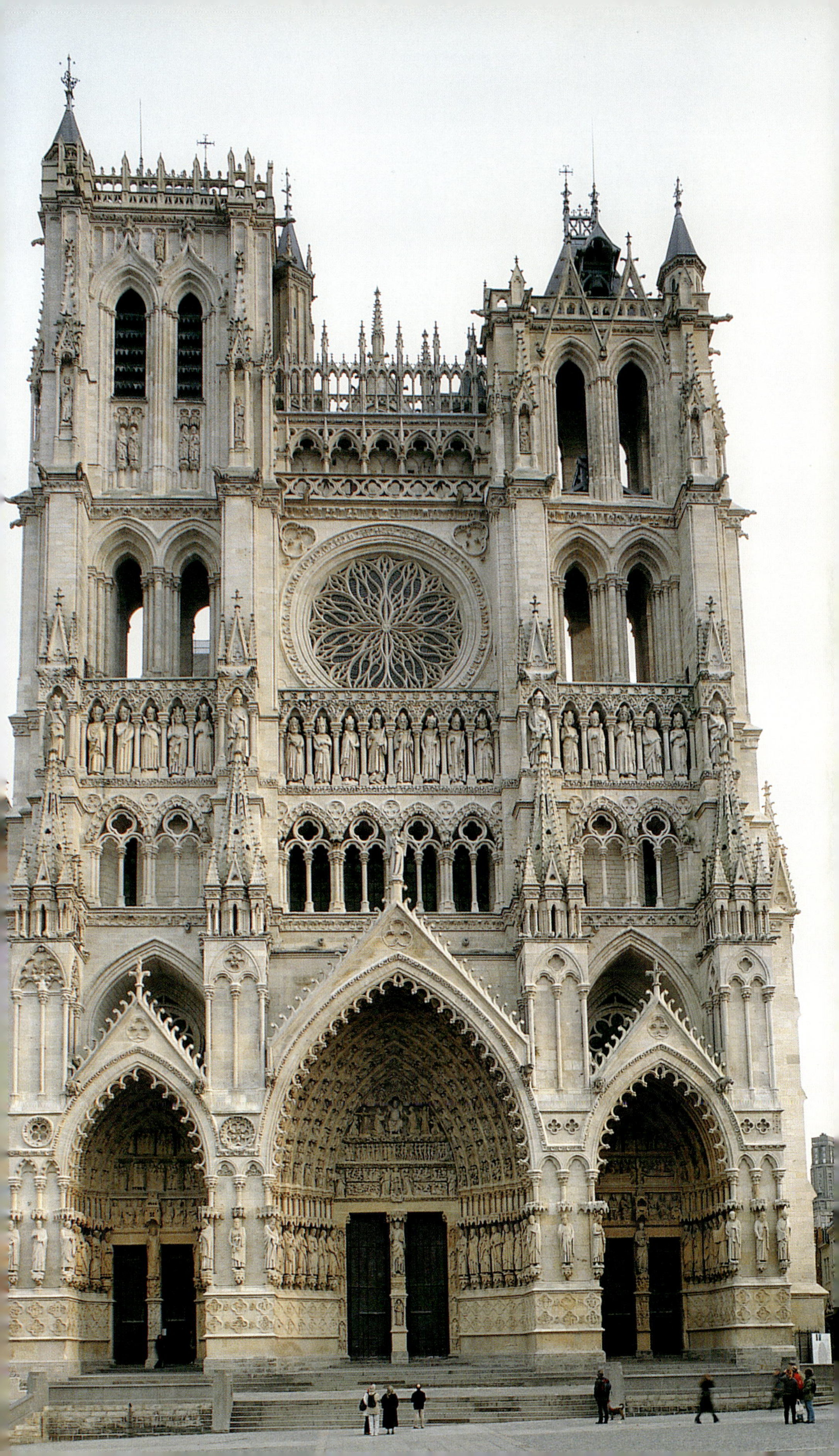

34 Détail de la galerie des rois : le roi à droite sous la rose est le seul dont la tête soit d'origine.

35 Détail de la façade : la galerie des rois et le niveau de la rose.

36 La partie haute des tours de la façade.

37 Détail de l'autel néogothique de la chapelle axiale : culot orné de la tête de Viollet-le-Duc.

38 Détail du décor
    du Beau Pilier :
    saint Jean-Baptiste.

39 Détail du décor
    du Beau Pilier :
    tête de saint
    Jean-Baptiste.

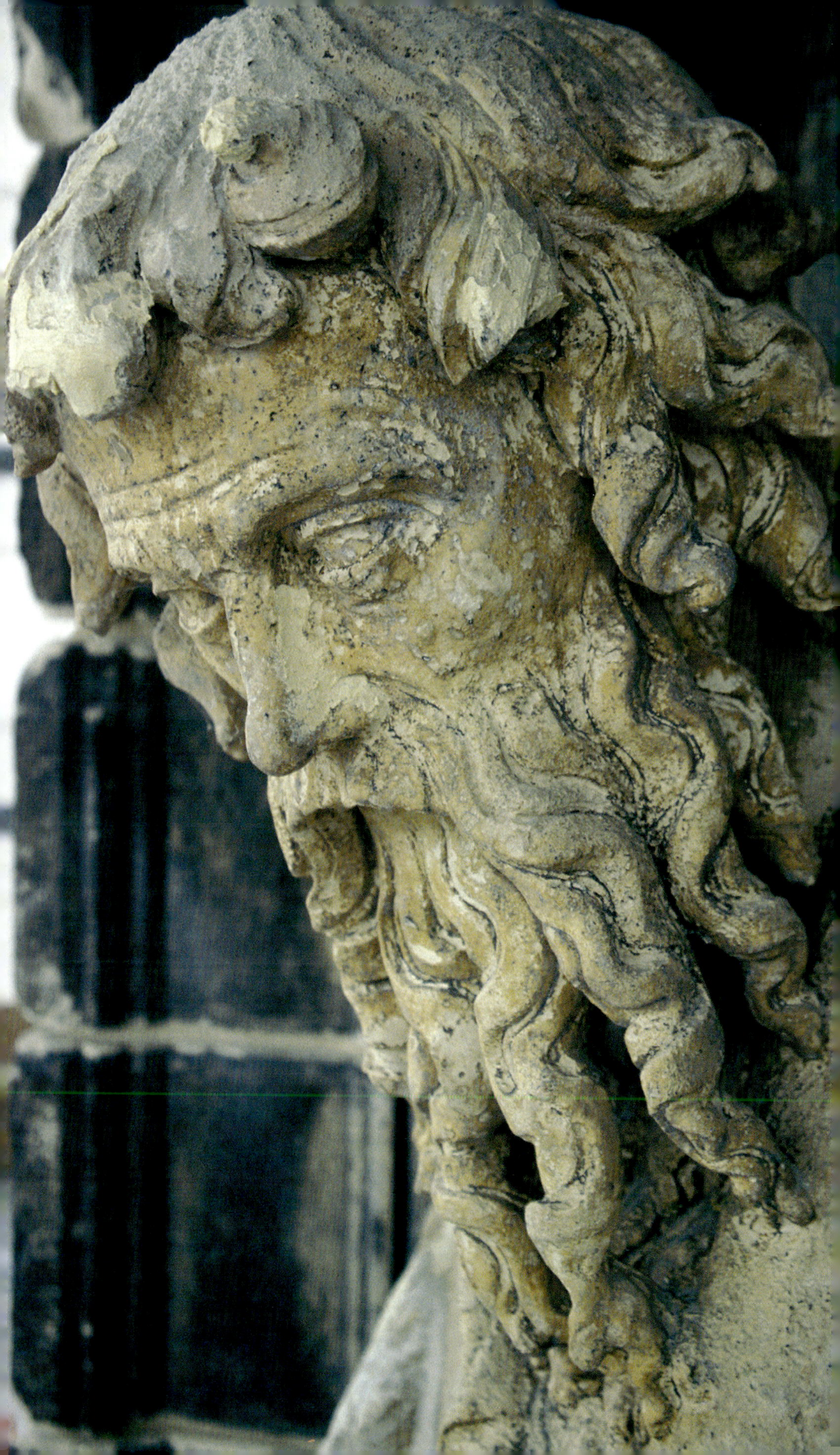

40 La flèche vue
du sud-est.

Dans les parties du XIIIe siècle, c'est-à-dire jusqu'au sommet de la rose, la façade d'Amiens décline de façon originale les éléments constitutifs de ce type de monument. Elle enfle jusqu'à l'hypertrophie les portails alors qu'elle réduit de moitié la profondeur des tours, dont la base, de fait, paraît dévorée par les porches béants ménagés entre de puissants contreforts. Leur masse ne le cède en rien aux façades plus « canoniques » à tours carrées. D'ailleurs, sur les flancs, les tours d'Amiens témoignent bien de leur filiation avec les façades des cathédrales de Paris et de Soissons, dont elles offrent simplement une version ramassée, avec une semblable tourelle d'escalier polygonale à couronnement pyramidal prenant la forme d'une flèche à imbrications, établie entre les contreforts latéraux. Il ne faut toutefois pas juger le frontispice d'Amiens uniquement à l'aune de l'architecture d'Ile-de-France et de Champagne, où le type à deux tours carrées est le plus répandu. De nombreux édifices, particulièrement dans le nord de la France, en étaient dépourvus, d'Arras à Saint-Quentin en passant par Cambrai, sans parler des anciens Pays-Bas et de l'Angleterre. Amiens était en contact étroit avec ces régions, et sa façade pourrait témoigner d'une diversité de sources similaire à celle déjà observée pour l'architecture de la nef. Que l'évêque Évrard de Fouilloy, peu avant le lancement du chantier, ait participé à la consécration de la fastueuse abbatiale d'Anchin, près de Douai, pourvue d'une façade écran peu épaisse, ne relève peut-être pas seulement de l'anecdote, et pourrait fournir un argument supplémentaire à l'existence d'une filière septentrionale menant à la façade picarde.

L'achèvement des tours aux XIVe-XVe siècles

Les tours furent pourvues de leur dernier étage avant la fin du XIVe siècle. Les travaux étaient en cours en 1366, quand l'évêque Jean de Cherchemont leur affecta la moitié d'une imposition levée à Amiens sur les terres de l'évêché. Seule la tour sud pouvait être achevée à sa mort en 1372. De l'autre côté, la construction du Beau Pilier, à l'initiative de son successeur Jean de La Grange, à l'extrémité ouest des deux chapelles qu'il fonda sur le flanc nord de la nef, répond, entre autres, à la nécessité d'épauler plus efficacement la tour nord avant d'en poursuivre la construction en hauteur. Le couronnement de la tour fut mis en place en 1401-1402.

Si le sommet de la tour sud, plus trapu, se caractérise par des tracés et une modénature très aigus, celui de la tour nord, sensiblement plus tardif, introduit dans la façade des rythmes plus heurtés et des formes plus souples en accolade, typiques de la période de l'architecture gothique qu'on a, par commodité, qualifiée de flamboyante, en raison de son goût pour les tracés curvilignes. On peut s'étonner de cette irrégularité dans le couronnement de la façade, d'autant que les parties antérieures sont rigoureusement symétriques. Il faut néanmoins savoir gré à Viollet-le-Duc de n'avoir pas cédé aux pressions des partisans d'un alignement des tours. L'architecte a seulement abaissé le toit de la tour nord et surélevé celui de la tour sud. Il eut la main plus lourde à la galerie du sonneur, établie entre les tours, à l'avant du grand comble, qui fut alors presque entièrement refaite. Si des éléments d'origine subsistent dans les travées voûtées d'ogives au pied du pignon, en revanche, vers l'ouest, la galerie des sonneurs, composée de cinq arcades, est moderne. Elle abrita, jusqu'au XVIIe siècle, des statues dont, au centre, celles de la Vierge, de saint Pierre et de saint Paul.

Les statues adossées aux contreforts du dernier niveau des tours ont été également largement refaites ou restaurées au milieu du XIXe siècle. On reconnaît encore à la tour sud, en partant du contrefort nord-ouest, la statue du Sauveur, un personnage vêtu à l'antique, un évêque, une Vierge à l'Enfant, tous trois modernes, et un second évêque complètement refait. Au nord, la statue de saint Firmin, au sommet de la face ouest, a été entièrement reprise par Duthoit. Les personnages adossés au bas des ouïes des baies du beffroi, sans doute des prophètes, sont mieux conservés. Contre les contreforts, on peut identifier saint Jean l'Évangéliste et saint André sur le côté nord, mais trois autres statues sont méconnaissables. Il est difficile de juger d'un ensemble disparate et en si mauvais état, mais il semble bien avoir été conçu pour faire écho, en quelque sorte, à la grande statuaire des portails situés en contrebas.

LES PARTIES ORIENTALES, TRANSEPT ET CHŒUR

Les parties orientales de la cathédrale d'Amiens, c'est-à-dire le mur est du transept et l'ensemble du chœur architectural, suivent les grandes lignes de l'élévation de la nef, mais s'en distinguent en ce qui concerne les organes d'équilibre et l'exécution de détail. On y retrouve les trois niveaux, dans les mêmes proportions et dans des rythmes proches pour les grandes arcades et le triforium, qu'un meneau unit au centre de chaque travée avec les fenêtres hautes. Seule l'abside à sept pans offre un entrecolonnement réduit qui se répercute dans les parties supérieures resserrées. La frise végétale qui couronne le premier niveau se poursuit sans discontinuité.

Les doubles bas-côtés du chœur

Le soubassement des murs gouttetots de la partie droite du chœur présente d'ailleurs le même type d'arcatures trilobées que la nef, ce qui n'exclut pas un début des travaux du chœur dans cette zone dès 1225 environ, une hypothèse confortée par la structure générale des portails du transept qui rappelle celle des portails latéraux de la façade occidentale.

Les très élégants piliers à huit colonnettes engagées qui séparent les doubles bas-côtés semblent une variante enrichie des piliers cantonnés des grandes arcades. Ils sont plus minces, comme les piles placées au même endroit dans le chœur de Chartres et la nef de Notre-Dame de Paris. Leur dessin peut être rapproché de celui des piliers de la croisée du petit transept de Saint-Quentin. Le parti d'affecter une colonnette à chaque retombée d'arc suit, quoi qu'il en soit, celui des piliers engagés des collatéraux de la nef avec lesquels ils sont alignés.

Quelques changements se font jour dans la modénature et le décor végétal qui tend à devenir plus sec, notamment dans la frise soulignant le triforium. Des modifications plus importantes affectent les parties hautes et le chevet. Au-dessus du soubassement des bas-côtés du chœur, très exactement trois assises au-dessus du talus des baies, on observe un changement de la nature des pierres, qui pourraient désormais provenir des carrières de Beaumetz, dont le chapitre avait acquis, rappelons-le, le droit d'exploitation en 1234 (Murray, 1996). On remarque surtout la mise en place de remplages d'un dessin nouveau dans les fenêtres, subdivisées en quatre lancettes sous trois oculi de taille comparable, selon le schéma mis au point apparemment dans les parties hautes de Saint-Denis après 1231, et peu après dans le chœur de la cathédrale de Troyes. Par rapport aux fenêtres hautes de la nef voisine, ce dessin présente une plus grande harmonie des retombées puisque les chapiteaux des lancettes se trouvent à la hauteur des tailloirs des piliers engagés sous les voûtes. Les remplages aveugles qui simulent des baies à l'extrémité des bas-côtés extérieurs du chœur suivent les mêmes dispositions. Les baies du collatéral nord présentent des meneaux épais qui sont les vestiges d'un renforcement de la structure des fenêtres contre lesquelles s'appuyait une sacristie démolie au XVIIIe siècle. Des portes, désormais bouchées, permettaient d'y accéder depuis les trois travées de collatéral.

Coupe longitudinale du chevet (d'après Durand).

LES PARTIES ORIENTALES, TRANSEPT ET CHŒUR

Élévation extérieure du chevet vers 1850 (d'après Durand).

Les chapelles rayonnantes et le déambulatoire

Au chevet, les changements s'intensifient. Ils concernent d'abord les techniques de construction puisqu'on y observe l'abandon du bois au profit de crochets métalliques à la naissance des voûtes du déambulatoire pour les tirants qui maintenaient les maçonneries en place durant la construction. Les assises sont parfaitement régulières sur le pourtour des chapelles, et les piliers qui en flanquent l'entrée sont constitués de blocs énormes et de colonnettes en tronçons de délit, d'une hauteur d'assise beaucoup plus importante que les piliers du rond-point du vaisseau central, afin d'éviter un trop fort tassement des supports périphériques qui serait dommageable à l'équilibre des parties hautes de l'abside.

Les modifications formelles sont plus évidentes. Les arcatures du soubassement des chapelles ne présentent plus un couronnement trilobé, mais elles sont brisées et redentées. Leurs socles ne sont plus carrés mais octogonaux, des détails qui donnent plus de nervosité à l'ensemble. Les fenêtres des chapelles sont constituées de deux lancettes sous trois trèfles disposés en triangle dans le tympan. Ce remplage, très nouveau, a depuis longtemps été rapproché des baies de la Sainte-Chapelle de Paris (1243-1248), qui en offre une version plus sophistiquée, avec notamment des lancettes redentées.

Le triforium

Les parties hautes du chœur et du mur oriental du transept tranchent plus nettement encore avec la nef. Le triforium est désormais à claire-voie, c'est-à-dire directement éclairé par un vitrage établi à la place du mur de fond. Cette nouveauté va de pair avec un changement dans la structure portante de ce niveau, qui ne repose plus comme dans la nef sur des arcs bandés au-dessus des grandes arcades dans les combles des bas-côtés, mais sur des assises montées en encorbellement depuis les piliers des grandes arcades, ce qui pourrait compenser l'allégement de la masse du triforium dans l'équilibre général de l'élévation.

D'autres modifications touchent les arcades donnant vers l'intérieur. Dans les deux travées méridionales du mur oriental du bras sud du transept, elles reproduisent les lignes de celui de la nef avec trois lancettes sous un trilobe, mais, dans le tympan, la technique du remplage à meneau a remplacé celle des dalles découpées. Par conséquent, l'arcade est désormais complètement ajourée. Le traitement de la claire-voie de la travée contiguë au pignon du transept va même encore plus loin, puisque le remplage du même type que l'arcade s'intègre à l'arrière du passage dans un panneau rectangulaire entièrement vitré, à la manière des baies de la chapelle du château de Saint-Germain-en-Laye. Cette composition désincarnée, généralisée dans le mur oriental du bras sud, fut renforcée, peut-être dès le XIVe siècle, dans la travée médiane. La travée contiguë à la croisée présente, à l'intérieur, une arcade d'un dessin différent. Le motif de base est un triplet à lancette centrale plus haute, redentée d'un trilobe, entre deux lancettes latérales coiffées chacune d'un trèfle couché. On dénote une certaine maladresse dans la réalisation du remplage, qui s'intègre mal sous un arc de décharge à la brisure plus aiguë. Ce type d'arcade est répété avec une certaine sécheresse sur tout le mur oriental du bras nord.

Le triforium du chœur, plus homogène, présente partout des triplets sous trilobe à la claire-voie et pour les arcades, des triplets hiérarchisés d'un dessin comparable à la travée du bras sud près de la croisée, enrichi toutefois d'un gâble dont la pointe rejoint le cordon mouluré qui souligne l'appui des fenêtres hautes. Dans l'abside, le motif est respecté, mais le rythme devient binaire en raison du resserrement des retombées des voûtes. Si les gâbles, qui semblent faire écho à ceux des portails de façade, ou mieux, du transept, peuvent témoigner du souci de magnifier la zone la plus sacrée de la cathédrale (Kimpel, Suckale, 1985), ils accompagnent aussi un renforcement de la structure en étant plaqués sur des maçonneries plus importantes qu'ailleurs à ce niveau (Murray, 1996). Le traitement de la claire-voie avec des meneaux prismatiques révèle en tout cas une simplification par rapport aux claires-voies du mur oriental du bras sud. Ces changements doivent être imputés aux aléas d'un chantier qui eut à souffrir dans la zone orientale d'un incendie en 1258, et peut-être très précocement de troubles statiques. Ils témoignent d'une construction moins soignée, plus expéditive, une remarque déjà faite pour la frise végétale à la base du triforium au traitement stylisé très différent de la nef.

Les fenêtres hautes

Dans le transept, le niveau des fenêtres hautes manque singulièrement d'unité. Les baies du mur occidental comptent dans chaque bras, de l'extrémité à la croisée, quatre, six et huit lancettes. Celles du mur oriental suivent le même rythme, sauf dans les deux travées contiguës à la croisée, où l'on dénombre six lancettes. Ces différences résultent de l'étroitesse des travées extrêmes, qui comptent le plus petit nombre de lancettes, et du renforcement des baies par démultiplication des meneaux dans les autres travées du bras sud, du côté ouest, où la dernière intervention remonte à 1629, comme l'indique la date portée sur le contrefort plaqué sur le meneau de la baie médiane. Partout ailleurs, le nombre des lancettes est en harmonie avec le triforium. Des trilobes ont remplacé les oculi quadrilobés pour coiffer les paires, ou désormais les triplets, de lancettes. L'unité du dessin est donc doublement renforcée par rapport à la nef.

Les fenêtres de la partie droite du chœur ont également six lancettes, mais les redents qui ornent les trilobes et les oculi hexalobés sont eux-mêmes tréflés, ce qui crée un réseau à trois, voire quatre niveaux, si l'on compte l'arc d'encadrement des baies – une bonne illustration du principe de hiérarchisation des formes du répertoire gothique. Sur le flanc nord, certains trilobes coiffant des triplets voient leur lobe supérieur terminé en pointe se fondre dans l'arc d'encadrement. Au sud, la première baie du chœur est dépourvue de redents, peut-être parce qu'elle a échappé à l'incendie de 1258. À l'instar du triforium qu'elles coiffent, les fenêtres hautes de l'abside comptent dans chaque pan quatre lancettes, ce qui n'est pas sans créer une impression d'étouffement, due à la densification des meneaux. Cette composition absidale, un peu surprenante puisqu'elle fait ressortir la présence des meneaux, qui habituellement se font plus discrets, ne fut apparemment jamais reprise. Elle servit peut-être de contre-exemple à la composition remarquablement unifiée des parties hautes du chœur de la cathédrale de Cologne (Wolff, 1998).

Le contrebutement

Le contrebutement de l'édifice à l'extérieur accentue le contraste entre les parties basses et les parties hautes dans le chœur et le transept. Les contreforts épaulant les collatéraux et les chapelles rayonnantes reproduisent les formes de ceux de la nef, régulièrement rythmés par des larmiers qui en diminuent progressivement la saillie. Leur couronnement diverge avec la présence de blocs de maçonnerie talutés, sur lesquels s'appuient des figures sculptées, toutes refaites au XIXe siècle. Dans la partie droite domine la représentation d'animaux, mais on trouve la statue de saint Éloi, au-dessus de la première chapelle rayonnante sud qui lui est dédiée. La chapelle d'axe est ornée de figures de rois musiciens assis. Comme le tout a été refait au XIXe siècle, ainsi que le garde-corps, d'après le modèle de la Sainte-Chapelle à Paris, nous ignorons si les statues remontent aux origines, ce que mettait en doute Viollet-le-Duc, plaidant pour un couronnement initial plus habituel sous la forme de pinacles.

Au-dessus des bas-côtés, la structure du contrebutement se complique dans le chœur. Les arcs-boutants y sont à deux volées successives, afin d'enjamber les doubles collatéraux, ce qui nécessita la construction de culées intermédiaires au droit des piliers séparant les bas-côtés, alors que les culées extérieures sont, comme dans la nef et le transept, établies dans le prolongement des contreforts latéraux. Aux profondes culées, allongées perpendiculairement à la nef, ont été préférées, en raison de leur meilleure résistance aux oscillations, des piles cruciformes, de section réduite pour les arcs-boutants du transept comme pour ceux du chœur. Les culées intermédiaires présentent une section parfaitement régulière, alors que dans les culées extérieures de la partie droite du chœur, l'élément perpendiculaire au haut vaisseau est plus long. Au pourtour du chevet, les culées extérieures suivent une forme nouvelle à trois croisillons, deux élevés sur les pans contigus à la jonction des chapelles rayonnantes, portant à faux en partie sur leurs corniches, le troisième établi sur la portion la plus épaisse des murs séparant les chapelles.

Coupe transversale sur le chœur (d'après Durand).

Le changement le plus sensible par rapport à la nef tient dans la réalisation de volées à claire-voie, selon une tendance à la réduction des maçonneries observée déjà dans le triforium. Au lieu des deux volées pleines superposées de la nef, les arcs du transept et du chœur se réduisent à la combinaison d'un mince arc en quart de cercle et au-dessus d'un segment appareillé rectiligne creusé en canal, les deux éléments étant reliés par une claire-voie de sept arcades rampantes, simples contre le mur occidental du transept, dédoublées partout ailleurs. Les volées extérieures du chœur suivent le même principe, mais, en raison de leur étroitesse, elles ne comptent que quatre arcades. Celles du pourtour de l'abside sont pleines et jouent autant un rôle d'étrésillon puisque leur arc est lancé horizontalement.

La tendance à l'évidement maximal ne se limite pas aux volées, puisqu'elle touche aussi les zones de contact avec le mur du haut vaisseau. Le petit massif de maçonnerie qui sépare, dans la nef, les deux colonnettes isolées qui raidissent la structure au droit des retombées des voûtes pour soulager la tête des arcs-boutants, n'apparaît plus que contre le mur ouest du transept. Ailleurs, il a laissé la place à une petite arcade perpendiculaire au mur et coiffée d'un arc en mitre. Le dédoublement de la structure dans les angles des travées est dès lors complet à partir du passage du triforium.

Les gâbles, qui emboîtent les fenêtres hautes du chœur et qui étaient prévus aussi sur le mur contigu du transept, ont beau charger les maçonneries, le système d'équilibre des parties hautes à l'est de la croisée se révéla insuffisant. Il fallut, à la fin du XVe siècle, renforcer le système de contrebutement de la partie droite du chœur par l'adjonction d'une volée supplémentaire lancée sous la claire-voie (à gauche sur la coupe p. 73). Paradoxalement, cette opération délicate et indispensable reste plus discrète que la réfection plus commune des charges sommitales des culées d'arcs-boutants de la nef. Les lignes contournées de ces massifs de maçonnerie, qui ponctuent le contrebutement de la nef, ne peuvent toutefois pas rivaliser avec le foisonnement des culées et jeux de superposition d'arcatures de la superstructure du chevet, où la diaphanie des claires-voies d'arcs-boutants répond aux arcatures plaquées et couronnées de pinacles des culées.

Ce tourbillon de fantaisie a fortement marqué le chevet de la cathédrale de Cologne, qui en accentua le traitement décoratif, en maintenant comme à Amiens plus de sobriété sur le flanc nord. Elle revint en revanche à une structure plus logique en déployant, au pourtour du chevet, des culées uniques sommant les murs de séparation des chapelles rayonnantes d'un dessin fondant les deux culées dissociées du chœur d'Amiens, qui sur ce point ne connut guère d'écho qu'en Languedoc aux chevets des cathédrales de Clermont et de Narbonne.

Les parties hautes des façades du transept

Au-dessus des portails que nous envisagerons plus loin dans le cadre du décor sculpté, le traitement initialement prévu pour les façades du transept reste problématique en raison des retards et des transformations subies dans ces parties de l'édifice, sans doute imputables tant à des difficultés financières qu'à des problèmes statiques.

La façade du bras sud

Des vestiges indiquent qu'il était prévu que le triforium fît retour au revers du mur pignon sud, selon le parti déjà adopté à la façade occidentale. On peut d'ailleurs faire le même rapprochement pour la structure dédoublée du mur pignon sud, où l'arc formeret de la première travée est dissocié de la cloison proprement dite formée par la façade. Un plafond dallé, et non plus un berceau plein cintre, couvre l'espace intermédiaire.

Le vaste remplage qui ajoure la moitié supérieure du pignon, au-dessus du portail, appartient à deux époques bien distinctes. Le triforium à cinq arcades et l'encadrement de la rose ont été réalisés aux environs de 1300, alors que le remplage de la rose et de la claire-voie juste au-dessous est plus récent de deux siècles environ.

La claire-voie du triforium, coiffée de gâbles à l'extérieur, recouvre aux extrémités les maçonneries qui se prolongent en hauteur pour former l'archivolte de la rose, ornée de dix-sept fleurons occupés chacun par une figure sculptée. Les huit premiers personnages de la partie gauche, jeunes et imberbes, paraissent grimper vers l'homme barbu et couronné qui se tient au sommet. Les huit suivants, barbus et âgés, chutent de degré en degré, le dernier paraissant tomber dans le vide. Il s'agit là du thème moralisant de la roue de fortune. Il faut sans doute le mettre en rapport avec les deux grandes statues représentant un homme et une femme qui se trouvent juste au-dessous, que Durand proposait, sans conviction, d'identifier comme à la rose nord de Reims, avec Adam et Ève, les deux premières victimes de la chute.

Toute la composition est cernée d'un cordon de feuillages qui forme un encadrement rectangulaire, intégrant les écoinçons sommitaux ornés de remplages simulés, d'un grand raffinement de dessin.

Le pignon est tapissé de petits contreforts en éperons, hérissant les rampants dont ils suivent la pente. Entre eux prennent place treize statues de près de 2 m de haut, juchées sur des consoles et abritées par des dais. Le tout a été presque entièrement refait au XIXe siècle par le sculpteur Caudron qui s'est inspiré des statues des parties hautes de la tour nord de la façade, ce qui contribue à fausser l'impression que l'on tire de l'observation de cette partie du transept. Les pertes antérieures, déjà nombreuses, laissent seulement connaître que la figure centrale représentait un évêque. La composition décorative du pignon, particulièrement dense grâce au rythme serré des contreforts, pourrait remonter aux environs de 1300, sur la foi de rapprochements formels avec le couronnement du portail central de la cathédrale de Strasbourg, ou du transept de Sainte-Catherine d'Oppenheim, pour s'en tenir à deux exemples.

La grande rose à douze pétales est comparable à la rose ouest. Ces affinités plaident d'autant plus pour une même attribution au chanoine Robert de Cocquerel († 1521), dont les armes figurent dans la verrière occidentale et qui était enterré tout près, dans le transept.

La façade du bras nord

Au nord, le revers de la façade, coiffé directement par le formeret, à la différence des pignons ouest et sud, est complètement ajouré dans sa moitié supérieure. On y trouve superposées deux claires-voies, celle du bas, plus vaste, correspondant au triforium avec cinq arcades subdivisées en triplets sous des quadrilobes. La seconde, plus menue, au rythme dédoublé de dix arcades coiffées d'arcs en mitre, est terminée par un cordon horizontal sous la rose qui occupe la totalité de l'espace sous la voûte, et par conséquent dépasse en dimensions la rose sud.

Le dessin du remplage, particulièrement savant, ordonne autour d'un pentagone central une étoile dont les cinq rais s'intègrent dans des pétales aux bords parallèles, en « ailes de moulins », alternant avec des paires de pétales triangulaires, tous étant subdivisés en deux lancettes sous un polylobe. Des trèfles séparent la pointe des pétales. Ce jeu savant des lignes convergentes ou parallèles est enrichi par le traitement ajouré des écoinçons inférieurs sous la forme de quarts de cercle occupés par trois pétales redentés de trilobes épointés.

La nervosité du dessin du remplage, accusée par la fréquence des formes aiguës, confine à la sécheresse, une impression due sans doute au poids des restaurations, la rose et la claire-voie au-dessous ayant été entièrement remontées en 1777, puis à nouveau à la fin du XIXe siècle. Bien avant, la faiblesse du pignon avait nécessité un renfort habile sous la forme de deux contreforts qui vinrent obstruer deux lancettes du triforium, mais que l'on devine à peine à l'intérieur au niveau de la rose en raison de

LES PARTIES ORIENTALES, TRANSEPT ET CHŒUR | 77

Coupe longitudinale sur la croisée et les travées adjacentes de la nef et du chœur vers le sud (d'après Durand).

leur profil biseauté. Leur couronnement par des pinacles et les arcs qui les relient à l'archivolte de la rose, transforment en éléments décoratifs ces organes indispensables à l'équilibre du frontispice, dont la fragilité explique le choix d'un toit en croupe au lieu de l'habituel pignon maçonné.

LA CHARPENTE DU GRAND COMBLE ET LA FLÈCHE

Le grand comble

La charpente d'Amiens présente une structure à chevrons formant ferme particulièrement légère. Entre les fermes principales à entraits, espacées de 3,70 m, prennent place les fermes secondaires, constituées d'un couple de chevrons réunis en haut par un petit entrait, et renforcées en bas par des blochets et des potelets. Des contrefiches obliques dans les fermes principales assurent habilement un contreventement latéral en venant s'assembler à la rencontre des arbalétriers et des pannes. Une poutre faîtière, doublée de sous-faîtières reliées par des décharges simples ou en croix de Saint-André, assure un efficace contreventement longitudinal.

La datation traditionnelle de la fin du XVe siècle ou du début du XVIe siècle, qui avait cours depuis Viollet-le-Duc, a été remise en cause par les récentes analyses dendrochronologiques des pièces de charpente (Hoffsummer, 2002). Elles proposent une réalisation antérieure de deux siècles, menée d'est en ouest avec l'abattage des bois de charpente du chœur vers 1284-1285, ceux du transept vers 1293-1298 et ceux de la nef vers 1300-1305.

Cette nouvelle datation, si elle ne remet pas en cause l'achèvement du gros œuvre de maçonnerie avant 1269, suppose auparavant la réalisation d'une toiture provisoire, notamment sur la nef, partie la plus ancienne de la cathédrale, pour protéger les voûtes. À n'en pas douter, elles ont été lancées sur le haut vaisseau antérieurement, comme le prouvent, à certains endroits, les entailles de l'extrados des voûtains pour mettre en place, contre le mur gouttereau, les poutres sur lesquelles prennent appui certains des étais soulageant l'extrémité des entraits des fermes principales de la charpente (Prache, 1996 ; Hoffsummer, 2002).

L'existence d'une toiture provisoire est attestée par la présence d'un système d'évacuation des eaux de pluie par des trous ménagés au sommet des murs gouttereaux du haut vaisseau, à la jonction des extrados des voûtes de travées contiguës. Ceci induit une toiture très basse, peut-être réduite à des feuilles de plomb posées sur les voûtes, soit directement, soit par l'intermédiaire de planches, comme on en a le témoignage à la cathédrale de Reims à la fin du Moyen Âge. Ce système d'évacuation des eaux est soigneusement appareillé dans la nef et le transept, ce qui indique que la couverture provisoire était censée devoir servir un certain temps, et qu'il ne s'agissait pas d'un accident en cours de chantier. En revanche, dans le chœur, les cavités servant à l'évacuation des eaux ont été creusées après le montage du mur, très grossièrement à coup de piques. Lors de l'achèvement du gros œuvre du chœur, on estimait donc pouvoir se passer du système d'écoulement des eaux et de toiture provisoire soigneusement mis en place ailleurs, sans doute parce qu'on envisageait d'installer immédiatement une véritable charpente. Pour des raisons qui nous échappent, financières ou autres, ce projet fut retardé, et il fallut recourir aux mêmes solutions provisoires que dans la nef et le transept.

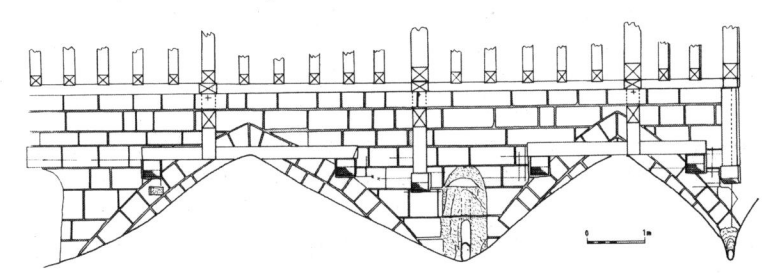

Combles du chœur (d'après Hoffsummer).

Lorsque la situation le permit, c'est-à-dire vers 1284-1285, date de l'abattage des bois les plus anciens du haut comble, on recommença les travaux là où l'on n'aurait pas dû les arrêter, c'est-à-dire dans le chœur. La césure du chantier de quelques années au minimum conforte en définitive la datation traditionnelle d'achèvement du gros œuvre, voûtement inclus, en 1269.

Le concepteur de la charpente d'Amiens, particulièrement légère, a peut-être tiré leçon du tout récent désastre de Beauvais, dont la charpente avait été endommagée avec l'effondrement des voûtes en 1284 (Hoffsummer, 2002). Son œuvre a été rapprochée, d'un point de vue technique et morphologique, de la charpente de la cathédrale de Chichester que la dendrochronologie a permis de dater de la même époque, ici aux alentours de 1287.

La flèche

Il y eut, dès l'origine, à la croisée du transept, une flèche dont quelques documents antérieurs à sa disparition dans un incendie au début du XVIe siècle permettent d'attester qu'il s'agissait déjà d'une construction en charpente, couverte sans doute de plomb, comparable apparemment à la flèche du XIIIe siècle de Notre-Dame de Paris, disparue plus tard au XVIIIe siècle et rétablie par Viollet-le-Duc. Une nouvelle flèche fut entreprise à Amiens immédiatement après le sinistre de 1528. Elle fut bénite dès 1533 par l'évêque François de Halluin. Des reliques avaient été déposées à son sommet qui dépassait légèrement la flèche actuelle haute de 112,70 m, avant le raccourcissement imposé en 1628 par la suppression de la partie terminale du poinçon, gâtée par les intempéries.

La flèche est l'œuvre d'Antoine Cardon, un charpentier local originaire de Cottenchy. Le chêne dont elle est faite provient de la forêt de La Neuville-en-Hez, grâce à la libéralité de François Ier. Avec la couverture et les ornements en plomb, elle atteint la masse d'environ 330 tonnes (Duvanel), alors que Viollet-le-Duc l'estimait comparable aux 550 tonnes de la flèche de Notre-Dame de Paris. De section octogonale, elle s'appuie sur une sorte de plate-forme constituée de neuf grosses poutres posées sur les doubles sablières placées sur les murets qui surmontent les quatre arcs délimitant la croisée du transept, et s'élève jusqu'au sommet le long d'un poinçon central de 50 cm d'équarrissage à la base. Dans sa partie inférieure formant clocher, la structure de la flèche combine aux fermes des montants dédoublés légèrement penchés vers l'intérieur, liés entre eux et au poinçon central par un assemblage complexe de pièces de charpente. Au-dessus, chaque ferme se compose d'un système d'arbalétriers superposés, chevauchant les uns sur les autres et maintenus par des moises et des contrefiches.

La flèche est entièrement couverte de plomb, ornements et statues étant du même métal. Les montants intérieurs du clocher, reliés à la base de la flèche par de petits arcs-boutants, sont coiffés de chapiteaux de plomb de style Renaissance, surmontés de statues, certaines passablement restaurées. Face à la nef se dresse le Christ puis, vers la gauche, saint Paul, un évêque (sans doute saint Firmin) dans l'axe du bras nord, saint Jean l'Évangéliste, la Vierge face au chevet, saint Jean-Baptiste, saint Jacques le Majeur dans l'axe du bras sud, et saint Pierre. Certains détails, comme la position éminente de saint Paul immédiatement à dextre du Christ, semblent reprendre des éléments de la composition du portail central de la façade ouest. Sous les statues se trouvent des

LA CHARPENTE DU GRAND COMBLE ET LA FLÈCHE | 81

Coupes et élévation de la flèche (d'après Duvanel).

figures monstrueuses et pittoresques de centaures et d'animaux fantastiques simulant des gargouilles.

La naissance de la flèche est marquée par une couronne fleurdelisée. La transition est ménagée aussi par une arcature flamboyante animée de chimères. Au sommet des accolades se trouvent des anges, pour la plupart refaits au XVIIIe siècle. Sur les pans de la flèche, les feuilles de plomb sont fixées obliquement. Des traces de fleurs de lys dorées y subsistent, comme celles de rayons de soleil flamboyants au sommet. Les arêtes de la flèche sont ornées de crochets. Le sommet actuel, renflé, est le fruit du raccourcissement de 1628. Au bas des noues du grand comble, des pavillons couverts d'ardoises permettent de gagner directement à l'extérieur les coursières sommitales du haut vaisseau. Les épis de faîtage en plomb de ces édicules sont surmontés d'une statuette de Cupidon.

QUALITÉS FONDAMENTALES DE L'ARCHITECTURE

L'analyse architecturale du monument confirme bien l'existence d'un projet global initial, perceptible dans l'unité des grandes lignes du plan, prédéfinies et suivies, de même que dans l'élévation, dont le nombre et les proportions des niveaux ont été respectés d'un bout à l'autre de la construction.

Dans ce cadre général, des tendances fondamentales ont toutefois infléchi le chantier au fur et à mesure de son avancée. C'est ainsi que l'on assiste à un allégement progressif des structures, particulièrement sensible dans l'introduction effective du triforium à claire-voie dans les parties orientales et l'amenuisement du système de contrebutement du chœur aux culées amaigries et volées désincarnées, jusqu'à mettre en péril l'équilibre de la construction. Le verticalisme des lignes architecturales se trouve pareillement accentué au cours du chantier, avec notamment la multiplication des gâbles – dans le triforium et en couronnement des fenêtres hautes du chœur – et la densification des verticales des meneaux démultipliés. Si l'œil peut être flatté par l'harmonie croissante des différentes parties de l'édifice, sensible en particulier dans l'unité rythmique des éléments du triforium et des fenêtres hautes dans le chœur, on ne peut dissimuler que ce processus va de pair avec une certaine simplification du décor sculpté, confinant parfois à la sécheresse, comme l'illustre le traitement de la frise végétale à la base du triforium dans le chœur où alternent sans variété crochets et feuilles polylobées.

LA SUCCESSION DES TROIS ARCHITECTES

Ces tendances, qui ne sont pas propres à la cathédrale d'Amiens mais caractérisent schématiquement l'histoire des grandes constructions tout au long du XIIIe siècle, ont été mises en rapport, jusqu'à l'obstination, avec la succession des trois architectes à la tête du chantier picard, pour lesquels différents scénarios de carrières ont été proposés.

Rappelons encore l'indigence de nos connaissances qui ne nous permettent d'avoir de certitude que sur deux points : le commencement du chantier et la définition du projet d'ensemble par Robert de Luzarches en 1220 et son achèvement par Renaud de Cormont aux alentours de 1288, quand fut mis en place le labyrinthe, dans la nef. L'ampleur de la carrière de chacun d'eux nous échappe, *a fortiori* celle du père de Renaud, Thomas, qui est en quelque sorte pris en étau entre les deux autres. On en fait fréquemment, mais sans preuve, l'assistant de Robert de Luzarches dont il s'émancipa plus ou moins tôt, selon que l'on fait disparaître son prétendu maître dès le début des années 1220 ou seulement vers 1240. Censé être présent sur le chantier quasiment depuis le début, il est relégué dans l'ombre de Robert de Luzarches (Viollet-le-Duc) ou se voit attribuer en propre, tantôt les parties basses du chœur, parfois restreintes aux seules chapelles rayonnantes (Murray, 1996), tantôt une portion du triforium et des fenêtres hautes de la moitié orientale de la cathédrale (Kimpel, Suckale, 1985). Son fils voit donc sa carrière amputée ou enrichie de façon inversement proportionnelle. La certitude que Renaud était déjà maître d'œuvre en 1260 autorise toutefois à lui attribuer les parties hautes du chœur et des murs gouterots du transept.

LA DIVERSITÉ DES SOURCES

Dans l'état actuel de nos connaissances, aucune hypothèse plus détaillée ne peut s'imposer. La situation se complique en raison de l'extraordinaire diversité des sources architecturales de la cathédrale d'Amiens, des sources constamment renouvelées, d'où la difficulté d'établir une sorte de portrait-robot de l'architecte concepteur et de ses successeurs.

À l'ascendant, déjà souligné, qu'exercèrent les cathédrales de Chartres et de Reims, s'ajoute la connaissance de l'art parisien

– que Robert, son premier architecte, soit originaire de Luzarches près de Paris ou non n'y change rien –, plus évidente encore dans le domaine de la sculpture. Les références aux chantiers de la cathédrale de Soissons, de l'abbatiale de Longpont ou de la cathédrale de Laon touchent à la fois certaines techniques et la conception de différents membres architecturaux (Murray, 1996). Le long repli de l'érudition sur une définition malthusienne des grandes cathédrales, limitées outre Chartres, à la Picardie, la Champagne et l'Ile-de-France, et encore, a complètement occulté les rapports qu'entretint le chantier amiénois avec le monde anglo-normand, favorisés sans aucun doute par les liens économiques et commerciaux entre la capitale picarde et le royaume insulaire.

Notre-Dame d'Amiens présente pourtant de nombreuses affinités avec l'architecture anglo-normande : la minceur de la façade occidentale qui superpose plusieurs galeries, l'élongation des grandes arcades atteignant la moitié de l'élévation, le contraste marqué entre ce premier niveau relativement dépouillé et la moitié supérieure du haut vaisseau beaucoup plus ornée, comme l'illustrent la complexité et les grandes dimensions du niveau médian, que nous rapprochons ici pour certains éléments avec le triforium du début du XIIIe siècle de la cathédrale de Rouen. Le traitement des feuilles pédiculées aux extrémités incurvées de la frise végétale à l'appui du triforium n'est pas sans rappeler la plastique pleine de verve de la flore des grands édifices anglais du début du XIIIe siècle, de Lincoln à Salisbury, tout comme le soubassement à arcatures en plein cintre se chevauchant du portail Saint-Honoré au bras sud du transept révèle une familiarité avec un motif cher à l'art anglo-normand. Les références anglaises ne disparaissent pas dans les parties les plus récentes, et elles expliquent sans doute en bonne part le choix, à la croisée du transept, d'une voûte à liernes et tiercerons, qui trouve difficilement d'équivalent à proximité sur le continent, même si on en repousse la réalisation après 1300, comme incitent à le faire les rapprochements avec le décor des clés de voûte des chapelles latérales de la nef élevées à cette époque contre les quatrième et cinquième travées du bas-côté sud.

À ces multiples sources, il convient d'ajouter des emprunts plus ponctuels à certains monuments, notamment à la cathédrale de Troyes, peut-être à celle d'Auxerre, sans doute à la basilique de Saint-Quentin pour le contrebutement du chœur avec volées à claire-voie et culées cruciformes.

De tout cela, il ressort qu'il n'y a pas de foyer d'inspiration prédominant pour la cathédrale d'Amiens, dont le gros œuvre offre une synthèse diversifiée de l'architecture depuis 1220 jusqu'à la fin du XIIIᵉ siècle, constamment enrichie par la prise en compte de nouveaux chantiers, sans reniement des expériences antérieures, sans renoncement à la création. C'est ainsi que les contacts avec d'autres foyers ou d'autres constructions sont rarement unilatéraux, mais nourrissent des échanges réciproques, le cas échéant ravivés.

AMIENS ET PARIS

Le cas de Paris est exemplaire. On a souligné la quasi-concomitance de certaines formes à Amiens et à Notre-Dame, comme par exemple les arcades dont le tympan est constitué de dalles découpées, dans le triforium picard et la galerie à jour de la façade parisienne. L'ajourement maximal du mur de fond du triforium du bras sud à Amiens est, à n'en pas douter, repris du gothique rayonnant d'Ile-de-France, de la chapelle de Saint-Germain-en-Laye ou d'un monument voisin. En revanche, le traitement du revers des murs pignons du transept avec des arcatures simulées déprimées dans le mur a pu être repris d'Amiens par l'architecte Jean de Chelles dans le bras nord de Notre-Dame de Paris, de même que les culées dilatées à trois croisillons du chœur de la cathédrale picarde peuvent être une des sources de la réfection des arcs-boutants du chœur parisien.

On ne trouve, ni d'un côté ni de l'autre, la parfaite copie d'un modèle, même dans des monuments paraissant aussi proches que la Sainte-Chapelle du palais de la Cité consacrée en 1248 et les chapelles rayonnantes, plus particulièrement la chapelle d'axe de la cathédrale d'Amiens. Les historiens de l'architecture ont depuis longtemps souligné la parenté des deux constructions, allant jusqu'à faire de la Sainte-Chapelle, pour combler les lacunes de la documentation, l'œuvre de Robert de Luzarches (Kimpel, Suckale, 1985) ou de Thomas de Cormont (Branner, 1965). L'hypothèse inverse, qui fait des chapelles amiénoises la réplique du monument parisien, ne tient pas compte de tous les éléments présents quasiment depuis 1220 sur le chantier de la cathédrale et qui conditionnent en bonne part la silhouette des chapelles, c'est-à-dire la hauteur des bas-côtés sur laquelle elles doivent se régler, la présence dès la nef de minces contreforts à ressauts réguliers, celle de lancettes trilobées au revers des façades du transept. Si Amiens est la référence fondamentale de la Sainte-Chapelle, c'est simplement parce qu'à l'époque de sa mise en chantier, le chevet picard offrait le parti le plus ambitieux et le plus moderne pour des chapelles, ce qui a pu inciter Saint Louis à recruter son architecte ou un maître bien au fait de cette entreprise. Dans les années 1240, le chantier royal utilise par ailleurs des éléments familiers au chantier amiénois, depuis un certain temps déjà, comme les baies triangulaires concaves dans la partie basse ou les quadrilobes à décor figuré au portail – disparu – de la chapelle basse. La technique qui consiste à monter les murs en assises continues et l'usage d'armatures métalliques sont partagés par les deux chantiers, et la chronologie commune de certaines de leurs parties empêche sur bien des points des conclusions solides sur l'antériorité d'un chantier par rapport à l'autre. Si les grandes lignes de la construction des chapelles amiénoises étaient définies avant la mise en chantier de la chapelle parisienne, il n'est donc pas exclu qu'elles aient bénéficié de certains acquis ou inventions effectués sur le chantier royal.

Les liens entre le chevet d'Amiens et la Sainte-Chapelle offrent donc une démonstration éloquente de la multiplicité d'échanges, qu'il faut considérer dans leur réciprocité. L'architecture de la cathédrale d'Amiens comme celle de ses paires est infiniment plus riche que ne saurait le montrer un palmarès illusoire. Elle procède de données fondamentales qui, sans aucun doute, répugnent à privilégier de manière trop forte une seule référence, un sentiment que devaient partager à la fois maîtres d'ouvrage et maîtres d'œuvre, ce qui permettait aux premiers de ne pas paraître inféodés à une seule référence monumentale et institutionnelle et aux seconds de stimuler leur talent polymorphe.

Il est plus que probable que les responsables du chantier d'Amiens, clercs et architectes, avaient en vue de dépasser l'édifice le plus ambitieux et le plus vaste alors en cours qu'était la cathédrale métropolitaine de Reims, commencée une dizaine d'années plus tôt. Ils y sont parvenus pour ce qui est de l'élancement et de la légèreté des lignes de la structure du haut vaisseau, en puisant ailleurs bien des éléments d'inspiration, de Bourges jusqu'en Angleterre, transfigurés dans une création puissamment originale.

LA POLYCHROMIE

Les différences, parfois minimes, pointées par l'analyse archéologique du monument ne doivent pas abuser. Ce qui domine, c'est bien l'unité de l'édifice. Les changements architecturaux intervenus au fil du chantier ne pouvaient suffire à marquer de leur propre articulation l'aspect de la cathédrale dont l'harmonie nécessaire et recherchée pouvait jouer sur la polychromie.

Il subsiste à Amiens suffisamment de vestiges des enduits peints, notamment dans la nef où les murs à fond gris et joints blancs se combinent aux voûtes légèrement orangées (Michler). La polychromie similaire du chœur a malencontreusement été supprimée il y a quelque temps au profit d'une blancheur qui n'a rien de médiéval. L'un des piliers du bras nord du transept conserve des plages importantes d'enduit ocre jaune avec joints blancs. La peinture, omniprésente, rendait plus lisible l'architecture, en soulignant les nervures des arcs et le couronnement des chapiteaux, les cordons moulurés et les frises végétales. En même temps, par les joints peints à intervalles réguliers, elle donnait l'illusion de la perfection à la construction. Cet aspect, presque irréel, transparaît dans le traitement en damier vivement coloré du plafond dallé du triforium au revers du bras sud du transept.

La couleur donnait également des repères aux fidèles. À Amiens, les bras du transept étaient centrés au nord sur le pilier vert, au sud sur le pilier rouge, qui tiraient naturellement leur nom de la couleur qui les recouvrait.

Cette couleur rehaussait le décor sculpté. La notoriété de la Vierge dorée du bras sud et le retentissement de la mise en couleurs artificielle fondée sur quelques vestiges des portails occidentaux illustrent, à des siècles de distance, la fascination qui devait s'exercer sur les fidèles grâce à la polychromie. On la devine encore bien présente sur les anges adossés au revers du portail Saint-Honoré. Les personnages et les scènes peintes à la fin du Moyen Âge, que ce soient l'exposition funèbre de l'évêque Ferry de Beauvoir à la clôture du chœur ou les sibylles de la première chapelle rayonnante sud, sont maintenant une exception, alors qu'ils devaient se trouver mêlés à un nombre impressionnant de peintures, comme ce saint Christophe daté de 1310 qui ornait le revers de la façade du bras nord.

Certains liens nous échappent désormais, mais la couleur devait rendre plus lisibles bien des figures, des scènes et des mises en scène déployées sur place, à l'instar du regard pénétrant du Christ-Juge du portail central. Nous reviendrons sur l'homme vert, l'un des acteurs de la fête de la translation de saint Firmin célébrée tous les ans, le 13 janvier. On voyait alors le bedeau de l'église Saint-Firmin-en-Castillon, vêtu d'une tunique de feuilles vertes, suivre la procession du clergé, jusque dans le chœur, pour illustrer le miracle du reverdissement miraculeux de la nature, le jour de la découverte de la dépouille du premier évêque d'Amiens. Les enfants de chœur, les chantres et les vicaires étaient pareillement habillés de vert. Cet homme vert figure vraisemblablement au tympan du portail Saint-Firmin, qui illustre justement la découverte du corps de l'évêque. Il n'est pas exclu que la frise végétale qui souligne avec insistance l'appui du triforium, qui conserve seulement des traces de peinture verte, ne servît aussi à illustrer le réveil de la nature, sur le parcours qu'empruntait le cortège, ici symbolisé par la perspective de la nef, jusqu'à la châsse d'orfèvrerie exposée alors dans le sanctuaire.

TROISIÈME PARTIE

LES VITRAUX

UNE VITRERIE LACUNAIRE	90
LES COMMANDITAIRES	91
L'ICONOGRAPHIE	96
LE STYLE	99
LES VITRAUX DU XIVe SIÈCLE	101
LES VITRAUX DU XVIe SIÈCLE	102
LES VITRAUX DES XIXe-XXe SIÈCLES	102

Composante essentielle de l'architecture, la vitrerie de Notre-Dame d'Amiens, aujourd'hui lacunaire, exaltait le symbolisme de la cathédrale, vibrant dans une lumière subtilement nuancée que l'on devine encore au chevet. L'atmosphère dense et colorée qui baignait les parties basses avec des vitraux aux tons saturés faisait place sous les hautes voûtes à une grande clarté grâce aux verrières composées largement de verre blanc.

UNE VITRERIE LACUNAIRE

La cathédrale d'Amiens ne conserve qu'une partie de sa vitrerie ancienne. Victimes des intempéries, des explosions de moulins à poudre, de mises au goût du jour, les verrières médiévales sont désormais insuffisantes pour donner à l'édifice sa tonalité d'origine, dont les témoignages anciens de Lamorlière ou de Dom Grenier soulignaient la clarté.

Après avoir rudement souffert durant la période révolutionnaire, la vitrerie de la cathédrale fit l'objet de restaurations dès le Consulat et l'Empire (1802 et 1812-1813), sans toujours beaucoup d'égard pour les pièces anciennes. Les fenêtres des chapelles rayonnantes furent restaurées par Touzet en 1830. Des vitraux neufs de Gérente, Steinheil et Coffetier furent mis en place dans la troisième chapelle rayonnante sud en 1854, et des grisailles posées dans la chapelle d'axe en 1867. En 1906 commença, après dépose, la restauration de la rose sud du transept. La plupart des vitraux anciens furent mis à l'abri à la fin de la Première Guerre mondiale, mais l'on déplore quand même des pertes. Comble de malheur, les vitraux du chœur et du bras sud subirent de graves dégâts dans l'incendie qui ravagea en 1920 l'atelier où le peintre-verrier Soccard les avait déposés. Après la restauration des roses en 1924, les verrières de la chapelle d'axe furent refaites par l'atelier Gaudin à partir de 1932.

Depuis quelques années, les panneaux déposés au moment de la Première Guerre mondiale et conservés au dépôt des Monuments historiques à Champs-sur-Marne, sont, quand leur état le permet, remis en place et éventuellement complétés. C'est ainsi que des éléments d'un arbre de Jessé du XIIIe siècle ont été installés dans la deuxième chapelle rayonnante sud (baie 14). Des panneaux sur le même thème, créés par Jeannette Weiss-Gruber, les complètent.

Tant d'interventions, surtout les plus anciennes, ont gravement perturbé un ensemble dont la lisibilité est souvent problématique. C'est d'autant plus regrettable que les vitraux soulignaient les grandes articulations de la cathédrale et offraient une image particulièrement éloquente de la participation de la population du diocèse comme de la ville à sa réalisation. C'est pourquoi il est du plus grand intérêt d'essayer d'en reconstituer la parure.

LES COMMANDITAIRES

Malgré d'importantes pertes, il est possible de connaître la plupart des commanditaires des vitraux de la cathédrale, grâce à des mentions et des relevés, dont certains remontent au XVIIe siècle.

Dans les parties basses du chœur, on trouve majoritairement l'intervention de métiers, notamment ceux du textile, avec en bonne place les waidiers travaillant la guède, principale industrie amiénoise qui leur valait de jouer un rôle clé dans l'administration urbaine, tous mentionnés ou représentés dans leur activité professionnelle. C'est ainsi que figuraient les cardeurs (« li gardeurs d'Amiens fire chestes verrier ») dans la deuxième chapelle rayonnante nord, et les tisserands (« che sent tele de lange ») dans la suivante. Les merciers apparaissaient au bas de la baie illustrant la vie de saint Gilles, dans la troisième chapelle rayonnante sud, primitivement dédiée à saint Jacques, où cette communauté de métier avait son siège. On y trouvait encore un donateur non identifié, mais sans doute membre d'un métier, qui semblait porter une bannière et offrait le vitrail à la Vierge à l'Enfant qui trônait à ses côtés.

Dans la même chapelle, mais provenant de la deuxième chapelle rayonnante nord (déplacement effectué au milieu du XIXe siècle), des personnages de part et d'autre d'une table sur des tréteaux où étaient posés des objets jaunes figuraient dans la partie inférieure d'une baie. Des charpentiers en plein travail, provenant sans doute de la nef, ont pris place dans le bas-côté nord du chœur (baie 27).

Dans la chapelle d'axe, dont la vitrerie ancienne a quasiment disparu, Georges Durand avait encore pu relever, il y a plus d'un siècle, la présence, dans la baie immédiatement au sud du pan axial, de deux personnages assis sur un banc, auprès d'un vase d'or. La baie centrale avait été privée, lors des restaurations du milieu du XIXe siècle, des deux panneaux inférieurs qui mentionnaient un certain « Estienes li Clers espisié de Paris » que l'on voyait plusieurs fois pesant sa marchandise (Guilhermy,

Verrières basses

0, 1 et 2. Enfance du Christ, 1932-1933
3, 4, 5 et 6. Grisailles néogothiques, 1861
    7. Vies de saint Firmin et de saint Honoré, 1854
    8. Verrière décorative, 1932-1933, en remplacement de la vie de saint Jacques, milieu XIIIe siècle (dépôt à Champs-sur-Marne)
    9. Vie de saint Augustin de Cantorbery, milieu du XIIIe siècle (dépôt à Champs-sur-Marne)
  10. Verrière décorative, 1932-1933, en remplacement de celle du Sacré-Cœur, 1867
  11. Histoire de sainte Theudosie, 1854
  12. Verrière décorative, 1932-1933, en remplacement de la vie de saint Gilles, milieu XIIIe siècle (dépôt à Champs-sur-Marne)
  14. Arbre de Jessé, milieu du XIIIe siècle, restaurations au XIXe, compléments au XXe siècle
  16. Enfance de la Vierge, milieu du XIIIe siècle, compléments au XXe siècle
  18. Enfance et Passion du Christ, milieu du XIIIe siècle
  21. Vie de la Vierge et histoire de saint Léonard, vers 1260
  22. Vie de saint Éloi, vers 1243
  24. Christ montrant ses plaies, milieu du XIIIe siècle
  25. Dieu le Père, vers 1500
  27. Verrière composite : Genèse, évêques, charpentiers vers 1230
  30. Fragments, anges et motifs architecturaux, vers 1500
  32. Christ, ange et saint Christophe, deuxième quart du XIIIe siècle
  35. Verrière composite : saint Eustache ; saint Nicolas, vers 1230 ; histoire de saint Edmond et de saint Édouard ; vie de la Vierge, vers 1260
  39. Drieu Malherbe et sainte Catherine, 1296
  40. Saint Jean-Baptiste et saint Georges, milieu du XIIIe siècle
  42. Fragments : deux scènes de la vie de saint Nicolas, début du XIVe siècle ; têtes d'hommes, vers 1500
  45. Cavaliers, saint Christophe, début du XIVe siècle.

Triforium (fin du XIIIe et XIXe siècle)

100. Saint Firmin martyr, Annonciation, saint évêque
107. Saint Jacques le Mineur, saint Barthélemy
108. Apôtre, saint Jean
109. Saint Mathieu
110. Deux apôtres
111. Apôtre, saint Paul
112. Saint Jacques le Majeur, apôtre
113. Saint évêque, roi
114. Saint évêque, roi
121. Rois et saints, fin du XIIIe et XIXe siècle
122. Évêques, fin du XIIIe et XIXe siècle.

Verrières hautes

200. Verrière de Bernard d'Abbeville, 1269
221. Rose nord, vers 1300
222. Rose sud, anges, début du XVIe siècle
300. Rose ouest, décor héraldique, début du XVIe siècle.

LES COMMANDITAIRES | 93

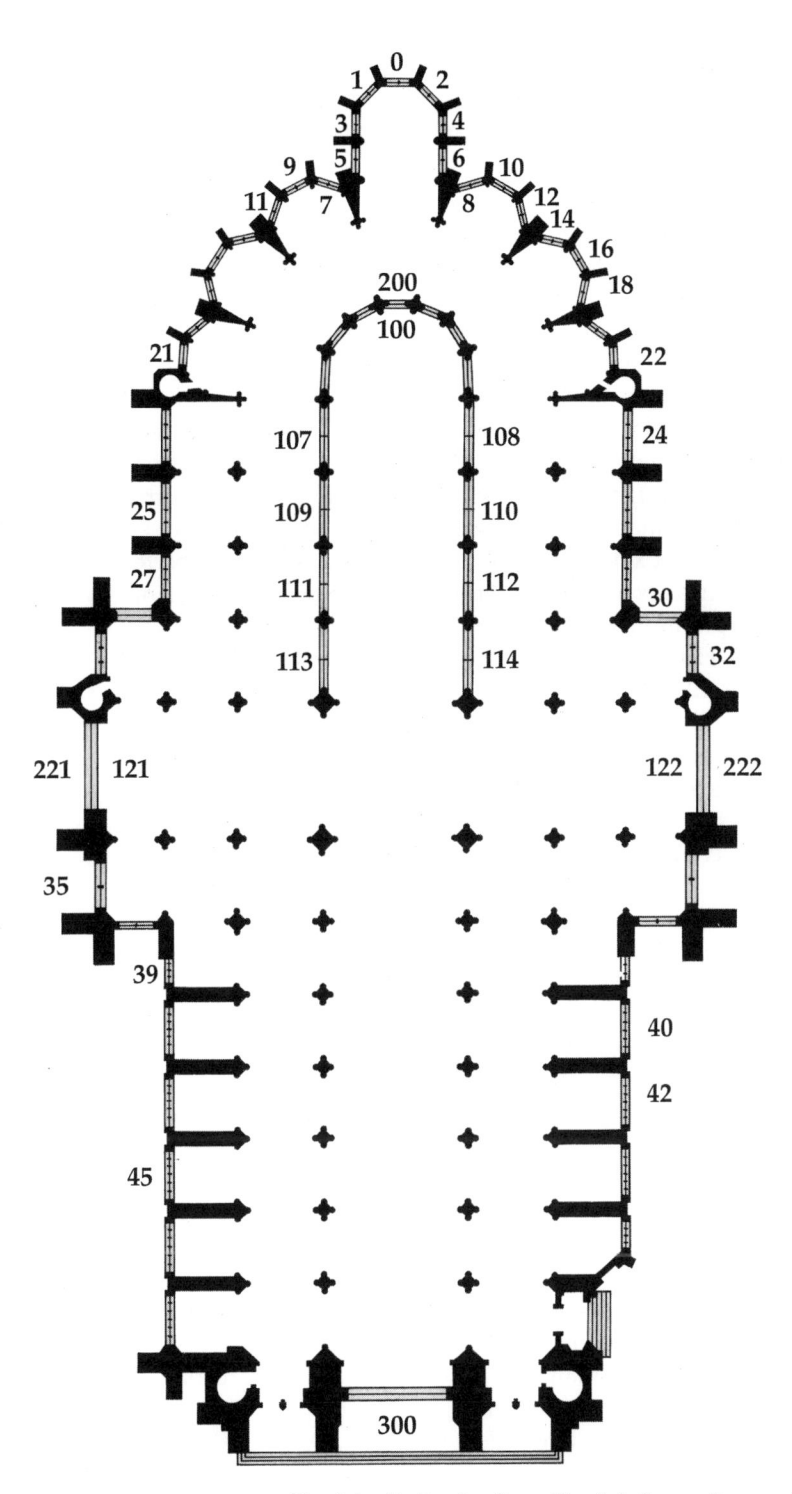

Plan de localisation des vitraux (d'après le *Corpus vitrearum* – France).

n.a.f. 6094, fol. 231). L'une des verrières de la deuxième chapelle rayonnante sud portait les armes de Saint-Fuscien et de Conty, deux familles appartenant à l'élite bourgeoise de la ville d'Amiens.

Relevaient du même milieu les commanditaires des verrières hautes de la nef, disparues mais décrites par l'érudit bénédictin Du Cange en 1667. Grâce à lui, nous savons que dans les quatre premières travées de la nef du côté nord, les vitraux portaient les noms et les armes de Drieu Malherbe, Engrand de Saint-Fuscien et Thomas Reniu. Les deux premières travées du côté sud étaient ornées de verrières aux armes de la ville d'Amiens et des Malherbe. La ville d'Amiens, à nouveau, avait donné la verrière de la sixième travée au sud, et un certain « Willaume li Ours » (Guillaume l'Ours) le vitrail de la cinquième au nord. Les autres verrières mentionnées par Du Cange dans la cinquième travée au sud et dans les deux dernières travées au nord avaient été offertes par les mayeurs des waidiers d'Amiens, c'est-à-dire les dirigeants de cette corporation. On les retrouvait, avec le précieux détail de leurs noms, Hugans Lienart le Sec et Robert de Saint-Fuscien, et de la date de 1280 dans le bras sud du transept « sur la chapelle de Notre-Dame-du-Puy », c'est-à-dire au-dessus du pilier où s'adossait l'autel éponyme, à l'entrée du double collatéral du chœur. Dans le bras nord, les marchands de guède avaient peut-être encore offert une autre verrière où une inscription précisait qu'elle provenait de « manants » – si la transcription de Du Cange est correcte – sous la représentation de plusieurs figures dont deux à chaque extrémité tenaient un grand sac de marchandise de couleur bleue, la fameuse guède.

Dans cette partie du transept, selon Du Cange, Raoul de Fosses, chanoine puis archidiacre de Ponthieu au début du XIVe siècle, avait offert deux verrières.

Dans les parties hautes du chœur, nous pouvons, toujours grâce à cet érudit, compléter nos connaissances sur les commanditaires, en dehors de la baie d'axe, la seule conservée, où figurent deux fois l'évêque Bernard d'Abbeville et la date de son don : 1269. On trouvait en effet précisé dans les deux premières travées du chœur le don de verrières par les doyennés de Poix, de Doullens, d'Abbeville et de Saint-Riquier, les deux premiers au nord, les deux suivants au sud. Le doyenné de Poix avait encore offert la verrière du second pan nord de l'abside.

Du Cange mentionnait encore six baies hautes. Il attribue les trois verrières au centre du rond-point à un don de Bernard d'Abbeville, représenté dans la fenêtre axiale. On peut s'étonner qu'il ait donné pour la flanquer des verrières héraldiques aux armes du Vermandois, si l'identification de Du Cange est exacte, une région relevant en partie du diocèse d'Amiens. Peut-être faut-il y voir le résultat des dons importants reçus du chambrier de France Barthélemy de Roye († 1237) qui en était originaire. L'érudit évoque au premier pan nord de l'abside un vitrail plus récent donné par Charles de La Tour, pénitencier de la cathédrale au milieu du XVIe siècle, et dans le pan symétrique au sud la présence d'une reine coiffée d'un voile blanc avec un écu écartelé au 1 et 4 de gueules au château d'or, c'est-à-dire des castilles, et au 2 et 3 d'argent au lion rampant de sable. Ce ne sont pas, comme on l'a parfois cru, les armes de Blanche de Castille, mais celles d'Éléonore de Castille († 1290), épouse d'Édouard Ier, héritière par sa mère du Ponthieu. C'est sans doute à ce titre qu'elle fit don de la verrière, peut-être en 1279, quand elle accompagna à Amiens son mari pour la confirmation du traité de Paris de 1259 entre les deux souverains de France et d'Angleterre. Elle venait alors d'hériter de cette région correspondant à peu près à la moitié occidentale du diocèse d'Amiens. C'est le seul don princier attesté dans la vitrerie de la cathédrale. Par son mariage, Éléonore lui donnait un retentissement considérable, mais il faut, rappelons-le, y voir avant tout la représentation d'un pouvoir local, au sein du diocèse. C'est peut-être au même patronage que reviendraient les verrières de la vie de la Vierge et de saint Léonard en raison du décor héraldique de leurs bordures ornées de léopards d'Angleterre. Moins en vue, les vitraux dédiés à saint Edmond et saint Édouard (baie 35) ont été attribués hypothétiquement à une donation du roi d'Angleterre Henri III, peut-être à l'occasion de l'arbitrage favorable à son égard rendu par Saint Louis en 1264 à Amiens, dans le conflit qui l'opposait à ses barons (Frachon, 2003).

De l'inscription qui précisait sans doute le commanditaire du vitrail nord de la quatrième travée du chœur, Du Cange ne put déchiffrer aisément que le terme « Amiens ».

Malgré quelques incertitudes, il est évident que les verrières hautes du chœur mettent en valeur le caractère diocésain de la commande des vitraux, ou plutôt de leur financement, par l'évêque au centre, par les fidèles de doyennés précisément mentionnés dans les premières travées, exceptionnellement par le plus grand seigneur de la région, Éléonore de Castille, héritière du Ponthieu. La mention par Du Cange de la présence multiple des armes de Picquigny et d'Amiens dans les « petites galeries », c'est-à-dire le triforium à claire-voie des parties orientales de la cathédrale, ne permet pas de trancher entre les armes des villes ou des doyennés qui portaient le même nom, mais conforte la dimension régionale de la commande de la vitrerie.

En revanche, dans les parties basses du chevet – et sans doute dans les verrières basses d'origine de la nef, détruites mais dont quelques panneaux ont été remployés dans le chœur –, ainsi que dans les fenêtres hautes de la nef, voire du transept, l'initiative du paiement des verrières revient sans aucun doute majoritairement à la ville d'Amiens et à ses métiers, principalement les marchands de guède, que l'on retrouve d'ailleurs à l'origine de la construction de la chapelle Saint-Nicolas, sur le flanc nord de la nef.

Ce phénomène, qui n'est pas nouveau, frappe à Amiens par la claire distribution à laquelle il est soumis. La partie la plus sacrée de l'édifice – chœur liturgique et sanctuaire – restait délibérément sous l'emprise de l'administration religieuse, jusque dans sa vitrerie, avec une exception pour la comtesse de Ponthieu. En revanche, les chapelles du chevet, les seules architecturalement différenciées à l'origine, et les parties hautes de la nef portaient une empreinte plus profane dans la manifestation écrite et figurée de leurs commanditaires.

L'ICONOGRAPHIE

L'iconographie restait naturellement essentiellement religieuse. Dans les parties basses du chœur, les ensembles christologiques et surtout mariologiques occupaient presque entièrement la chapelle d'axe dédiée à la Vierge. Georges Durand put encore admirer les verrières groupées dans les trois pans médians de l'abside. Dans la baie centrale figuraient la Passion du Christ et l'histoire de la Vierge après l'Incarnation, flanquée d'un arbre de Jessé. Des vestiges de ces trois ensembles ont été remontés respectivement dans les baies 18, 16 et 14 de la deuxième chapelle rayonnante au sud, dédiée à saint François d'Assise.

La baie de droite comportait en désordre des panneaux relatifs à l'histoire des apôtres, selon les Évangiles et les Actes des apôtres.

Des fragments d'une vie de la Vierge subsistent dans la première chapelle rayonnante nord. Les vestiges d'un cycle de la Genèse parmi les panneaux regroupés dans la baie de la deuxième travée du collatéral nord du chœur (baie 27) proviennent vraisemblablement de la vitrerie primitive des bas-côtés de la nef.

Partout ailleurs dans les chapelles du chœur, les vitraux anciens développent des thèmes hagiographiques qui évoquent la vie et les miracles des saints. Certains étaient les patrons des chapelles où les verrières prenaient place, comme nous le savons pour la première chapelle rayonnante sud dédiée à saint Éloi – la seule du chœur à garder en place des parties substantielles de sa vitrerie d'origine (baie 22) –, et la troisième du même côté, consacrée en 1243 à saint Jacques. Saint Augustin de Cantorbery, apôtre de l'Angleterre sous Grégoire le Grand à la fin du VIᵉ siècle, était peut-être le patron de la troisième chapelle rayonnante nord, ce qui expliquerait la présence de panneaux pouvant se rapporter à lui (baie 9, en dépôt à Champs-sur-Marne).

Les deux verrières illustrant la vie et le martyre des saints Georges et Jean-Baptiste, initialement dans la deuxième chapelle rayonnante nord, présentées actuellement dans l'avant-dernière chapelle sud de la nef (baie 40), doivent naturellement être mises en rapport avec la présence dans la cathédrale, depuis 1206, des chefs de ces deux saints, rapportés de Constantinople par un chanoine de la collégiale de Picquigny, Walon de Sarton. De même, les reliques de saint Léonard, attestées dans un inventaire du trésor en 1347, justifiaient sans doute la présence d'un vitrail en son honneur dans la première chapelle rayonnante nord (baie 21). La présence de reliques et le culte qui les entourait expliquent sans aucun doute la réalisation d'une verrière de saint Honoré dont ne subsistait plus qu'un panneau dans la troisième chapelle rayonnante nord, que complétèrent en 1854 Steinheil et Coffetier avec d'autres panneaux de la vie du saint et une verrière de saint Firmin.

Toute une verrière était consacrée à saint Gilles dans la troisième chapelle rayonnante sud (en dépôt à Champs-sur-Marne). Des débris permettent d'avancer l'hypothèse d'une baie consacrée à saint Eustache (baie 35), comme en témoigne un fragment remployé figurant un cerf dont les bois encadrent une croix, détail d'un épisode fameux de la vie du saint, qui suscita sa conversion.

Signalons la fréquence de saints anglais ou étroitement liés à l'Angleterre qui illustrent les relations privilégiées de la Picardie avec le royaume insulaire. Outre les vestiges d'un vitrail de saint Augustin de Cantorbery (baie 9, en dépôt à Champs-sur-Marne), une lancette rapporte les histoires de saint Édouard et saint Edmond, rois d'Angleterre, célébrés pour leur foi qui les fit résister au péril danois (baie 35). Il faut leur ajouter la possible figure de saint Dunstan, archevêque de Cantorbery, selon l'identification hypothétique d'un panneau de la deuxième chapelle rayonnante sud par Georges Durand, qui effectuait un intéressant rapprochement avec une chape qu'un inventaire du trésor de 1535 décrit « assez ancienne » avec sur les orfrois la représentation de saint Thomas, saint Édouard et saint Dunstan.

Il faut sans doute joindre à ces témoignages les léopards, animaux emblématiques des souverains d'Angleterre, présents dans des bordures ornementales de la première chapelle rayonnante nord, le long de scènes consacrées à la vie de la Vierge et à saint Léonard (baie 21). Nous ne reviendrons pas sur la présence jusqu'au XVIIIe siècle de la reine d'Angleterre Éléonore de Castille dans l'abside du haut vaisseau.

Le triforium du chœur conserve des vestiges importants de décor vitré, mais la prudence s'impose pour compléter cet ensemble dont les éléments subsistants ont pu être déplacés depuis le transept. Seules les figures dans le pan axial de l'abside sont à coup sûr en place puisqu'elles symbolisent les principaux patrons de la cathédrale : la Vierge dans la scène de l'Annonciation en compagnie de l'archange Gabriel, tous deux entre saint Firmin céphalophore et saint Jean-Baptiste, remplacé par une figure d'évêque au XIXe siècle. Les autres figures en pied dispersées dans le triforium du chœur représentent majoritairement des apôtres, les deux saints Jacques, saint Jean l'Évangéliste, saint Barthélemy, dont la tête fut accidentellement détruite en 1894, et saint Mathieu. Il faut leur ajouter saint Paul, deux évêques et deux rois. S'il est probable que les soixante-seize lancettes du triforium du chœur, sans parler de celles du transept où l'on en compte trente-six, étaient pourvues d'un personnage, il faut compléter les dix-neuf figures conservées pour imaginer un ensemble nombreux où aux apôtres, aux évêques et aux rois s'ajoutaient peut-être des prophètes, en une longue théorie proche de celle conservée dans le triforium du chœur de la cathédrale de Troyes, et qui, ici à Amiens, ferait écho à la statuaire des portails occidentaux.

Il est regrettable que les témoignages anciens, à commencer par celui de Du Cange, si précieux pour les identifications de commanditaires, n'aient pas porté attention aux thèmes traités dans les verrières, sauf exception, si bien que nous ignorons à peu près tout de l'iconographie des fenêtres hautes. Nous savons seulement que la Vierge était représentée dans la cinquième fenêtre nord de la nef, dans la baie axiale et dans les deux pans méridionaux de l'abside. Saint Firmin figurait dans le second pan nord. Cette symétrie partielle, peut-être fortuite, n'en rappelle pas moins les dispositions des deux patrons de la cathédrale sur les trumeaux des portails latéraux de la façade ouest. Une sainte Catherine prenait place dans le bras sud.

Peut-être ces figures se rapprochaient-elles de celles dont on trouve mention dans les chapelles latérales de la nef, notamment les saints Firmin, Marguerite et Agnès dans la dernière chapelle sud, fondée en 1292 par l'évêque Guillaume de Mâcon qui s'était fait représenter en leur compagnie. Sainte Agnès réapparaissait auprès de sainte Catherine dans la chapelle élevée à l'extrémité du bas-côté nord de la nef par Drieu Malherbe, abondamment cité dans les verrières hautes.

LE STYLE

D'un point de vue formel, il faut distinguer les verrières basses du chœur de celles des parties hautes.

Dans la tradition des grands ensembles vitrés du début du XIIIe siècle, à commencer par Chartres, la plupart des verrières basses superposent des médaillons de forme variable, semblant se détacher sur des fonds ornés de végétaux et de motifs de treillis peints à la grisaille. Parmi elles, il faut isoler les vitraux remontés arbitrairement dans le collatéral nord du chœur en 1830 par le maître verrier Touzet (baie 27). On y reconnaît dans des panneaux illustrant des scènes de la Genèse ou des évêques, comme dans la représentation de charpentiers au travail, un style proche des verrières de Chartres ou d'Auxerre, ce qui autorise une datation dans les années 1230. Il est possible qu'avec des fragments d'une vie de saint Eustache et d'une scène de la vie de saint Nicolas (baie 35), ils constituent des vestiges de la vitrerie primitive des bas-côtés de la nef, déplacée lors de la construction des chapelles latérales à partir de la fin du XIIIe siècle.

Les autres vitraux du XIIIe siècle, rassemblés dans les chapelles rayonnantes et les bas-côtés du transept, sont caractérisés par des panneaux de pleine couleur où dominent les bleus et les rouges saturés, dans un chromatisme qui évoque les vitraux de la Sainte-Chapelle ou ceux dispersés de la chapelle de la Vierge de Saint-Germain-des-Prés à Paris, deux ensembles réalisés dans les années 1240. Si les vestiges de l'histoire de saint Éloi (baie 22) témoignent encore, par le goût du détail et le raffinement de la peinture, d'une tradition remontant au début du XIIIe siècle, les verrières provenant de la chapelle d'axe (remontés dans la deuxième chapelle rayonnante sud), notamment l'arbre de Jessé (baie 14), s'imposent par l'autorité des compositions et la franchise du dessin. Les autres verrières du milieu du XIIIe siècle présentent d'autres qualités formelles qui semblent indiquer une mise en œuvre irréductible à un seul et même atelier, qu'il s'agisse des panneaux de la vie de la Vierge et de saint Léonard (baie 21), de saint Edmond et saint Édouard (baie 35), des vies de saint Jacques, saint Gilles et saint Augustin de Cantorbery (en dépôt à Champs-sur-Marne). Ceux illustrant les vies de saint Jean-Baptiste et de saint Gilles (baie 40) se distinguent par des figures dégingandées à petites têtes et des drapés suggérés, non sans une certaine mollesse, par de larges traits de grisaille.

Cette vitrerie d'Amiens composait donc un ensemble majeur, aujourd'hui décimé, de l'art du vitrail aux environs de 1240, comparable en ampleur aux cycles des chœurs des cathédrales de Beauvais ou de Troyes.

Dans les parties hautes, la raréfaction des pièces anciennes rend toute appréciation ardue. La verrière d'axe, donnée par l'évêque Bernard d'Abbeville en 1269, jouit d'une certaine notoriété, puisqu'elle fournit à la fois date et nom et qu'elle a longtemps servi de repère pour la datation de la construction de l'édifice dont elle était censée fournir un *terminus ante quem*. Rien ne justifie cependant que le doublement du sujet provienne d'un transfert depuis une autre baie d'une partie de la verrière, puisque bien des fenêtres de la cathédrale, dans la nef notamment, présentaient des armes ou des signatures répétées de donateurs. Dans la baie d'axe, le recours à un nombre restreint de cartons, retournés pour les personnages en vis-à-vis ou adossés, rend la composition parfaitement symétrique : les deux représentations de la Vierge au centre de la partie inférieure semblent se refléter, avec l'Enfant tenu tantôt sur le bras gauche, tantôt sur le bras droit. L'évêque, pareillement, se tourne à chaque fois vers le centre. Quatre anges porteurs de couronnes occupent la partie supérieure des lancettes. Les deux du centre, relativement trapus et disposés frontalement, sont flanqués de créatures plus élancées tournées de trois quarts. Leurs ailes relevées occupent avec beaucoup de grâce l'intrados trilobé du gâble à crochets qui les couronnent.

La tonalité de la verrière, où dominent les teintes claires, blanc, jaune et un bleu franc très différent du bleu profond des chapelles rayonnantes, renforce l'unité de l'ensemble. Il n'est pas impossible que le décor des fenêtres hautes du chœur ait été ailleurs disposé en litre, c'est-à-dire avec des personnages formant une bande horizontale continue entre deux zones occupées par des grisailles, ces verres blancs ornés seulement de motifs peints au trait, à l'instar du fond sur lequel s'enlève la figure de saint Paul dans le triforium.

Il n'y a pas lieu de remettre en cause la date du vitrail de la baie d'axe que l'on peut rapprocher, par exemple, des personnages des verrières hautes de l'abside de la cathédrale de Beauvais, en place pour la consécration du chœur en 1272. En revanche, la datation des figures du triforium a été récemment repoussée aux alentours de 1285-1300 en raison de critères stylistiques et de la nouvelle chronologie fournie pour la charpente du chœur (Cl. Lautier, 1998). Cette révision pose naturellement le problème de l'interaction entre vitrail et architecture. Si l'on peut envisager que les figures du triforium aient pu être mises en place quelque temps après la réalisation de ce niveau qu'il n'était pas compliqué de boucher provisoirement, il n'en va pas de même pour les fenêtres hautes. La verrière d'Éléonore de Castille a dû être donnée en 1279. Nous possédons, en outre, pour une verrière du bras sud la date de 1280 et, fait plus troublant encore, la nef, au moins dans ses parties occidentales, ne paraît pas avoir été vitrée avant la fin du XIIIe siècle, puisque Drieu Malherbe, mayeur en 1292, y joua un rôle déterminant. Cette mise en place tardive d'une vitrerie dans les fenêtres hautes de la nef, dont on s'accorde à voir le réseau achevé un demi-siècle auparavant, vers 1240, peut difficilement s'expliquer comme une réfection complète depuis que l'on sait que la charpente de cette partie de la cathédrale n'a pas été mise en place avant 1300 (Hoffsummer, 2002). Comme semble bien le confirmer la datation pareillement tardive de la charpente et de la plupart des verrières hautes, il fallut attendre l'extrême fin du XIIIe siècle, voire le début du suivant, pour l'achèvement de la cathédrale, ce que confirme par ailleurs l'étude des parties hautes des façades du transept.

LES VITRAUX DU XIVe SIÈCLE

Les vitraux les plus anciens de la rose et de la galerie du bras nord remontent au début du XIVe siècle. Dans la claire-voie inférieure, les trois lancettes de gauche sont occupées par les figures de saint Pierre, saint Paul et la Vierge. La claire-voie supérieure l'est par des personnages fragmentaires où le baron Guilhermy, vers le milieu du XIXe siècle, proposait de voir des rois, patriarches et prophètes de l'Ancien Testament. La vitrerie de la rose, purement ornementale, décline dans les champs dessinés par les pétales du remplage des compositions géométriques ou végétales stylisées où des verres blancs illuminent de leur scintillement les bleus et rouges dominants.

De la vitrerie des chapelles de la nef subsiste notamment la représentation du mayeur Drieu Malherbe près de sainte Catherine, dans la chapelle qu'il fonda en 1296 en l'honneur de sainte Agnès (baie 39). Un nouveau chromatisme dominé par les rouges et les verts ainsi que le développement du décor architectural font de ces panneaux des exemples caractéristiques de la vitrerie du XIVe siècle. Dans la troisième chapelle nord (baie 45), des éléments fragmentaires, soldats, saint Jean-Baptiste, sont remontés sous des dais d'architecture au sommet des lancettes. En face, du côté sud, la chapelle Saint-Nicolas conserve deux panneaux du XIVe siècle, illustrant deux épisodes relatifs au saint éponyme que l'on voit sacré évêque de Myre, puis évoqué dans l'épisode de sa statue menacée par un Juif (baie 42). Ces vitraux, comme l'ensemble de la chapelle, ont été offerts par les marchands de guède qui figurent sculptés à l'extérieur en compagnie du saint patron de la chapelle.

LES VITRAUX DU XVIᵉ SIÈCLE

Des destructions ont considérablement réduit la vitrerie du XVIᵉ siècle. Les roses méridionale et occidentale abritent les deux plus grands ensembles. À l'extrémité du bras sud du transept, la rose et les claires-voies ont été refaites au début du XVIᵉ siècle. Les soufflets de la rose sont occupés par des anges disposés en deux cercles concentriques. Ces figures s'apparentent au style des peintures de la clôture de Saint-Firmin, dans le chœur, et offrent un témoignage supplémentaire de la vigueur du foyer artistique amiénois à la fin du Moyen Âge. La claire-voie inférieure à seize lancettes géminées constitue une suite très restaurée d'évêques dans des encadrements d'architecture, avec un nombre important de pièces de la fin du XIIIᵉ siècle en remploi. La galerie supérieure, suivant le même rythme, compte dans les quatre arcades médianes des fragments de personnages non identifiés.

La rose ouest a été offerte par le chanoine Robert de Cocquerel au début du XVIᵉ siècle. Elle est ornée de vitraux ornementaux, à décor héraldique ornés de trois coqs d'or, sur un semis de fleurs de lys sur fond bleu ou de grotesques, qui n'est pas sans rappeler certains motifs de la flèche de la cathédrale.

Des vestiges erratiques peuvent être repérés. Dans la deuxième travée du bas-côté extérieur nord (baie 25), le tympan de la baie est occupé par un Dieu le Père couronné portant la tiare pontificale. À l'extrémité du bas-côté oriental du bras sud du transept, des fragments décoratifs, des anges et des motifs architecturaux sont remontés (baie 30). Dans la quatrième chapelle sud de la nef (baie 42) subsistent des fragments des alentours de 1500 : des éléments d'architecture, un religieux à mi-corps et quatre têtes d'hommes.

LES VITRAUX DES XIXᵉ-XXᵉ SIÈCLES

Au XIXᵉ siècle, les réaménagements des chapelles du chœur s'accompagnèrent de la commande de nouveaux vitraux sous le contrôle de l'architecte Viollet-le-Duc. La troisième chapelle rayonnante nord, contiguë à la chapelle d'axe, abrite une verrière de sainte Theudosie (baie 11), réalisée par Alfred Gérente en 1854, dans le style du XIIIe siècle. Les donateurs Napoléon III et Eugénie sont représentés en bas, près de Pie IX et de l'évêque Mgr de Salinis, sous les soixante médaillons relatant la vie et le martyre à Rome de la sainte originaire d'Amiens, jusqu'à la découverte de son tombeau en 1842 et le retour de ses reliques à Amiens sous le Second Empire. Viollet-le-Duc compléta le décor de cette chapelle par une nouvelle verrière consacrée aux saints évêques d'Amiens, Firmin et Honoré (baie 7). Une autre baie fut dévolue au Sacré-Cœur (baie 10), vocable que prit l'ancienne chapelle Saint-Jacques à la suite d'une épidémie de choléra en 1866.

Après la Première Guerre mondiale, la chapelle d'axe et celle du Sacré-Cœur ont accueilli des vitraux de Jean Gaudin sur des cartons de Jacques Le Breton (1932-1933) en remplacement des verrières endommagées en 1920. L'iconographie primitive a été respectée (Vie et Passion du Christ, arbre de Jessé) et les tonalités à dominante bleue dans la chapelle d'axe, rouge dans l'autre, s'accordent avec le chromatisme du XIIIe siècle, mais l'exécution délibérément stylisée, usant très parcimonieusement de la grisaille, se distingue nettement des pastiches du XIXe siècle.

Récemment, il a été décidé de remonter les panneaux les moins abîmés et, le cas échéant, de les compléter pour recomposer des verrières. Le maître verrier Jeannette Weiss-Gruber a déjà procédé à cette œuvre de restauration et de création dans la chapelle Saint-François-d'Assise (deuxième chapelle rayonnante sud), où des panneaux provenant de la chapelle d'axe ont été installés. Il s'agit d'éléments d'un arbre de Jessé dans une baie où vingt-huit panneaux en partie anciens sont regroupés au bas de la verrière, la lancette de droite étant entièrement moderne. Dans la baie centrale sont intégrés, outre la bordure, cinq panneaux anciens de la vie de la Vierge. Dans la troisième baie ont été remontés des panneaux de l'Enfance et de la Passion du Christ. En atténuant les violents contrastes de luminosité avec les trois chapelles médianes saturées de la lumière vivement colorée des vitraux modernes des XIXe et XXe siècles, cette intervention, qui demande à être prolongée, vise sans doute à évoquer, sinon à rétablir la cohérence lumineuse des origines.

QUATRIÈME PARTIE

LA SCULPTURE DES PORTAILS

LES PORTAILS OCCIDENTAUX	106
Caractéristiques générales	106
Le portail central	111
Le portail de la Vierge	118
Le portail Saint-Firmin	121
Les prophètes	126
Mise en œuvre de la sculpture et questions formelles	132
LES PORTAILS DU TRANSEPT	136
Le portail Saint-Honoré du bras sud	136
Le portail Saint-Firmin du bras nord	147
Questions de style	148

À l'instar de l'architecture de la cathédrale, les portails d'Amiens manifestent l'ambition démesurée d'une entreprise qui dépasse en ampleur toute réalisation antérieure. Les trois portails de la façade ouest offrent la synthèse la plus aboutie de la sculpture de la première moitié du XIIIe siècle. S'y ajoutent les deux portails du transept, notamment le portail Saint-Honoré ou de la Vierge dorée, au bras sud, qui constitue sur bien des points une version condensée des portails occidentaux.

LES PORTAILS OCCIDENTAUX

Caractéristiques générales

Conçus au début du chantier de construction de la cathédrale, les portails occidentaux constituent le plus vaste ensemble sculpté de l'époque. L'ambition du cycle, d'une rigoureuse ordonnance, en harmonie quasi parfaite avec les grandes lignes de l'architecture, suppose au préalable une concertation extrêmement poussée entre le commanditaire, le concepteur de l'ensemble sculpté, l'architecte et les sculpteurs.

Le Jugement dernier et la perspective du salut

Avant de se plonger dans la lecture détaillée des différents éléments qui composent l'ensemble, il faut prendre la mesure des lignes de force qui en régissent le déploiement. Tout s'articule autour du Jugement dernier qui figure, au tympan du portail central, le moment crucial qui consacre l'avènement du Royaume des cieux. Ce n'est plus la vision terrible du châtiment qui prévaut, comme dans les compositions tirées de l'Apocalypse des portails romans, ni le simple tableau de la résurrection des morts et de leur séparation entre élus et damnés. Amiens, suivant en cela de près le portail central de Notre-Dame de Paris, offre une représentation didactique du Jugement dernier, élargi à l'horizon d'une théologie de la Grâce, où le fidèle doit prendre conscience du don qu'il a reçu de Dieu, de mériter la vie éternelle par la pratique des vertus qui lui permettront de vaincre les forces du mal (Boerner). D'où, ici, la représentation insistante des vertus qui prennent la forme de diverses allégories, ou les statues monumentales du Beau Dieu et des apôtres foulant les forces du mal. Le rapport direct avec Dieu est remarquablement suggéré au sommet du tympan, dans la figure du Christ-Juge dont le regard pénétrant – révélé par les récentes restaurations –, dirigé vers lui, invite impérieusement le fidèle à réfléchir sur son rapport à Dieu, qui s'est sacrifié pour lui, dans la perspective de la fin des temps.

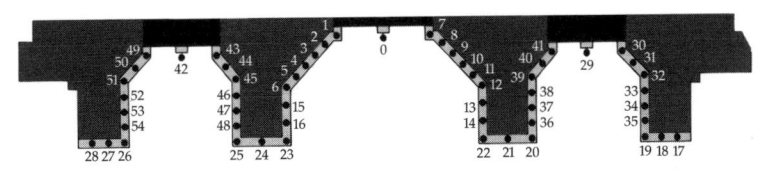

Les portails occidentaux.

Portail Saint-Firmin
42. Saint Firmin martyr
43. Saint Firmin confesseur (?)
44. Saint Domice
45. Saint évêque
46. Saint Fuscien
47. Saint Warlus
48. Saint Luxor
49. Saint Honoré (?)
50. Ange thuriféraire
51. Saint Ache
52. Saint Acheul
53. Ange
54. Sainte Ulphe

Portail central
0. Beau Dieu
1. Saint Paul
2. Saint Jacques le Majeur
3. Saint Thomas
4. Saint Mathieu
5. Saint Philippe
6. Saint Simon ou Jude
7. Saint Pierre
8. Saint André
9. Saint Jacques
10. Saint Jean
11. Saint Simon ou Jude
12. Saint Barthélemy
13. Isaïe
14. Jérémie
15. Ézéchiel
16. Daniel

Portail de la Vierge
29. Mère-Dieu
30-31. Annonciation
32-33. Visitation
34-35. Présentation au Temple
36. Reine de Saba
37. Salomon
38. Hérode
39-41. Rois mages

Petits prophètes
28. Malachie
27. Zacharie
26. Aggée
25. Sophonie
24. Habacuc
23. Nahum
22. Michée
21. Jonas
20. Abdias
19. Amos
18. Joël
17. Osée

Dans cette quête du salut, le fidèle peut compter sur l'Église : par le baptême, la confession et, après la mort, par les suffrages, elle lui permet d'obtenir la rémission de ses péchés. C'est dans ce sens qu'il faut interpréter auprès du Christ-Juge les figures de la Vierge et de saint Jean, tonsuré et vêtu comme un ecclésiastique : ils sont les intercesseurs, non pas de la dernière heure, mais de tout temps, compagnons quotidiens de la naissance jusqu'après la mort. L'exaltation d'une Église militante, puissant adjuvant du fidèle dans la recherche et l'obtention du salut, transparaît également dans les portails latéraux, de manière métaphorique au portail de la Vierge qui symbolise justement l'Église en tant qu'institution, plus prosaïquement au portail nord qui glorifie l'Église locale. Les statues de prophètes, qui veillent au-devant des contreforts, exhortent pareillement les fidèles à se tenir prêts pour le jour du Jugement.

Cette savante construction, fruit des réflexions les plus récentes des théologiens parisiens, aboutissait à une anthropologie théologique où l'homme, par la grâce de Dieu, pouvait, dans le respect des vertus, le repentir et les œuvres, gagner la vie éternelle, avec le soutien constant de l'Église. Elle s'adressait donc directement au fidèle, instruit par le clergé de la conduite à suivre. De ce point de vue, le rôle des nouveaux ordres mendiants, notamment les Franciscains et les Dominicains, animateurs d'une pastorale active, fut sans doute crucial, et ce n'est pas un hasard si saint François, reconnaissable au geste croisé de ses bras, ouvre le cortège des élus à la porte du Paradis, au tympan du portail central.

Le culte marial

Le culte de la Vierge atteint à Amiens des développements inédits. On la célèbre en insistant sur son caractère royal : elle est couronnée au trumeau et au sommet du tympan. Reine, elle commande aux forces du Mal qu'elle foule aux pieds. On insiste à la fois sur sa conception sans tache, une question soumise à débat où les ordres mendiants, à la suite de saint Bernard jouèrent, là encore, un rôle actif, et sur sa montée miraculeuse au ciel où elle triomphe. En plaçant les mages à un endroit privilégié, immédiatement à dextre, c'est le symbole de l'Église chrétienne qui est honoré, les rois représentant les gentils qui, selon les Pères, vont prendre la place des juifs auprès de Dieu. C'est dans ce contexte qu'il faut comprendre la présence d'Hérode dont le traitement à échelle monumentale, unique pour un personnage aussi négatif avant le Tentateur de Strasbourg un demi-siècle plus tard, n'est pas une invention d'artiste (Medding), mais relève d'une volonté précise du commanditaire : il est l'antithèse du Roi mage avec qui il converse, il incarne l'impiété.

Cette exaltation des gentils au détriment des juifs se retrouve dans la confrontation de l'Église et de la Synagogue, à un point crucial des portails, aux pieds du saint Michel du Pèsement des âmes. Elle explique aussi la présence de saint Paul, l'apôtre des gentils, immédiatement à la droite du Beau Dieu. Elle revient comme un leitmotiv dans les reliefs placés sous les statues de prophètes et ne dissimule plus son antisémitisme dans la représentation caricaturée d'Hérode.

Le développement de l'hagiographie locale

La confiance en soi de l'Église éclate au portail de gauche, dit de Saint-Firmin martyr, premier évêque d'Amiens. Le programme hagiographique qui s'y déploie n'est pas en soi une nouveauté. Il s'inscrit dans une tendance au développement du culte des saints qu'on observe déjà aux cathédrales de Paris (Portail du couronnement de la Vierge), Chartres (portails latéraux du bras sud du transept), Reims (portail Saint-Calixte) ou Bourges (portail Saint-Ursin). Mais nul ensemble n'apparaît autant valorisé que le portail amiénois, traité à l'instar du portail de la Vierge, son symétrique, et même privilégié puisqu'il se trouve à dextre du portail central. La fantaisie décorative accrue du portail, sensible dans les motifs qui ornent le front des contreforts qui le flanquent, mais aussi dans les deux cordons de voussoirs du porche garnis de boutons de fleurs, renchérit sur le décor du portail de la Vierge, dont elle offre un traitement plus touffu. Ce n'est sans doute pas pure invention d'artiste quand on sait l'importance accordée ici à la nature, que ce soit par l'illustration des travaux des mois, exclusivement champêtres, ou le récit de l'éclosion d'un printemps miraculeux à la découverte du corps de saint Firmin figurée au tympan. Le contraste est à nouveau saisissant avec les menaces de ruine et de mort lancés par les prophètes, qu'illustrent, à proximité, les reliefs des quadrilobes placés sous les figures des patriarches.

On pourrait s'étonner de l'absence aux portails de statue, comme de tout cycle d'importance, relatifs à saint Jean-Baptiste dont la relique de l'occiput se trouvait à la cathédrale depuis 1206. Il en va de même pour saint Martin, sans doute baptisé à Amiens, après sa conversion qui suivit la fameuse scène du partage de son manteau avec un pauvre à la porte de la ville. Mais c'est là la preuve de la dimension véritablement régionale de l'hagiographie développée aux portails, en rapport direct avec les reliques majeures des saints, conservées sur place, et qui jouaient un rôle fondamental dans l'affirmation de l'identité du diocèse et de sa population.

Une composition unitaire

L'édifice théologique que présentent les portails occidentaux d'Amiens est magnifiquement servi par le traitement de l'architecture et de la sculpture, toutes deux soumises à un idéal de beauté qui évoque la définition qu'en proposa un peu plus tard Thomas d'Aquin, fondée sur la clarté, la perfection et l'harmonie. Cette convergence spirituelle et formelle est remarquablement illustrée par les évocations récurrentes du temple de Jérusalem comme de la Jérusalem céleste qui placent la cathédrale dans une double perspective symbolique, biblique et messianique.

L'unité et la symétrie de la composition sculptée comme de la structure du frontispice servent le discours théologique. Ainsi, par exemple, les douze prophètes, postés en avant sur le front des contreforts avec les quatre grands prophètes sous le porche central, précèdent, dans l'espace et dans le temps, le Christ et les apôtres, disposés au trumeau et le long des ébrasements du portail correspondant. Cette lecture en profondeur des deux cycles des prophètes et des apôtres constitue les fondements de l'Église, dont le Christ du trumeau est la pierre angulaire (Ép II, 17-22). Il ne faut, dès lors, pas s'étonner des reprises répétées de certains thèmes des portails, dans l'office de la dédicace de la cathédrale qui incarne cette Église.

La conception « en miroir » des deux portails latéraux concerne les grandes lignes de leur élévation, mais elle permet aussi des parallèles entre les deux cycles. Au traitement similaire des deux figures de trumeau terrassant les forces du mal fait écho la correspondance entre les six prophètes qui flanquent le tabernacle coiffant la Vierge et les six évêques encadrant un édicule symbolisant l'Église d'Amiens. L'assomption et le triomphe de la Vierge donnent une extraordinaire résonance à la découverte et à la translation dans la cathédrale du corps de saint Firmin. À cette occasion, l'hommage des évêques et des fidèles des diocèses voisins ne fut-il pas mis en parallèle avec l'Adoration des mages ? Une hypothèse tentante quand on sait que l'Épiphanie et la fête de l'Invention du corps de saint Firmin étaient célébrées à une semaine d'intervalle, les 6 et 13 janvier, et que les cérémonies présentaient à une date ancienne, sans doute dès le Moyen Âge, certaines affinités troublantes, comme la présence exceptionnelle, jusque dans le chœur des chanoines, d'un bedeau déguisé en homme vert par des branchages, par allusion au reverdissement de la nature au moment de la découverte du corps du saint martyr.

L'implication du clergé dans l'élaboration des portails

La conception de l'ensemble des portails de la façade s'inscrit parfaitement dans le contexte de l'époque. La théologie de la grâce, qu'illustre le portail central, doit être replacée dans la réflexion théologique contemporaine et les conclusions du IVe concile du Latran de 1215 qui impose la confession et la communion annuelles, dans le cadre d'une meilleure prise en charge des fidèles instruits plus fermement dans la recherche du salut. L'évêque d'Amiens, Évrard de Fouilloy, présent au concile, et bien des chanoines, instruits des plus récents débats de la future université de Paris, étaient bien placés pour établir un programme figuré de soutien à cette politique pastorale.

L'insistance sur les gentils, les païens nouvellement convertis par les disciples du Christ, que préfigurent tant de personnages dans l'Ancien Testament, est une composante essentielle des portails : elle doit convaincre le fidèle de faire partie du nouveau peuple élu de Dieu, par conséquent lui donner un plus grand espoir de salut. La fondation en 1233, par l'ancien doyen du chapitre Jean d'Abbeville, d'une chapelle dédiée à saint Paul, plus précisément à sa conversion sur le chemin de Damas, est hautement significative : elle offre un élément supplémentaire à l'exaltation de l'apôtre des gentils, déjà représenté à la droite du Beau Dieu, érigé en exemple à l'attention des fidèles. La contribution directe à l'élaboration du programme des portails de ce grand théologien que fut Jean d'Abbeville n'en paraît que plus probable.

La participation du clergé apparaît de façon plus évidente dans la présence, au portail Saint-Firmin, des saints locaux qui doivent être mis en rapport avec l'exposition de leurs reliques au-dessus de l'autel majeur dans le sanctuaire. Nous avons vu ce que le culte de ces martyrs et ermites devait aux évêques, d'Évrard de Fouilloy qui présida à la fondation en 1219 de l'abbaye des cisterciennes du Paraclet sur le site de l'ermitage de sainte Ulphe représentée justement au portail, à Guillaume de Mâcon qui, soixante ans plus tard, procéda à la solennelle translation de ses reliques dans une nouvelle châsse.

Le portail central

Le portail central, qui domine nettement dans la composition triomphale de l'accès à la cathédrale, est centré sur le Jugement dernier qui figure au tympan et déborde sur les voussures. Dans la moitié inférieure, immédiatement accessibles, les personnages, scènes, allégories et paraboles incitent à méditer et préparer ce grand jour.

Le Beau Dieu du trumeau

Au trumeau, le célèbre Beau Dieu accueille le fidèle d'un geste de bénédiction en tenant le livre dans la main gauche. Il est la porte par qui sera sauvée toute personne qui la franchit (*Ego sum ostium*, Jn X, 9). Il est accompagné de différentes figures qui en soulignent la puissante signification.

Conformément au Psaume XC, judicieusement choisi lors de la consécration des églises et dans l'office de la dédicace (Durand, 1901, I, p. 316, n. 3), il foule le lion et le dragon, puissances du mal, mais domine aussi le basilic, semblable à un coq à queue de serpent, et l'aspic, monstre à tête de chien et oreilles pointues, à deux pattes et queue de serpent, enroulé sur lui-même, une oreille contre terre et se bouchant l'autre du bout de la queue (*sicut aspidis surdae et obturantis aures suas*, Ps LVII, 5). Richard de Fournival, chancelier de l'église d'Amiens au XIIIe siècle, évoqua, dans son *Bestiaire d'amour*, l'aspic, qui passe pour surveiller un arbre d'où s'écoule un précieux baume. Le Christ est présenté comme le vainqueur du démon symbolisé par ces quatre créatures.

Le cep de vigne sculpté entre l'aspic et le basilic fait directement allusion à la parabole du Christ après la Cène (Jn, XV) : « Je suis la vraie vigne. » La source de la représentation d'une rose et d'un lys sur les côtés du socle est fournie par le Cantique des cantiques : *Ego flos campi et lilium convallium* (Ct II, 1), mais aussi par l'Ecclésiastique, XXXIX, 17-19 et L, 7, 8. Pour les Pères, le lys symbolisait la pureté, et la rose, le martyre, les deux moyens de parvenir à la béatitude éternelle.

Sur la face principale du socle du trumeau figure un souverain. Plutôt que David, dont les psaumes inspirèrent bien les représentations animales au-dessus, mais dont on peut s'étonner alors qu'il ne soit pas représenté avec la lyre comme c'est le cas dans les voussures, il s'agit sans doute de Salomon, le bâtisseur du temple de Jérusalem, l'auteur présumé du Cantique des cantiques, illustré à ses côtés par le lys et la rose, figure du Christ, pour sa sagesse et son règne pacifique (Schlink). Lors de la consécration, l'évêque, en franchissant le seuil, prononçait d'ailleurs ces mots *Pax huic domui*. Si la présence de Salomon a pu ailleurs, à Strasbourg ou León, être mise en relation avec des fonctions judiciaires, en dehors de l'évocation du Jugement dernier, il faut reconnaître notre ignorance pour Amiens où la Justice ne figure même pas parmi les vertus au portail central.

Le collège apostolique des ébrasements

Sur les ébrasements prend place le collège des apôtres, six de chaque côté des portes. Ils sont les assesseurs du Christ au jour du Jugement figuré au tympan. Ces figures monumentales représentent aussi les bâtisseurs de l'édifice de la foi, ce temple fait de pierres vivantes qu'est l'Église. Le choix de l'instrument de leur martyre comme attribut et la représentation fréquente de leurs bourreaux à leurs pieds offrent l'exemple d'une foi qui alla jusqu'au sacrifice.

Ébrasement droit

Près du Beau Dieu, saint Pierre, le prince des apôtres, tonsuré, porte la croix de son martyre et les deux clés. Sur le socle figure la chute de Simon le Magicien qui avait tenté de confondre Pierre et Paul devant Néron. La bourse pendue à son cou rappelle qu'il avait offert de l'argent à Pierre pour avoir le pouvoir de donner le Saint-Esprit.

Saint André, frère de Pierre, tient une croix normale et non en X, ce qui n'est pas rare au XIIIe siècle. Sous le socle, une erreur du restaurateur Caudron a transformé en un Roi mage le tortionnaire de l'apôtre, le proconsul Aegeas qui fit crucifier André dans la ville de Patras en Achaïe.

Saint Jacques le Majeur est reconnaissable à l'aumônière ornée de coquilles qui fait allusion à son célèbre pèlerinage à Compostelle. L'épée qu'il tient dans son fourreau, le baudrier enroulé, fait allusion à sa décapitation sur ordre d'Hérode Agrippa (Ac XII, 1, 2), lequel figure sur la console.

Saint Jean, imberbe conformément à la tradition, tient un calice – moderne mais peut-être une réplique de l'attribut originel –, en rapport avec Aristodème, prêtre des idoles, qui se convertit à la vue de saint Jean buvant un poison qui ne lui fit aucun mal. Sous la console figure Domitien, l'empereur sous lequel saint Jean fut supplicié. Son attribut est peut-être un chaudron d'huile bouillante où l'apôtre fut plongé.

L'apôtre suivant est peut-être saint Simon ou saint Jude-Thaddée, qui ont été martyrisés en même temps et dont la fête tombait le même jour. La palme est moderne. Au-dessous, on trouve un des mages qui auraient excité le peuple de Samir contre les deux apôtres et les auraient fait massacrer.

Saint Barthélemy tient une hache qui est une invention de Caudron. Il faut sans doute restituer comme attribut un coutelas, conformément d'ailleurs à la représentation du saint dans la vitrerie du triforium du chœur. Le personnage sous la console, en position d'atlante, n'est pas identifiable.

Ébrasement gauche

Saint Paul, à la place d'honneur, immédiatement à la droite du Christ, est représenté de manière caractéristique, le front dégarni et pourvu d'une longue barbe. L'épée de son supplice a été refaite par Caudron, sur le modèle de celle de saint Jacques le Majeur. La console abrite Néron qui le fit décapiter.

Saint Jacques le Mineur est reconnaissable au bâton de foulon avec lequel on l'acheva après sa lapidation. Le personnage du support, assis, l'air souffrant, n'est pas identifié.

Saint Thomas, dont Caudron a transformé l'attribut en croix, tenait à l'origine une équerre, allusion à ses compétences d'architecte pour avoir été chargé par le roi des Indes, où il prêchait, de lui construire un palais. Patron des maçons, saint Thomas était aussi celui du second architecte de la cathédrale, Thomas de Cormont. Son attribut et son attitude, nettement distincte de celle des autres apôtres puisqu'il tourne ostensiblement la tête vers l'extérieur, constituent peut-être deux allusions au maître d'œuvre.

L'apôtre suivant doit figurer saint Mathieu, selon Georges Durand qui estime que la croix est une restauration abusive de ce qui devait être le javelot dont fut transpercé le saint. Cette identification est préférable à celle de saint Barthélemy proposée par Jourdain et Duval, en raison de la reliure somptueuse du livre que tient le saint et qui doit distinguer le texte de l'Évangile. Sur le support se trouve un diable velu.

Saint Philippe tient dans la main droite une pierre, allusion à sa lapidation. Les deux autres apôtres victimes du même supplice, saint Barnabé et saint Mathias, sont rarement représentés, le second s'effaçant souvent devant saint Paul. Sous la console se trouve un homme imberbe non identifié.

L'identification du dernier apôtre avec saint Simon ou saint Jude, proposée par Georges Durand, se fait par élimination. Sous la console figure un diable velu.

Les vices et les vertus du soubassement

L'important cycle du soubassement, à hauteur d'homme, et, partant, aisément déchiffrable, superpose sur chaque ébrasement deux séries de six médaillons quadrilobés abritant chacun l'allégorie féminine armée d'un écu où figure le symbole d'une vertu au-dessus d'autant de vices illustrés par l'action coupable. Cette iconographie reprend le cycle du portail central de Notre-Dame de Paris. On la retrouve au porche sud du transept de Chartres, avec les mêmes attributs et les mêmes actes.

Sur l'ébrasement droit, de l'intérieur vers l'extérieur, la Force, revêtue des attributs militaires, casque, cote et haubert, tient un écu au lion passant, la Patience un bœuf, la Douceur un agneau, la Concorde un rameau d'olivier portant une greffe, l'Obéissance un chameau. La Persévérance est une femme couronnée dont l'écu est orné d'une couronne, allusion au passage de Jean : *Esto fidelis usque ad mortem et dabo tibi coronam vitae* (Ap II, 10) ; la tête et la queue d'animal pourraient faire allusion à Paul : *Nam et qui certat in agone non coronatur, nisi legitime certaverit* (2 Tm II, 5).

Les vices correspondant à ces vertus sont illustrés par des actions, donc ils revêtent une forme plus complexe. La Peur, très restaurée, prend l'aspect d'un jeune homme qui fuit devant un lièvre (la chouette dans l'arbre indiquant qu'il s'agit d'une scène nocturne), la Colère celui d'une femme qui menace de son épée un homme d'Église. La Méchanceté prend les traits d'une femme qui donne un coup de pied à un échanson qui tombe. Avec la Discorde, un couple se bat, cruche et quenouille tombent à terre. Pour la Désobéissance, un jeune homme tient tête à un évêque. L'Apostasie est illustrée par un clerc qui se dévêt et s'éloigne d'une église.

Sur l'ébrasement gauche, de l'extérieur vers l'intérieur, l'Humilité porte une colombe sur l'écu (*et simplices sicut columbae*, Mt X, 16), la Prudence, par erreur du restaurateur, un légume au lieu du serpent (*estote prudentes sicut serpentes*, Mt X, 16), la Chasteté une palme et sur son écu un phénix, symbole d'immortalité, là où on attendrait une salamandre, la Charité une brebis qui donne son lait, sa chair et sa toison, et tend un pan de son manteau à un mendiant, allusion au célèbre épisode de la Charité de saint Martin qui eut lieu aux portes d'Amiens. L'Espérance tient un écu timbré d'une croix à double traverse pourvue d'une bannière, allusion à la Résurrection, et tend la main vers une couronne (moderne), gage de récompense future, la Foi un calice surmonté d'une croix, symbolisant la croyance au sacrement de l'Eucharistie. Ces trois dernières vertus qualifiées de théologales ont été pour la première fois définies par saint Paul (1 Co XIII, 1-4) qui est représenté justement au-dessus de la Foi.

Au-dessous figurent les allégories de l'Orgueil (un cavalier tombant de cheval), la Folie (un homme agité, qui peut-être tient une massue, marche au milieu de cailloux et porte à la bouche un objet informe, sans doute un fromage, conformément à une longue tradition) (Mâle), la Luxure (un homme embrasse une courtisane, reconnaissable à ses attributs : un sceptre et un miroir, les têtes sont modernes), l'Avarice (une femme range dans un coffre des sacs d'écus), le Désespoir (un homme se perce de son épée) et l'Idolâtrie (un jeune homme devant une idole aux traits de démon).

À cette série de bas-reliefs, il faut ajouter quatre demi-quatre-feuilles, entre les chambranles des portes et la partie oblique des ébrasements. Ils suivent le même principe que les médaillons des vices et des vertus. À gauche, l'Agneau de Dieu surmonte un dragon. À droite, des couples d'animaux illustrent des fables moralisatrices : en haut celle du coq et du renard invite à la méfiance à l'égard de propos insidieux, en bas celle du loup et de la grue (devenue chez La Fontaine une cigogne) dénonce l'ingratitude, entendons ici envers le Christ Sauveur.

Les Vierges folles et les Vierges sages des piédroits

Le long des piédroits du portail prennent place les Vierges folles et les Vierges sages de la parabole du Christ annonçant son avènement suprême et le Jugement dernier (Mt XXV, 1-13). Parmi les dix vierges qui attendent la venue de l'époux – c'est-à-dire le Christ –, seules cinq ont pris la peine de remplir d'huile leur lampe. À son arrivée, l'époux les accueille dans sa maison, dont il refuse l'accès aux cinq autres vierges, imprévoyantes, qui ne se sont pas préparées à sa venue. Ici, l'accès à la demeure de l'époux est naturellement symbolisé par l'entrée de l'Église. La glose faisait correspondre les cinq Vierges folles, figures des damnés, aux formes de la concupiscence charnelle liée aux cinq sens, et les cinq Vierges sages aux formes de la contemplation intérieure de l'âme humaine, tournée vers Dieu.

Cette parabole est complétée par celle du bon et du mauvais arbre : sous les Vierges sages se trouve un figuier vigoureux, sous les Vierges folles un arbre desséché (Mt VII, 17-22 ou Lc VI, 43-46). Ce texte était lu à la messe pendant l'octave de la fête de la dédicace de la cathédrale. Les quatre corbeaux qui soutiennent le linteau sont peuplés aux extrémités d'anges porteurs de couronnes (refaites), et au sommet du trumeau d'anges thuriféraires.

Le tympan et les voussures

Tympan et voussures forment un seul ensemble illustrant le second avènement du Christ et le Jugement dernier, une pensée qui domine dans le rite de la dédicace.

En guise de prologue, les trois sommiers extérieurs illustrent des passages de l'Apocalypse, détaillant les signes précurseurs de la fin des temps, déjà présents à Notre-Dame de Paris : la mort sur le cheval pâle (Ap VI, 8), le troisième sceau avec le cavalier tenant la balance sur le cheval noir (Ap VI, 5) et enfin le diable bandant un arc (Ap VI, 2).

Au-dessus du linteau, curieusement laissé nu, quatre registres sont superposés. Ils représentent, de bas en haut, la Résurrection des morts (Mt XXIV, 3 ; 1 Co, III ; 1 Th. ; Ap VIII-XI), la séparation des élus et des réprouvés, le Christ du Jugement dernier entre la Vierge et saint Jean au milieu d'anges et enfin, au sommet, l'apparition du Fils de l'homme.

Entre deux guirlandes de vigne, une allusion au sacrifice du Christ, les ressuscités, nus pour la plupart, à l'âge parfait de 30 ans, sortent de leurs tombes (Éz XXXVII, 12 ; Dn XII, 2…). Ils se répartissent en deux groupes, chacun composé de quatre blocs, entre deux grandes figures d'anges sonnant de la trompette. Au centre se trouve le pèsement des âmes par saint Michel, qu'on s'attendrait plutôt à trouver au registre supérieur. Aux pieds de l'archange, sous la balance dont les plateaux supportent un agneau, symbole des vertus comme don de Dieu, et une tête monstrueuse (refaite), figurent l'Église et la Synagogue, vaincue, le corps affaissé.

Le registre supérieur illustre la séparation des élus et des damnés, chacun occupant une moitié de la frise. Au centre sont adossés un ange et un démon de grande taille. Les élus habillés, saint François en tête, sont accueillis à la porte du ciel par trois anges et saint Pierre (Ps CXVII, 19, 20). Parmi les réprouvés, on reconnaît un avare à la bourse qui lui pend au cou, un roi, un prélat et un moine tonsurés, tous inexorablement poussés vers la gueule béante de l'enfer qui prend la forme du Léviathan, figure de Satan évoquée dans le livre de Job (Jb XL, 20, 21 ; XLI, 4, 5, 9, 11, 12 ; Is XXVII, 1).

Les deux scènes se poursuivent sur les sommiers des six cordons de voussure. À gauche, les élus sont conduits vers la Jérusalem céleste : au bas de la première voussure, Abraham accueille les élus en son sein, allusion à la parabole de Lazare et du mauvais riche (Lc XVI, 22), d'autres élus guidés par des anges se dirigent vers l'extrémité où se trouve la porte de la Jérusalem céleste où un ange leur tend une couronne. Le couple qui s'approche, tenant une branche de rose et une colombe, renvoie à Ap XXI, 2. L'entrée du Paradis et celle de la Jérusalem céleste sont considérées comme deux choses distinctes.

Le cortège pitoyable des damnés se prolonge dans les trois premiers voussoirs de droite, où des diables tourmentent hommes et femmes jetés dans la chaudière de l'enfer. Deux nuées d'anges à mi-corps coiffent le second registre ; ceux qui survolent les élus tiennent des couronnes (Ap II, 10), ceux qui dominent les damnés des épées flamboyantes.

Au-dessus, le Christ-Juge assis (Mt XXIV, 30 ; Ap XXI, 5), dont la récente restauration a révélé l'expression terrible du regard, montrant ses plaies en rappel de son sacrifice, de sa miséricorde comme de sa colère envers les hommes désobéissants, trône entre la Vierge et saint Jean en costume ecclésiastique, vêtu de l'aube, de la chasuble et de l'amict (*Fecit nos... sacerdotes Deo et patri suo*, Ap I, 6), et tonsuré. Deux anges, debout derrière, tiennent les instruments de la Passion, à gauche la croix et la couronne d'épines, à droite les clous et la lance (le fer est moderne). Aux extrémités, deux anges sont agenouillés. Tout en haut apparaît le Fils de l'homme (Mt XXIV, 30 ; Mc XIII, 26 ; Lc XXI, 27 ; Ap II, 7) portant les deux glaives à la bouche (Ap I, 13, 16 et XIX, 15 ; Is XLIX, 2), combinaison unique avec le Christ-Juge dans un portail. Sur les côtés, deux anges agenouillés tiennent les disques du soleil et de la lune dont l'éclat était occulté par l'apparition divine.

À l'exception des sommiers, les voussures évoquent l'Église triomphante sur huit cordons, d'une ampleur tout à fait inédite. Sur le premier cordon de voussure, douze anges se tiennent les mains jointes, un treizième à mi-corps au sommet. Sur le deuxième, les âmes des élus sont portées par quatorze anges à deux paires d'ailes.

Le troisième cordon est occupé par quatorze martyrs tenant des palmes (*Amicti stolis albis et palmae in manibus eorum*, Ap VII, 9, 14) ; un ange à mi-corps orne la clé. Au quatrième prennent place seize confesseurs, tous imberbes et nu-tête, la plupart tonsurés, avec des vêtements liturgiques. Au cinquième, les vierges et les saintes femmes, au nombre de dix-huit, sont voilées, couvertes d'amples vêtements. Elles ont pour attributs des vases (Ct I, 3, 11), livres, bouquets ou branches d'arbre. Au sixième, vingt vieillards de l'Apocalypse, autour du trône, décrits par les textes vêtus de blanc et couronnés d'or, tous tenant des cithares et des fioles d'or pleines de parfums qui sont les prières des saints (Ap IV, 4 ; V, 8 ; Is XXIV, 23).

Sous le porche, le septième cordon figure l'arbre de Jessé, c'est-à-dire la généalogie du Christ prophétisée par Isaïe, sous la forme d'une tige sortant du corps de Jessé et menant à la Vierge et au Christ, figurés au sommet. Pour la clarté de la composition, la figure de Jessé est répétée sur les deux sommiers. Au-dessus, à droite, David est reconnaissable à sa harpe (Is, XI, 1, 10).

Le huitième et dernier cordon comprend vingt-huit patriarches de l'Ancienne Loi. Le premier représenté à gauche est Moïse, mais les tables de la Loi qu'il tient sont modernes. À l'autre extrémité de la voussure se tient Aaron.

Le portail de la Vierge

Le portail de droite de la façade occidentale est consacré à la Vierge, patronne de la cathédrale, mère du Christ et figure de l'Église. Jamais développement d'une telle ampleur n'avait été donné à l'histoire de la mère de Dieu, représentée quatre fois à grande échelle, au trumeau et sur l'ébrasement de droite, et de nouveau trois fois sur le tympan.

Le trumeau

La polysémie du personnage est illustrée par la figure debout de la Vierge à l'Enfant du trumeau, la Mère-Dieu, magnifiée par un dais, sur lequel est représenté le tabernacle qui abrite l'arche d'Alliance, symbole de la Vierge portant en son sein le fils de Dieu, suivant une lecture typologique de la Bible qui fait des scènes, des personnages et de tout élément de l'Ancien Testament des préfigurations – ou types – du Nouveau Testament.

La Vierge au trumeau foule ainsi un serpent à tête de femme, car elle est la nouvelle Ève qui permit le rachat du péché originel. L'histoire d'Adam et Ève figure d'ailleurs sur le soubassement du trumeau en six scènes :
- Dieu crée l'homme à son image ;
- Dieu crée la femme pendant le sommeil d'Adam ;
- Dieu défend à Adam et Ève de manger du fruit de l'arbre qui prend la forme d'un figuier enroulé autour de la colonnette qui marque la séparation avec la scène suivante ;
- Le péché, un serpent à tête de femme, se trouve dans le pommier. Détail savoureux d'Adam ayant du mal à avaler le fruit ;
- Expulsion d'Adam et Ève du Paradis par un ange ;
- Adam et Ève au travail.

Les ébrasements

Les statues monumentales des ébrasements se rapportent toutes à la Vierge. Sur l'ébrasement de droite figurent l'archange Gabriel et la Vierge de l'Annonciation, la Visitation de la Vierge à sa cousine Élisabeth et la Présentation au Temple, la Vierge tendant son fils au vieillard Siméon. Sur l'ébrasement de gauche se suivent, de l'extérieur vers l'intérieur, la reine de Saba en qui l'on voit une figure de la Vierge tout comme à côté Salomon, enfin Hérode lié à l'arrivée des trois Rois mages venus adorer l'Enfant.

Ces grandes statues sont complétées par les reliefs des quadrilobes qu'elles surmontent, permettant ainsi d'expliciter la virginité de Marie, la nativité du Baptiste et des épisodes de l'Enfance du Christ, depuis la fuite en Égypte jusqu'à l'Épiphanie.

Sous l'Annonciation, à l'extrémité intérieure de l'ébrasement droit, figurent quatre épisodes de l'Ancien Testament considérés comme les figures de la maternité virginale de Marie. En haut à gauche est représentée la pierre détachée de la montagne, un passage du songe de Nabuchodonosor à qui le prophète Daniel (Dn II) expliqua qu'elle s'était détachée sans l'intervention de personne, pour renverser une grande statue aux pieds d'argile, et devenir ensuite une grande montagne qui remplit la terre. Au-dessous, le buisson ardent que Moïse aperçoit sur le mont Sinaï brûle sans se consumer (Ex III). La toison de Gédéon (Jg VI) fait allusion à la façon dont Dieu se manifesta pour convaincre Gédéon, fils de Joas, de libérer Israël des Madianites qui ravageaient le pays : en faisant pleuvoir seulement sur une toison étendue sur le sol, les abords restant secs. La rosée dans la toison symbolise le Christ dans la Vierge. Gédéon esquisse un geste d'étonnement en voyant la rosée tomber d'un nuage sur la toison. Le dernier quadrilobe en bas à gauche est centré sur la verge d'Aaron (Nb., XVII) qui avait été mise dans le tabernacle devant l'arche, parmi autant de verges qu'il y avait de tribus d'Israël, et fut la seule le lendemain à avoir germé, les boutons étant devenus fleurs, les feuilles des amandes ou des noix. La verge fut alors remise dans le tabernacle par Moïse, elle est la figure de la Vierge dont le Christ est la fleur.

L'histoire de la nativité de saint Jean-Baptiste (Lc, I), fils d'Élisabeth, est illustrée logiquement sous la Visitation. En haut à gauche, son père Zacharie reçoit l'annonce de la naissance de Jean. À côté, Zacharie, rendu muet pour son incrédulité, s'approche de deux personnages. En bas à gauche figure la nativité de Jean-Baptiste ; sainte Élisabeth est alitée. À droite, Zacharie écrit sur les tablettes le nom de Jean. Un valet s'approche, portant dans les bras le petit saint Jean emmailloté.

La présentation au Temple offre l'occasion d'évoquer sur le soubassement, dans le même ordre que précédemment, la fuite en Égypte (Mt II, 13-15), la chute des idoles au passage de la Sainte Famille (Is XIX, 1), Jésus parmi les docteurs (Lc, II, 41-50) et Jésus ramené à Nazareth par la Vierge et Joseph (Lc, II, 51).

Sous les Mages et Hérode sont illustrés des épisodes de l'histoire de ces rois (Mt, II). Dans la rangée supérieure, les trois médaillons les plus proches du portail représentent les Mages devant Hérode, la ville de Jérusalem – troublée, comme Hérode, par la nouvelle – et enfin l'étoile de Balaam (« une étoile sortira de Jacob », Nb XXIV, 17). Le médaillon précédent est consacré au Massacre des Innocents. La rangée inférieure fait se succéder, en partant du portail, le réveil des Mages (la tête de l'ange est moderne), les Mages prenant la fuite dans un bateau des habitants de Tarsis, l'incendie des navires de Tarsis qu'ordonne Hérode, représenté dans le dernier médaillon.

Les quatre suivants se rapportent à la réception de la reine de Saba par Salomon. En haut à gauche, Salomon est assis à une table de banquet. En bas à droite, on le retrouve en prière devant le Temple qu'il a comblé de bienfaits et de sacrifices. Dans le médaillon voisin, Salomon montre à la reine de Saba sa magnificence, illustrée par les deux scènes précédentes. Le médaillon supérieur droit évoque le trône de Salomon porté par des lions au sommet de six degrés.

Le tympan

Le tympan comprend trois registres. Six personnages de l'Ancien Testament, en ronde-bosse, figurent sur le registre inférieur, trois de chaque côté de l'arche, Moïse à gauche, Aaron en grand prêtre à droite, quatre autres prophètes qui ont dû prédire la maternité virginale de Marie, la tête coiffée du schimla, les accompagnent. La composition est entièrement reprise du portail du Couronnement de la Vierge de Notre-Dame de Paris, mais l'iconographie en partie seulement, puisque, à Paris, l'arche est flanquée de trois rois et de trois prophètes parmi lesquels on serait bien en peine de reconnaître Moïse ou Aaron.

Au-dessus figurent les deux scènes de l'ensevelissement de la Vierge à laquelle assiste le Christ au milieu des apôtres, et de l'Assomption, deux anges sortant le corps de Marie du tombeau pour l'emporter au ciel. Souligné par des nuées, le Couronnement de la Vierge culmine au sommet du tympan, le Christ trônant se tourne vers sa mère entre deux anges debout, alors qu'au-dessus trois petits angelots couronnent la Vierge.

Cette scène est magnifiée par la première voussure peuplée d'anges alternativement céroféraires et thuriféraires. Les deux autres voussures historiées accueillent un arbre de Jessé, douze rois dans la voussure médiane, et quatorze personnages – des ancêtres de la Vierge qui n'ont pas été rois – dans la voussure extérieure. Ce thème, rappelons-le, est également abordé dans les voussures du porche du portail central. Il est plus tard magnifiquement illustré dans la monumentale galerie des rois sous la rose, où il est plus probable de voir les ancêtres du Christ, comme c'était le cas à Chartres et Paris, plutôt que les rois de France, même si rapidement, dès la fin du Moyen Âge, la confusion a pu être faite entre les deux lignées, le prestige de la première rejaillissant sur la seconde.

Le portail Saint-Firmin

Presque parfaitement symétrique au portail de la Mère-Dieu, le portail de droite de la façade occidentale est consacré à saint Firmin martyr, premier évêque d'Amiens selon la légende, et deuxième patron de la cathédrale, figure tutélaire du diocèse également. Il accueille un programme exclusivement hagiographique, plus particulièrement centré sur les saints du diocèse.

Le trumeau

Magnifié par un dais très élevé, saint Firmin se dresse au trumeau, vêtu de tous les insignes de sa dignité, les pontificalia : sandales, aube, étole et manipule, dalmatique, chasuble avec orfroi en Y, amict paré d'un collet orfévré, gants, mitre, crosse. De l'extrémité de cette crosse, dont la volute est moderne, il presse un personnage, sans doute le prêtre des païens, Auxilius, qui le dénonça au tribunal de Longulus et de Sebastianus.

Le soubassement du trumeau est orné de six scènes qui se lisent apparemment dans le même sens qu'au portail de la Vierge, c'est-à-dire de haut en bas et de droite à gauche.

– Dans la première, inexpliquée, l'évêque semble intervenir pour sauver un cavalier aux prises avec un démon, à la sortie d'une ville.

– Suit la décollation de saint Firmin dont le bourreau affiche sa cruauté.

– Un évêque donne des ordres à un clerc – peut-être s'agit-il de saint Sauve faisant appeler les fidèles à la prière pour obtenir la révélation du lieu où repose le corps de saint Firmin.

– Invention du corps de saint Firmin par saint Sauve et un assistant, tous deux avec une bêche. Derrière eux se tient une femme. La représentation du soleil fait allusion au réchauffement qui se produisit lors de la découverte bien qu'on fût alors en hiver.

– Le relief très usé représentait peut-être saint Sauve faisant construire une église dans Amiens pour y recevoir les restes du martyr.

– Deux évêques portent la châsse sous laquelle se tiennent deux personnes. Il s'agit peut-être de la translation du corps de saint Firmin de Saint-Acheul à Amiens, les infirmes se plaçant sous la châsse dans l'espoir d'être guéris.

Le tympan et les voussures

Le tympan est subdivisé en trois parties superposées. Dans le registre inférieur trônent six évêques *in pontificalibus*, sculptés en ronde-bosse. Leur identification est problématique, comme celle des autres figures d'évêques, deux à la base de la première voussure, sans parler des trois évêques sur les ébrasements du même portail, qui, ajoutés à saint Firmin martyr, portent le nombre de prélats à douze, un nombre qui, ce n'est sans doute pas un hasard, correspond à celui des apôtres du portail voisin.

Il ne peut s'agir des évêques d'Amiens canonisés, qui furent sept, ni des suffragants de la province de Reims, qui étaient onze. Peut-être s'agit-il, comme Georges Durand en avançait prudemment l'hypothèse, des évêques qui auraient pu assister à la pose de la première pierre de la cathédrale ou des évêques donateurs.

On a pu, en outre, voir dans les gestes et les attributs des six évêques du premier registre du tympan le symbole de la triple action de l'évêque (Katzenellenbogen) : prêtre (l'évêque qui bénit de la main droite), enseignant (deux évêques montrent du doigt le livre qu'ils tiennent) et administrateur (un évêque tient son bâton pastoral, deux autres montrent leur crosse). Il est en tout cas frappant de voir ces six évêques mis en parallèle étroit avec les patriarches et grands prêtres du portail de la Mère-Dieu. Il y a là, à n'en pas douter, une glorification de la fonction épiscopale, magnifiquement illustrée par les prélats amiénois. Le dais qui coiffe saint Firmin du trumeau pourrait, sur ce point, symboliser par son architecture l'église diocésaine.

La partie médiane du tympan détaille l'invention du corps de saint Firmin. Cinq blocs sculptés sont adossés au fond appareillé. Le bloc central montre le corps de saint Firmin découvert par saint Sauve. Une torsade symbolise le rayon lumineux qui aurait désigné l'emplacement de la sépulture. De part et d'autre, deux groupes de personnages sortent de villes qui prennent la forme spectaculaire d'un empilement de constructions étagées : ce sont les habitants des quatre villes de Thérouanne, Cambrai, Noyon et Beauvais qui accoururent vénérer les restes de l'apôtre d'Amiens, alertés par une odeur suave qui se répandait au loin dans les campagnes. Au-dessus du troisième groupe, la croix processionnelle a été refaite.

Le registre sommital représente la translation à Amiens de la dépouille de saint Firmin. De droite à gauche se succèdent quatre blocs :

– La ville d'Amiens dont les habitants attendent avec respect l'arrivée des reliques ;

– Les enfants de chœur portant le livre, l'encens et les chandeliers, et trois clercs en dalmatique, l'un tenant un livre richement relié, le deuxième un bras reliquaire, le troisième un livre fermé (attribut moderne). À l'arrière-plan, de nombreuses têtes traduisent la présence d'une foule compacte ;

– La châsse posée sur un brancard est portée par deux évêques. Deux couples de clercs, sans doute des chanoines, soulagent la châsse par-dessous ;

– Un personnage avec un chapeau de feuillage, près d'un rosier en fleur, porte un bâton auquel pend son vêtement. C'est une allusion à la soudaine chaleur qui toucha la région lors de l'invention du corps de saint Firmin, fêtée le 13 janvier.

Au sommet du tympan, quatre anges, deux agitant des encensoirs, deux portant des navettes, encadrent la main de Dieu.

À part deux figures d'évêques déjà mentionnées, les trois voussures sculptées sont entièrement peuplées d'anges debout, porteurs de couronnes dans la première, de chandeliers, de bénitiers et de livres dans la deuxième, et balançant des encensoirs à longues chaînes dans la troisième. Ils exaltent la cérémonie de l'invention et de la translation du corps de saint Firmin représentée au tympan.

Les statues d'ébrasements

Sur les ébrasements du portail sont adossées douze grandes statues-colonnes posées sur des consoles qui abritent quasiment toutes des personnages aux poses acrobatiques, sinon grotesques, certains restaurés, dont l'identité précise nous échappe.

Sur l'ébrasement de droite se suivent, de l'intérieur vers l'extérieur, un évêque *in pontificalibus* (volute de la crosse et doigts de la main gauche refaits), un diacre, un autre évêque, un personnage barbu, vêtu de la cotte, d'un surcot et d'un manteau, tenant une épée dont le baudrier s'enroule autour du fourreau, un personnage barbu relevant son manteau retenu par une cordelière et tenant un phylactère, enfin un personnage barbu vêtu d'un manteau fixé par un fermail, qui montre du doigt le phylactère qu'il tient.

L'ébrasement de gauche aligne en face, dans le même sens, un évêque, dont le calice est moderne, un ange vêtu d'un manteau, un personnage vêtu à l'antique tenant sa tête dans ses mains ensanglantées, un personnage à barbe lisse tenant sa tête un peu plus bas que le précédent, un ange vêtu de deux tuniques et de la dalmatique, une femme voilée, dont la main droite est refaite.

L'identification, proposée par Georges Durand, de ces personnages avec les saints locaux, dont la cathédrale possédait les reliques majeures, conservées dans des châsses d'orfèvrerie au-dessus du maître-autel, est tout à fait convaincante. Cette hypothèse, qui lie étroitement statues et reliques de la cathédrale, est renforcée par la représentation, dans la scène de la translation du tympan, du bras reliquaire de saint Firmin qui était conservé dans le trésor et que l'évêque utilisait pour la bénédiction des fidèles le jour de la fête du saint martyr.

En rapport avec les dix corps saints abrités de longue date dans des châsses près du maître-autel, on peut donc reconnaître au portail, de part et d'autre de saint Firmin martyr représenté au trumeau, saint Firmin le Confesseur et saint Honoré, deux des trois évêques des ébrasements. Saint Fuscien serait représenté avec une épée, allusion à sa décollation. Les saints martyrs Ache et Acheul seraient les deux céphalophores de l'ébrasement gauche, les saints confesseurs Warlus et Luxor à l'extrémité de l'ébrasement de droite, saint Domice, diacre chanoine d'Amiens, le seul diacre du portail, et la sainte représenterait Ulphe, une ermite du VIIIe siècle. Le troisième évêque pourrait être saint Sauve, l'inventeur des reliques de saint Firmin. Son corps – conservé un moment à la cathédrale – fut transféré ultérieurement à Montreuil-sur-Mer. Les deux emplacements qui restaient vacants dans le portail furent occupés par des anges.

Le zodiaque et le calendrier du soubassement

Les vingt-quatre quatre-feuilles du soubassement disposés en deux registres représentent en haut le zodiaque, en bas l'illustration du calendrier des mois de l'année. Le calendrier commence à l'extrémité intérieure de l'ébrasement de droite par le mois de décembre, sans doute pour une meilleure correspondance avec l'année liturgique – le propre du temps commençait en effet le premier dimanche de l'Avent, le propre des saints à la Saint-André, le 30 novembre.

Sous le signe du Capricorne, qui prend la forme monstrueuse d'un animal à tête et pattes avant d'un bouc et queue de poisson, correspond, pour le mois de décembre, l'abattage de trois cochons par un homme. Le Verseau, un homme torse nu versant l'eau d'un vase à long col, surmonte une scène de banquet où Janus aux deux visages, l'un barbu, l'autre imberbe, est nourri par deux serviteurs. Les Poissons, un brochet et une carpe, tête-bêche, les bouches réunies par un fil, sont représentés au-dessus d'un homme emmitouflé dans de chauds vêtements près d'un bon feu où il fait griller un poisson, allusion au temps du carême. Le Bélier, pour le mois de mars, correspond à la culture de la vigne. Le Taureau est accompagné d'un jeune homme élégamment vêtu, nourrissant un oiseau posé sur son poignet gauche. Les Gémeaux forment un jeune couple d'amoureux se tenant tendrement par la main, les yeux dans les yeux. Au-dessous, un homme barbu, tenant une branche de rosier fleurie, est assis entre un rosier en fleur et un poirier.

La course du zodiaque reprend à l'extrémité de l'ébrasement de gauche, sous la statue de sainte Ulphe, avec le signe du Cancer, représenté, comme il est habituel, par un crabe. Le mois de juin est illustré par un homme fauchant le foin. Le Lion correspond à la moisson. Le signe de la Vierge prend les traits d'une jeune femme voilée, vêtue d'un ample manteau et tenant un bouquet. Elle surmonte un paysan battant le grain au mois d'août. La Balance est illustrée par un personnage féminin tenant en évidence l'instrument de mesure. Au-dessous, un homme imberbe gaule un pommier. Le Scorpion, monstre hybride, est placé au-dessus du foulage du raisin pour le mois d'octobre. Enfin le Sagittaire, une sorte de satyre bandant un arc, surmonte la représentation d'un homme en train de semer le grain.

L'iconographie du zodiaque et des mois, relativement répandue dans la sculpture des portails gothiques, comme l'attestent les portails de Saint-Denis, de Paris ou de Chartres, privilégie à Amiens les scènes rustiques illustrant le travail de la terre, des semailles aux récoltes. Il offre ainsi un écho à la scène d'Adam et Ève au travail, sur le socle du trumeau de la Vierge du portail de la Mère-Dieu, sans doute pour mieux évoquer la faculté de rachat qu'offre le labeur accompli tout au long de l'année. Le regard plein d'attention qui est porté sur ces activités, représentées avec beaucoup de finesse et de charme, révèle en tout cas une vision sereine de l'activité humaine.

Le rapprochement, dans un même portail, des saints du diocèse avec les signes du zodiaque et les mois devait souligner l'importance de la liturgie sur le calendrier. La fête, célébrée au tympan, de la translation de saint Firmin le 13 janvier rappelait le miraculeux réchauffement de la nature et la floraison qui l'accompagna, alors que la durée des jours commençait seulement à augmenter. D'autres fêtes ponctuaient le rythme des années. On trouvait un témoignage supplémentaire de l'unité iconographique du portail et de ses rapports étroits avec les reliques de la cathédrale dans le chef-reliquaire en argent de saint Domice, malheureusement non daté et disparu, dont la base était ornée, selon l'historien Pagès, de la représentation des travaux des mois et des signes du zodiaque.

Les prophètes

Si la triple thématique eschatologique, mariale et hagiographique des portails n'est pas entièrement nouvelle, en revanche, le choix des petits prophètes alignés en un gigantesque préambule sur le front des contreforts, complétés par les quatre grands prophètes sous le porche central, paraît sans précédent et ne connaîtra de postérité qu'au portail voisin du bras sud du transept. L'iconographie de la vitrerie du haut chœur de la cathédrale de Bourges, opposant les prophètes aux apôtres et aux évangélistes, peut être mise en parallèle, mais elle n'offre pas la même richesse d'interprétation qu'Amiens, en raison d'une représentation plus concise, limitée aux seules grandes figures.

L'extension sous les prophètes d'Amiens du principe d'illustration par des médaillons permettait d'élargir considérablement le potentiel iconographique. Alors que la représentation plus classique des prophètes avec des phylactères confinait l'iconographie à la citation littérale de passages bibliques, la représentation de scènes, éventuellement distinctes de la figure du prophète, permettait d'aborder des actions aussi bien que des visions, et ce de façon particulièrement accessible au fidèle, à défaut de posséder les qualités visionnaires de l'Écriture.

Les quatre grands prophètes

Au-devant du collège apostolique, sous le porche qui précède le portail central, se dressent les quatre grands prophètes, Isaïe et Jérémie au sud, Ézéchiel et Daniel au nord, dont les prophéties sont explicitées dans les médaillons inférieurs. Selon Katzenellenbogen, c'est le sens des médaillons qui justifie l'emplacement privilégié – plus près du Christ – d'Isaïe et d'Ézéchiel, dont les prophéties illustrées établissent un lien entre l'Ancienne Loi et le temps de la Grâce, les prophéties de Daniel et de Jérémie concernant davantage le péché et le châtiment.

Isaïe tient une banderole à demi déroulée sur laquelle il pointe l'index droit et l'extrémité d'un objet dont Caudron a fait une palme mais qui pourrait avoir été une scie. Le quatre-feuilles supérieur représente le Trône du Seigneur (Is VI, 1-3) : Dieu entre deux séraphins est flanqué à droite d'un clocheton, sans doute le Temple, à gauche d'Isaïe, coiffé du schimla. Au-dessous figure la Purification d'Isaïe (Is VI, 5-7) : un séraphin touche la bouche du prophète avec un caillou brûlant pris sur l'autel avec une pince. Suivant saint Jérôme, les pierres brûlantes sur l'autel effacent les péchés, les deux branches de la pince sont les deux Testaments, le caillou, le Saint-Esprit. Les paroles du prophète sont encore illustrées par l'arbre de Jessé qui occupe la voussure au-dessus, et qui double celui du portail voisin de la Mère-Dieu.

Jérémie, aux longs cheveux raides, est le prophète de la ruine et de la désolation de Jérusalem. Il a pour attribut une croix : « La croix brillera au second avènement du Christ. » Jérémie lui-même figure le Christ souffrant – ses lamentations étaient d'ailleurs lues durant la Semaine sainte. Sur la console se tient un homme à la mine réjouie. Dans le quadrilobe supérieur est évoqué l'épisode où Jérémie enterre, à la demande de Dieu, la ceinture de lin qu'il portait à la taille (Jr XIII, 8-9). On le voit bêcher le sol au bord de l'Euphrate, qui le sépare de Dieu sur le médaillon. La ceinture qu'on retrouvera pourrie fait allusion au peuple d'Israël qui a désobéi à Dieu. Le quatre-feuilles inférieur illustre la rencontre de Jérémie et d'Hananya le faux prophète qui retire du cou de Jérémie les chaînes que le Seigneur lui avait demandé de porter, afin d'annoncer la soumission de tous à Nabuchodonosor, faisant croire ainsi – à tort – que la domination du roi de Babylone allait prendre fin et les Hébreux retourner en Israël (Jr XXVII à XXIX). Cette scène pourrait symboliser le règne du démon qui doit précéder la seconde venue du Christ (G. Durand).

En face d'Isaïe, à l'extrémité du collège apostolique, Ézéchiel, de petite taille, coiffé du schimla, tient un rotulus fermé. Sous lui, une figure d'ivrogne semble tenir avec attendrissement un pot et une écuelle. Le médaillon supérieur illustre la vision des roues (Éz I, 15-18), qui symbolisent le cours du soleil et des astres dans lequel se déroulent toutes les choses du ciel et de la terre. La roue dans la roue est l'union des deux Testaments. Au-dessous, le Seigneur se tient, tel un architecte, debout près de son Temple, tenant un cordeau et une canne (Éz XL, 2, 3) qui symbolise le don de prophétie.

La figure de Daniel est longue et maigre – la tête moderne est de Caudron. Un homme est accroupi sur le support. Dans le quadrilobe supérieur, Daniel est représenté dans la fosse aux lions (Dn VI et XIV), une grotte rocheuse où il est assis entre deux couples de fauves logés dans les lobes latéraux. Daniel est le type du Christ victorieux de l'Enfer. Au-dessous est représenté le festin de Balthazar (Dn V, 17-28) où Daniel, enfant, explique au roi les signes qu'une main, issue de nuées, trace sur une maison aux fenêtres géminées : le mauvais roi, figure de l'Antéchrist, est condamné à mourir pour avoir fait un mauvais usage de son pouvoir spirituel. L'apparition de cette main terrifia les convives enivrés, de même que le jour du Jugement dernier surprendra les contempteurs de Dieu dans leur sécurité.

Les douze petits prophètes

Sur le front des quatre contreforts qui séparent les portails sont adossées les statues-colonnes des douze petits prophètes dont la succession, conforme au texte de la Bible, se lit du sud vers le nord. On compte donc trois statues par contrefort. À la statue médiane et à celles placées aux deux extrémités de la façade correspondent deux médaillons superposés, aux autres statues disposées sur l'angle des culées, quatre médaillons, deux de chaque côté de l'arête, tous illustrant des prophéties en rapport avec ces personnages. L'identité des prophètes, autrefois sans doute peinte sur les phylactères que la plupart tiennent, reste heureusement explicite grâce aux médaillons placés au-dessous qui se rapportent à leurs actions, leurs visions ou prophéties, et forment autant

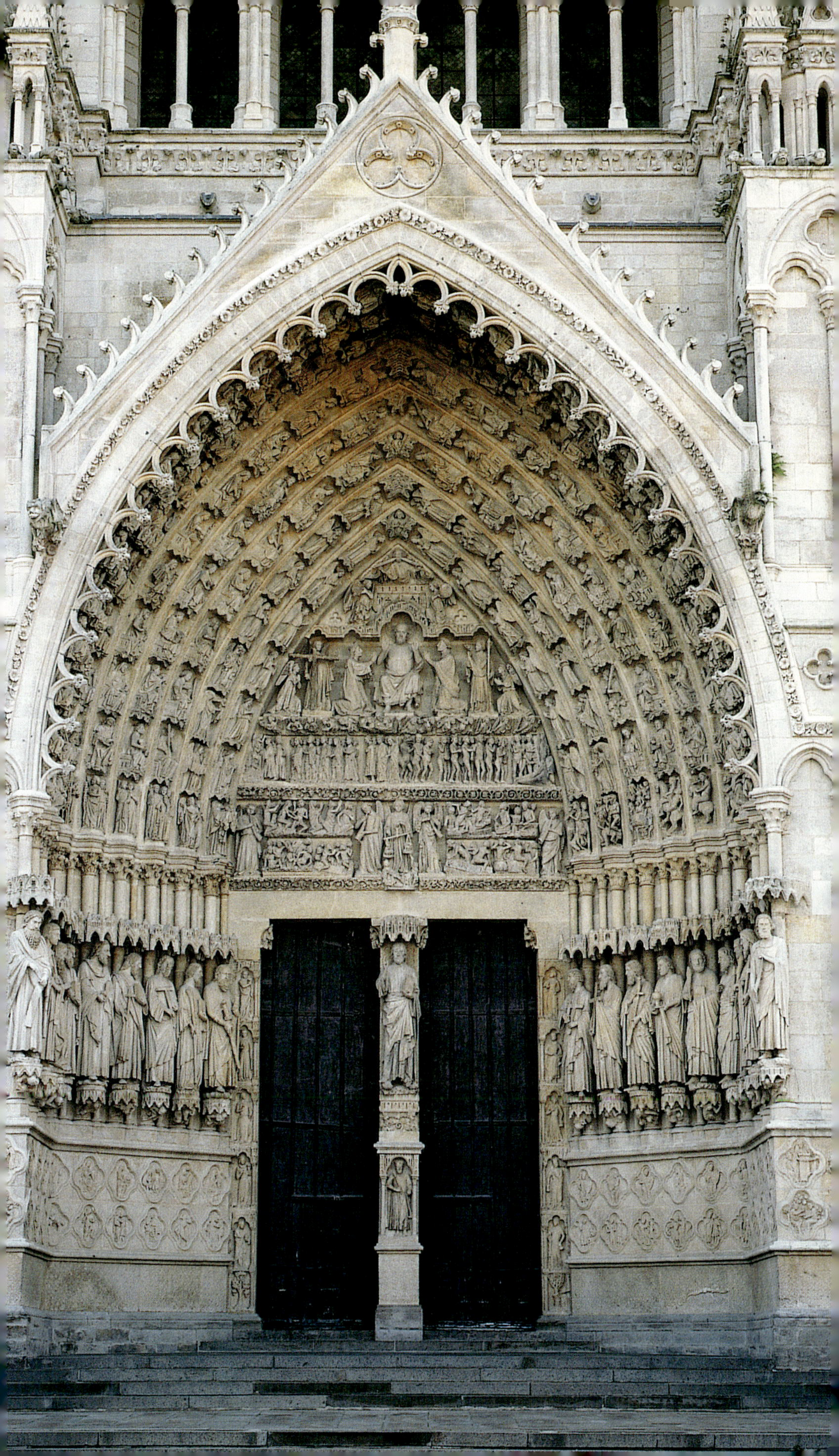

44 Le Beau Dieu au
    trumeau du portail
    central.

41 **Page précédente:**
    Le portail central
    de la façade
    occidentale.

42 Le roi Salomon
    au bas du trumeau
    du portail central.

43 Une vierge folle
    au piédroit de droite
    du portail central.

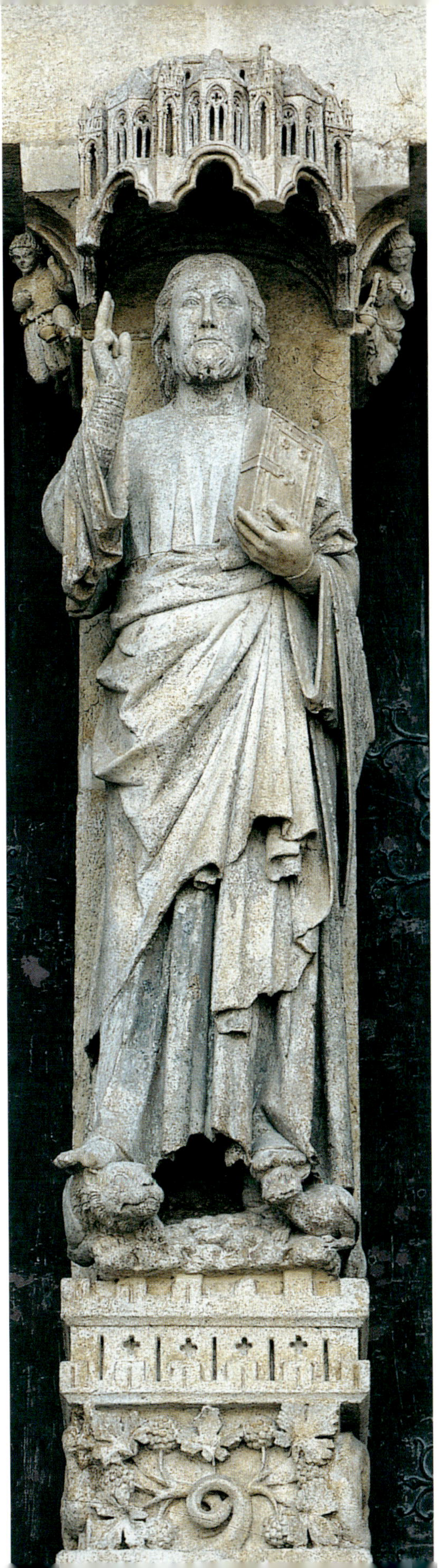

45 Le tympan du portail central : le Jugement dernier.

46 Détail du Jugement dernier : les damnés poussés vers l'Enfer.

47 Détail du Jugement dernier : les élus guidés vers le Paradis, saint François en tête.

48 Détail des voussures du portail central : deux anges et Abraham portant les élus en son sein.

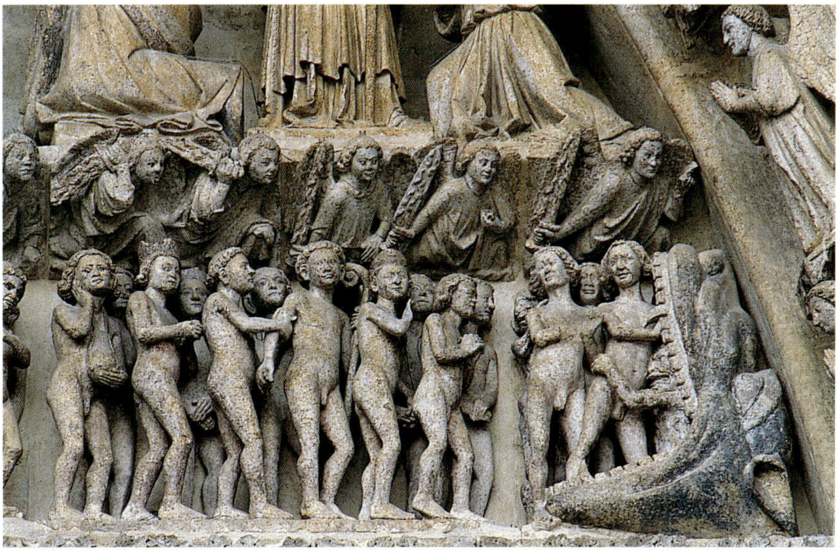

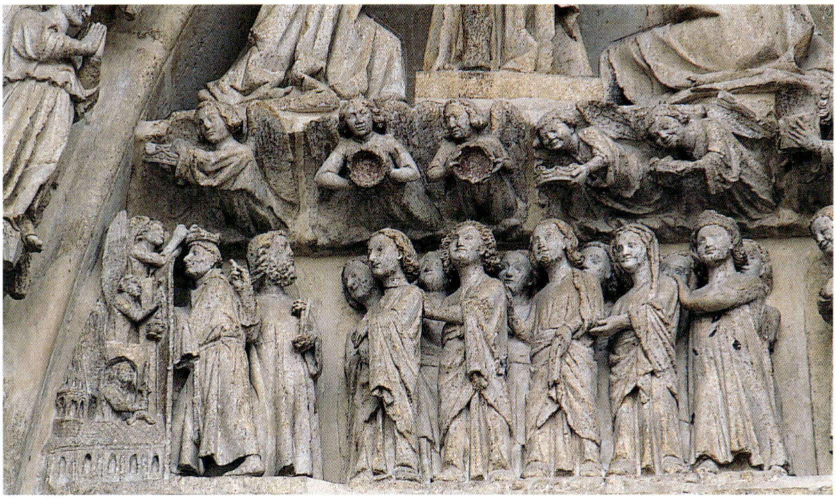

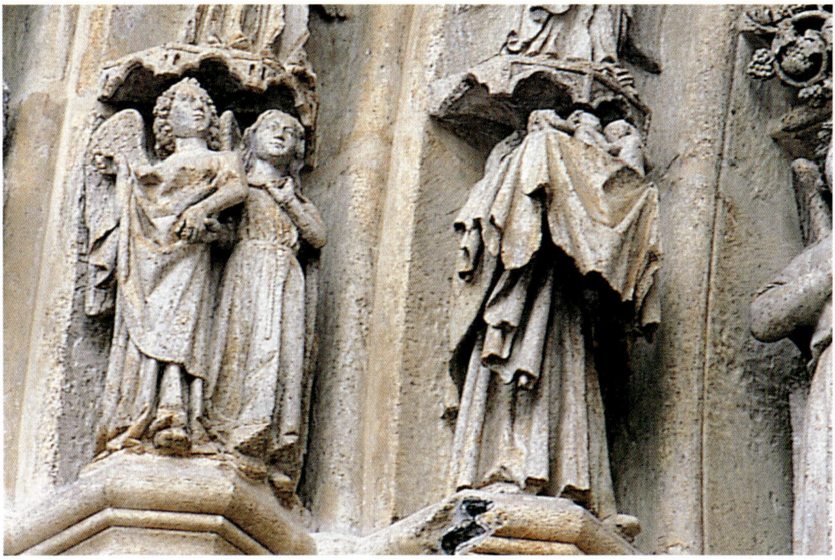

49 Détail du tympan du portail central : le Fils de l'homme portant les deux glaives à la bouche.

50 Détail du tympan du portail central : le Christ-Juge entre la Vierge, saint Jean et quatre anges.

51 Détail des voussures
du portail central.
L'un des cavaliers
de l'Apocalypse :
la mort
sur le cheval pâle.

52 Détail des voussures du portail central: l'ange à la porte du Paradis.

53 Ébrasement droit du portail central. De gauche à droite: six apôtres, les prophètes Isaïe, Jérémie et Michée.

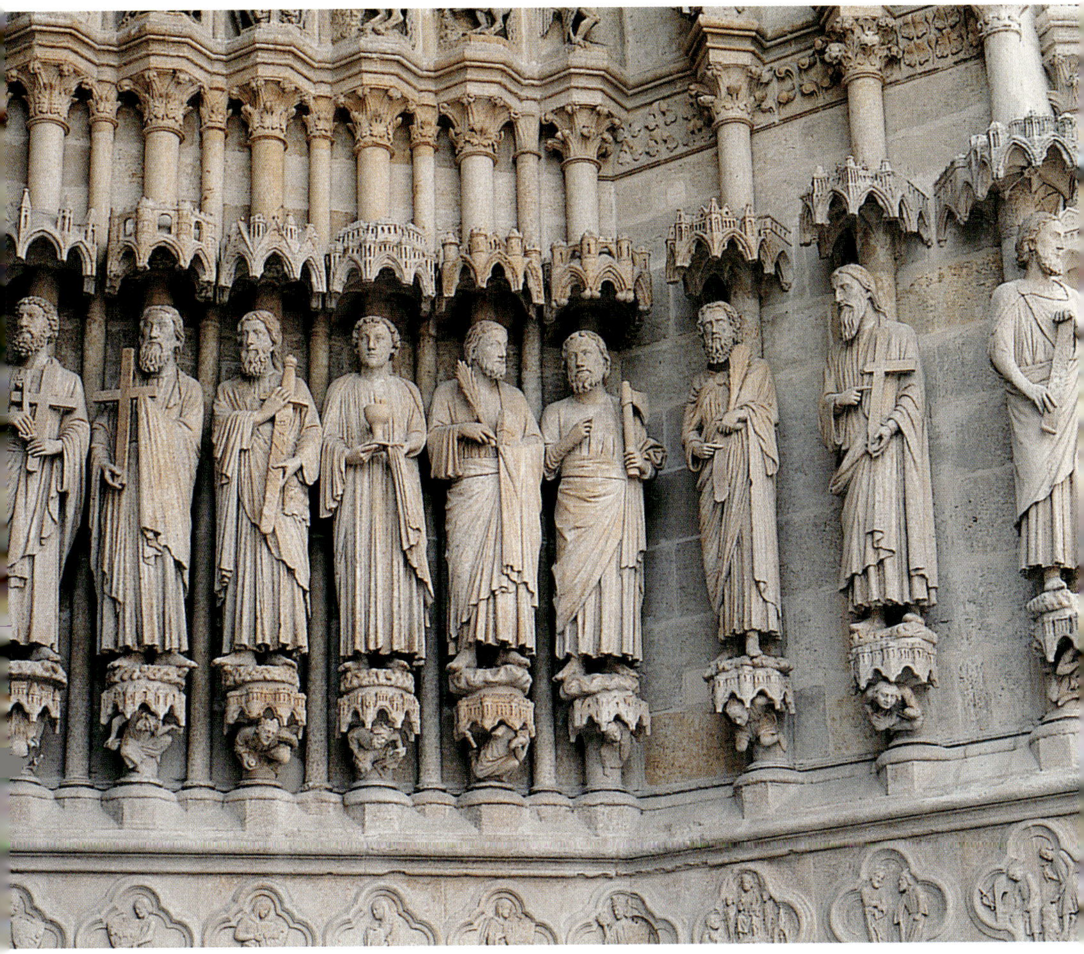

54 Détail des voussures du portail central: un martyr.

55 Détail des voussures du portail central: un ange portant une âme d'élu.

56 Détail de l'arbre de Jessé qui occupe la voussure intérieure du porche du portail central. Du patriarche endormi sort une branche où prend place sa descendance, notamment David reconnaissable à sa lyre.

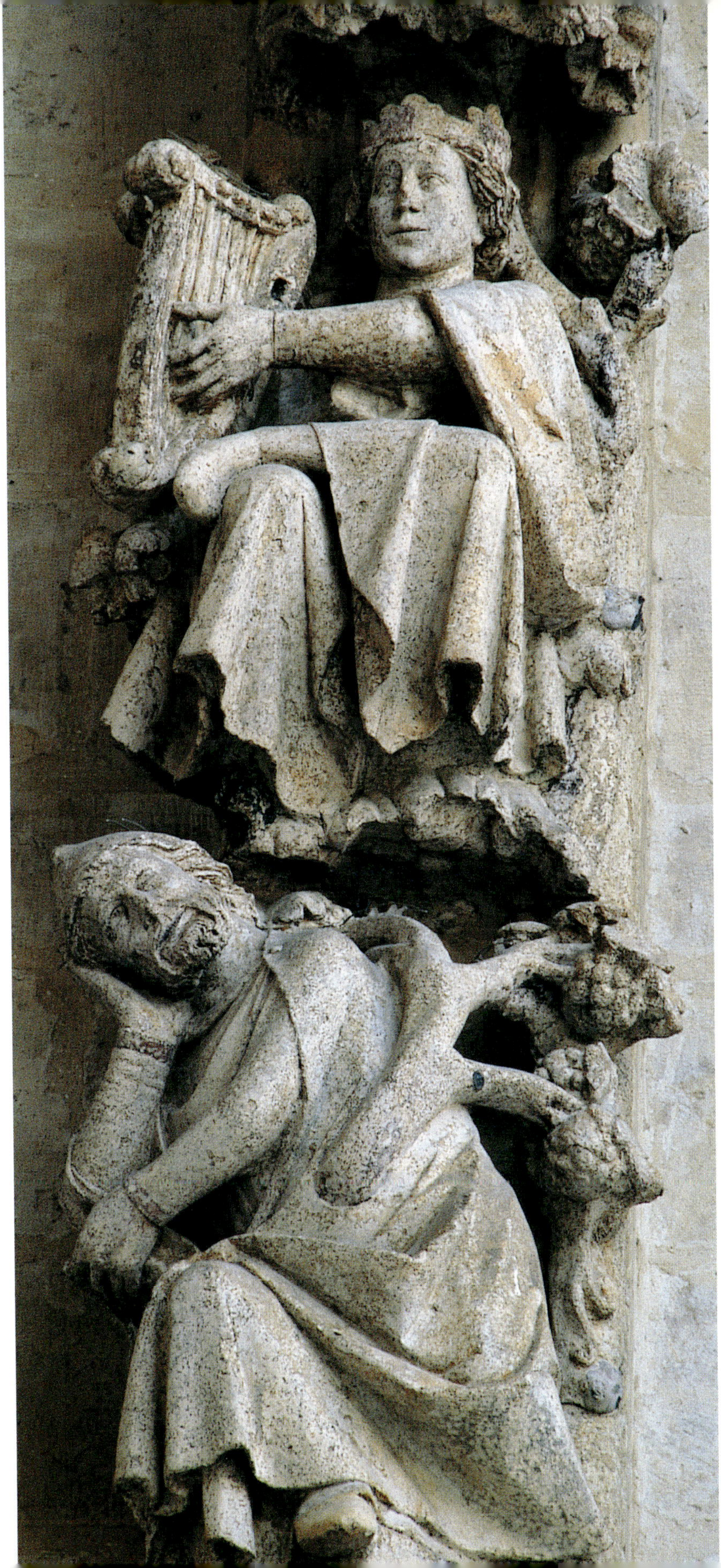

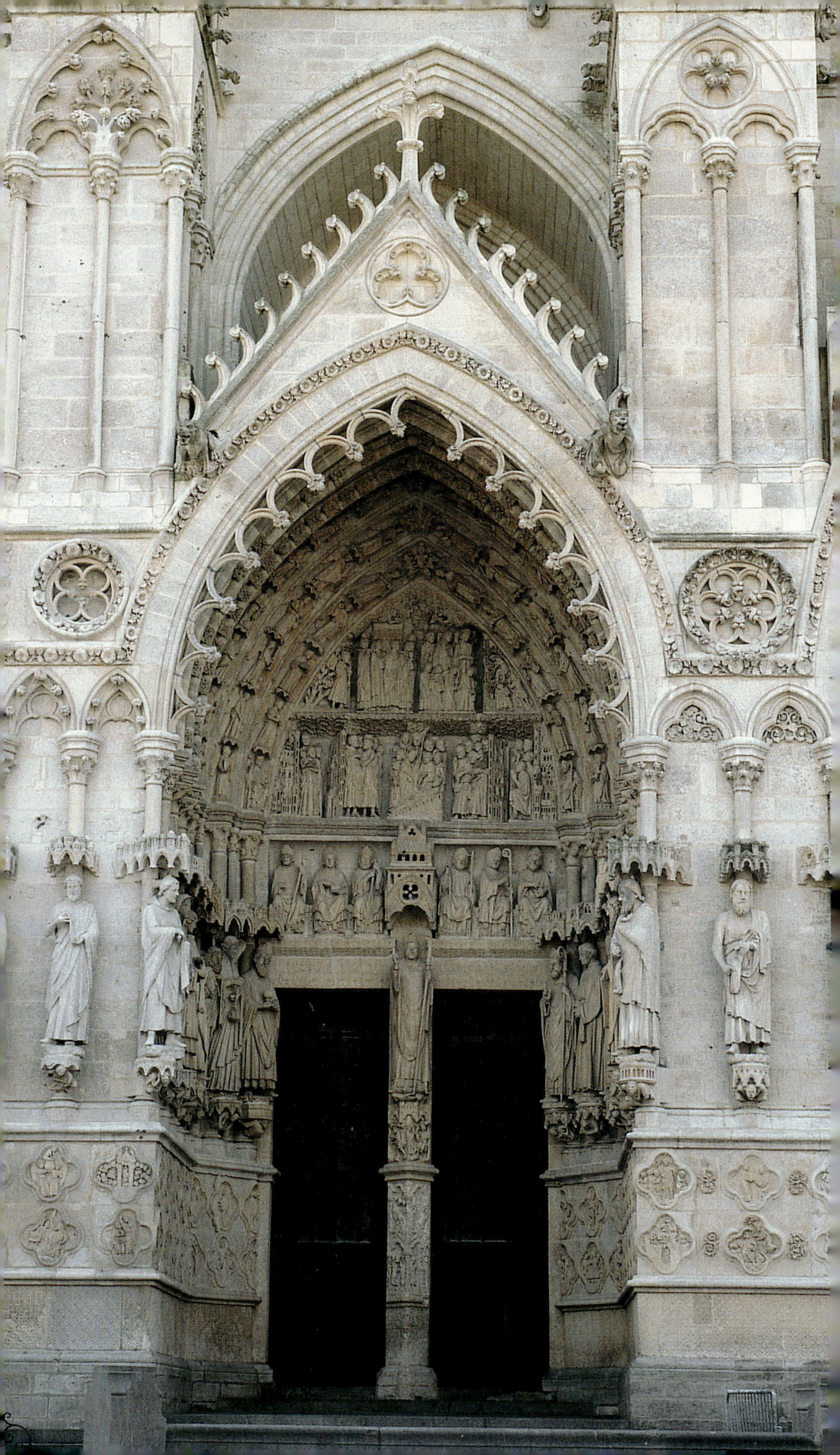

57 Portail Saint-Firmin
    à l'extrémité nord
    de la façade.

58 Portail de la Vierge
    à l'extrémité sud
    de la façade.

59 L'Annonciation et la Vierge de la Visitation, sur l'ébrasement droit du portail de la Vierge.

60 Le tympan du portail de la Vierge.

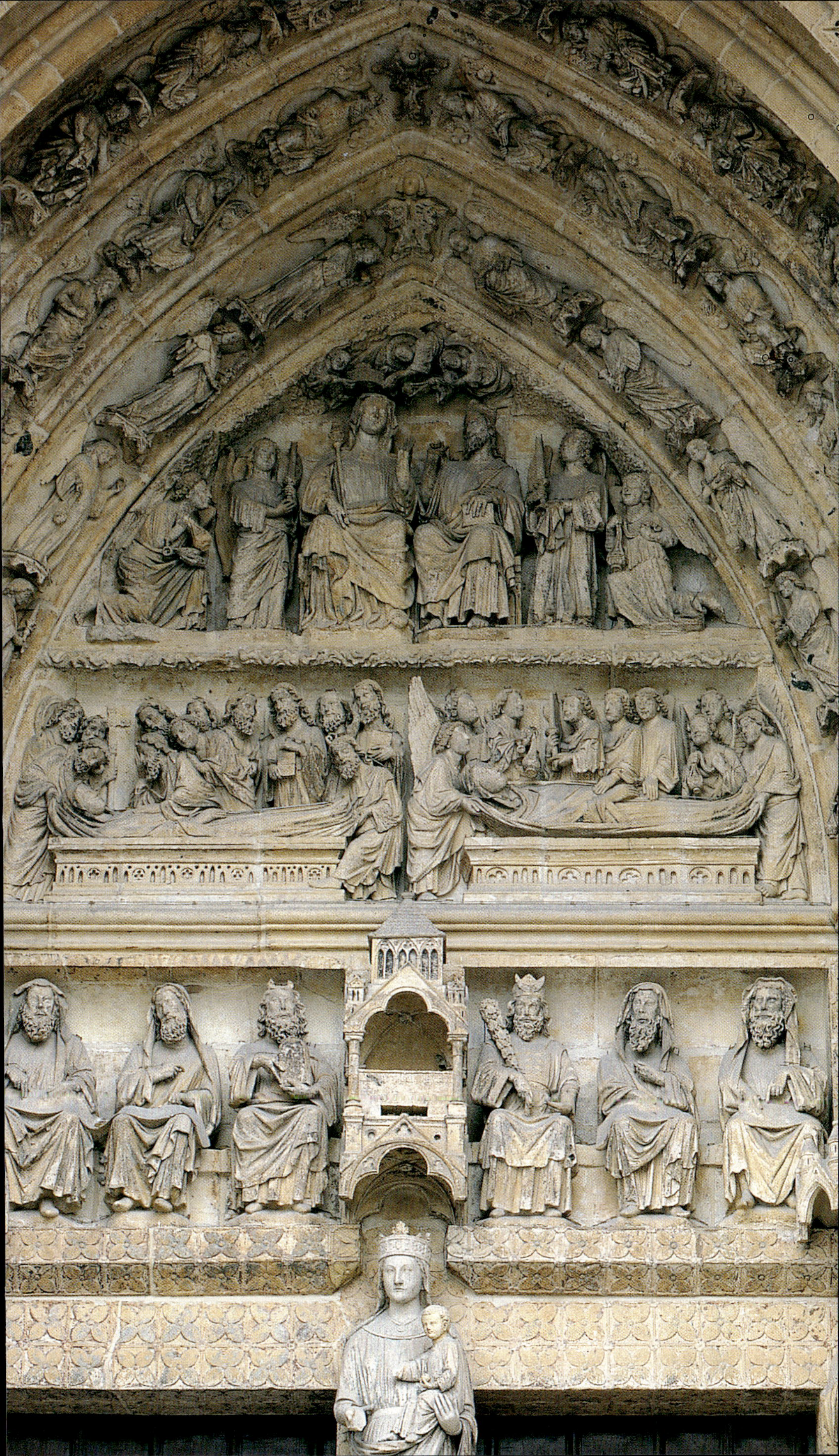

61 Saint Firmin au trumeau du portail nord.

62 La Vierge au trumeau du portail sud.

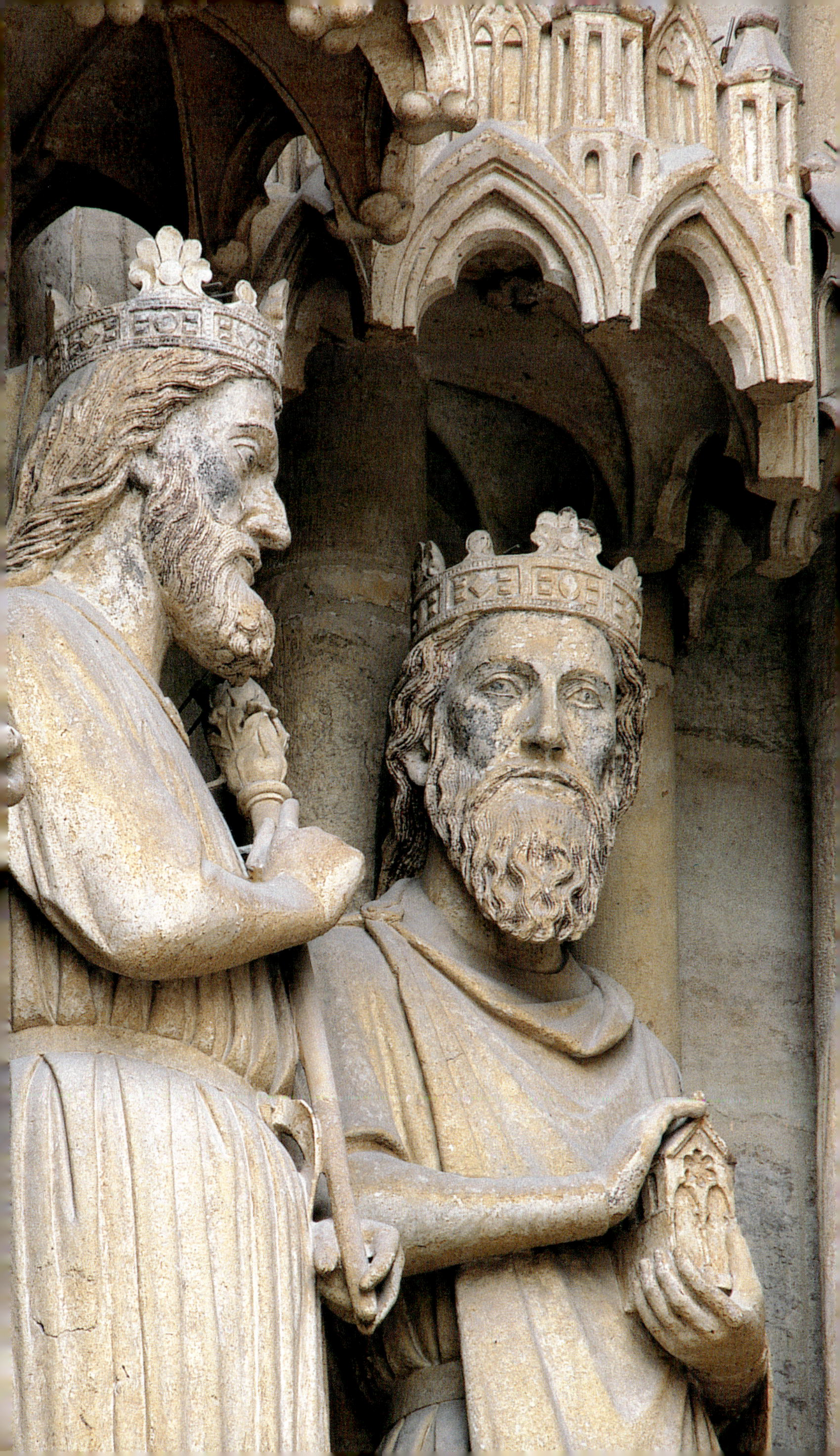

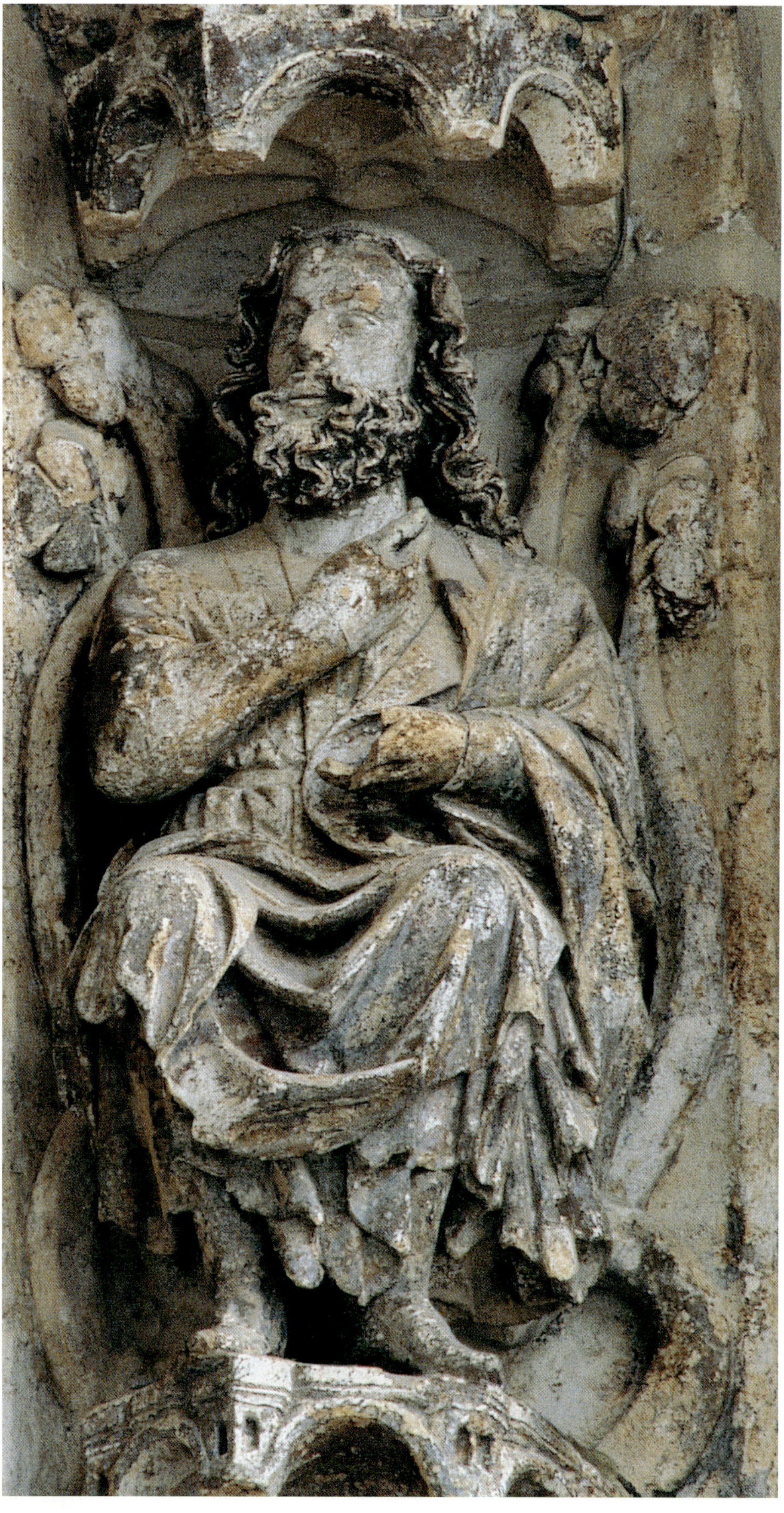

63 **Page précédente:**
Détail de l'ébrasement droit du portail de la Vierge: Hérode et l'un des Rois mages.

64 Détail des voussures du portail de la Vierge: un patriarche.

65 Détail du tympan du portail de la Vierge: la mort de la Vierge entourée des apôtres.

66 Ébrasement gauche du portail Saint-Firmin.

67 Ébrasement droit du portail Saint-Firmin.

68 Deux registres supérieurs du tympan du portail Saint-Firmin : découverte et translation à Amiens du corps de saint Firmin.

69 Détail du tympan : la queue de la procession de la translation avec l'homme vert.

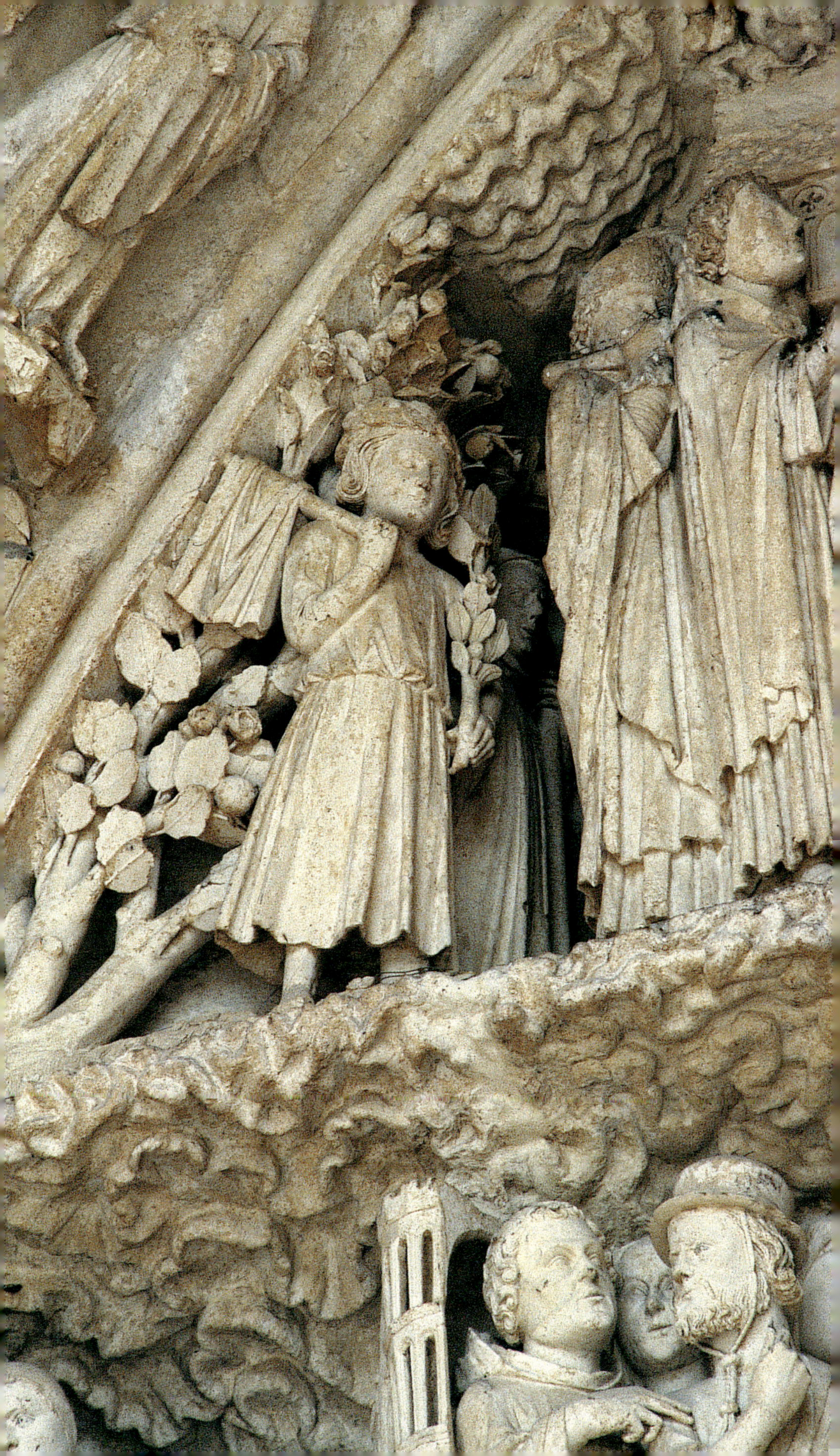

70 Détail du tympan : la population d'un des diocèses voisins d'Amiens accourt à la nouvelle de la découverte du corps de saint Firmin.

71 Détail du tympan: la population d'un des diocèses voisins d'Amiens accourt, attirée par l'odeur suave du corps de saint Firmin.

72 Soubassement
du portail Saint-Firmin :
le signe des gémeaux.

73 Soubassement
du portail Saint-Firmin :
le mois de février.

74 Le prophète Nahum
à l'extrémité nord
du portail central.

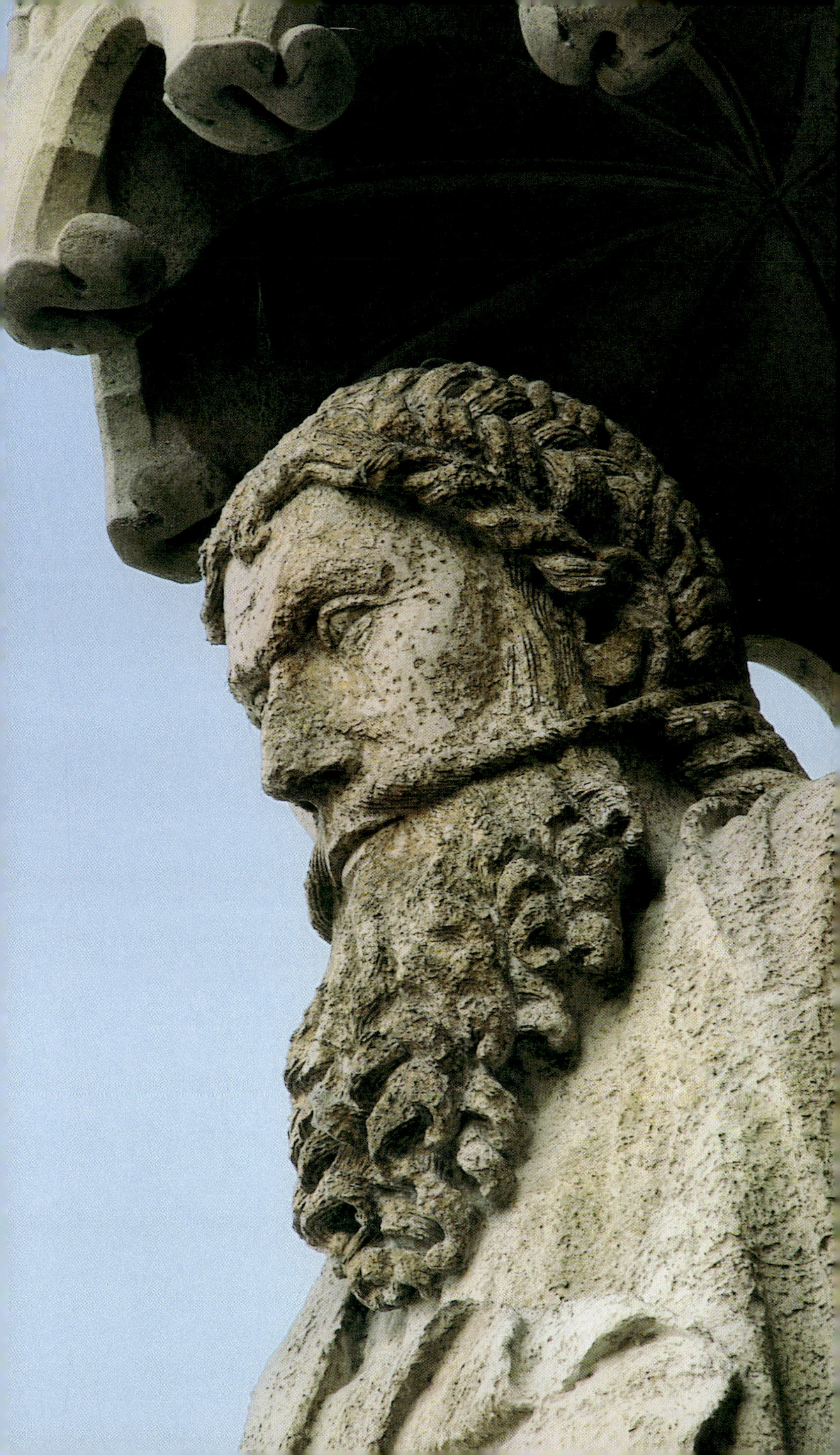

75 Deux quadrilobes illustrant les prophéties de Sophonie : le Seigneur scrutant Jérusalem et la solitude de Ninive.

76 Un quadrilobe illustrant les prophéties d'Aggée : le temple de Jérusalem en ruine.

77 Le prophète Aggée entre sainte Ulphe et Zacharie, à l'extrémité nord de la façade.

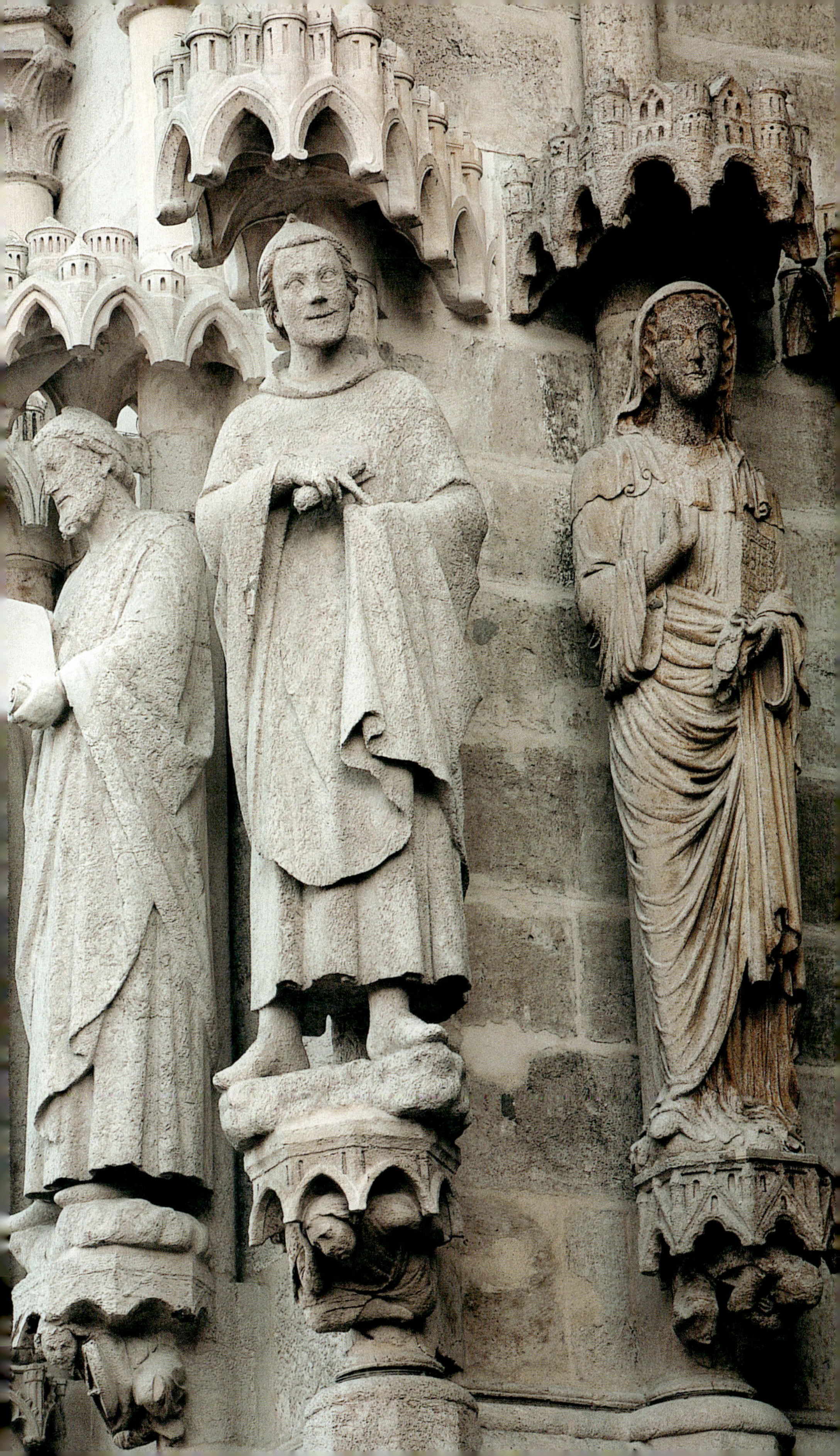

78 Revers du portail Saint-Honoré du bras sud du transept : trois anges.

79 La statue de la Vierge dorée, autrefois au trumeau du portail Saint-Honoré, maintenant déposée à l'intérieur du transept.

80 Détail de la Vierge dorée.

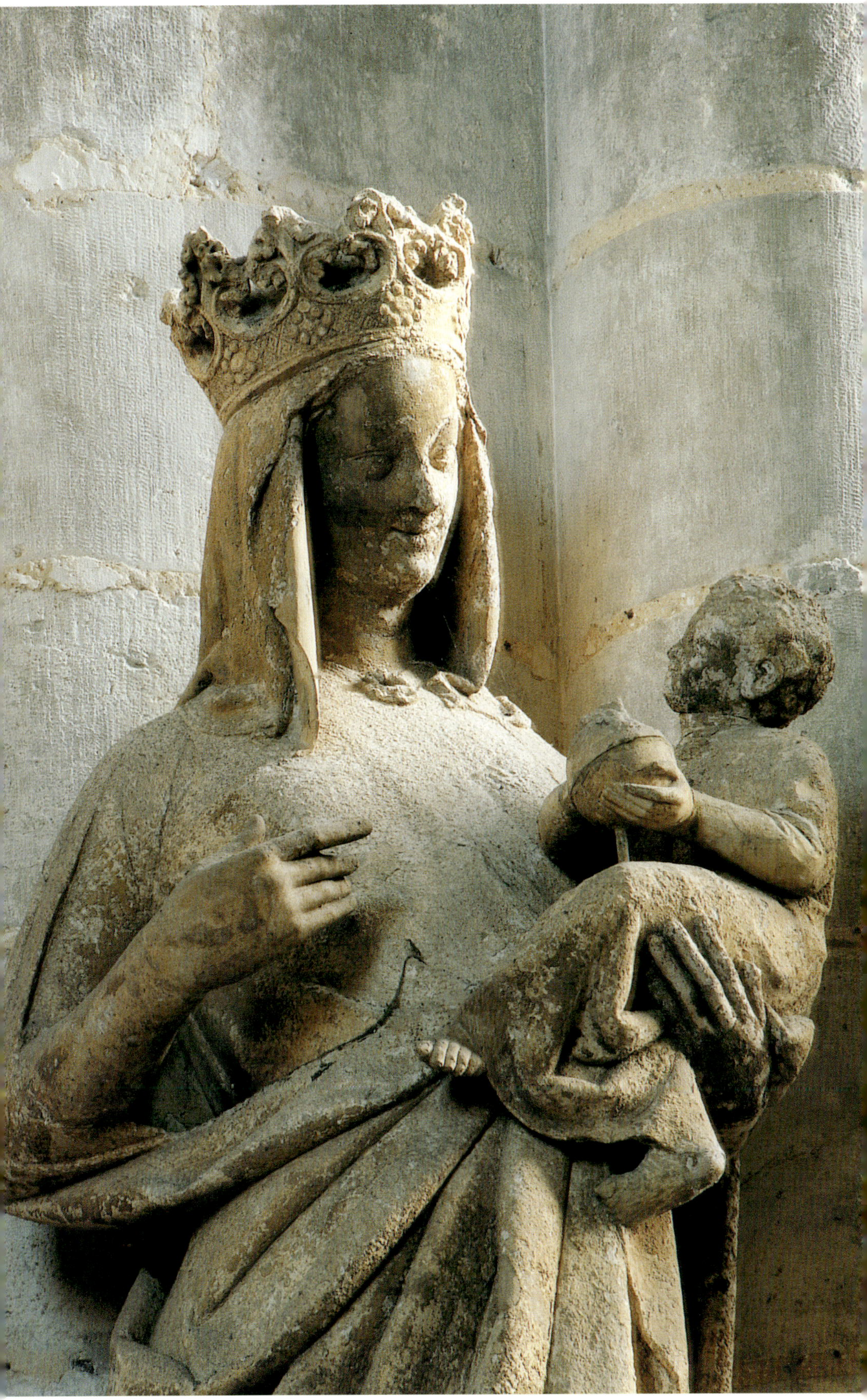

81 Portail du bras nord du transept.

82 Tympan du portail Saint-Honoré du bras sud du transept.

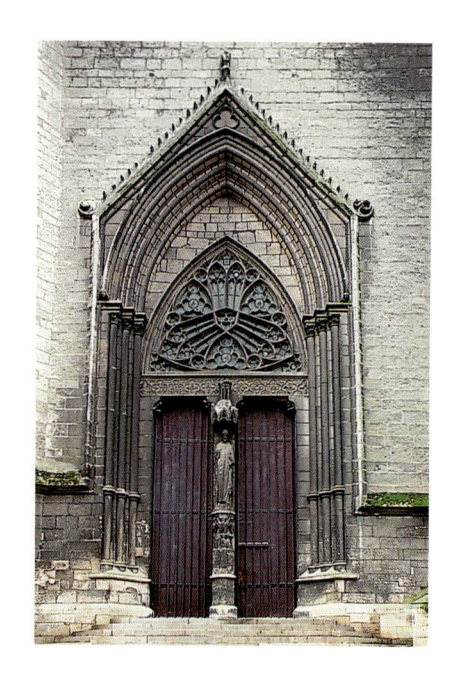

d'illustrations littérales de l'Ancien Testament. La plupart préfigurent le Jugement dernier du tympan central comme l'a établi Georges Durand en se fondant sur les *Commentaires* de saint Jérôme sur les prophètes. Les scènes rassemblées sous les prophètes de la moitié sud de la façade offrent une vision plus miséricordieuse, insistant sur les conditions du salut et laissant présager la grâce divine, alors que celles de la moitié nord ont un caractère plus sombre, parfois désespéré. Les quadrilobes qui se font face à l'entrée du portail central, sous Michée au sud et Nahum au nord, mettent en valeur cette opposition (Katzenellenbogen, 1961). Les statues des prophètes reposent sur des dais qui abritent, pour la plupart, des personnages, certains refaits, ainsi sous Nahum et Sophonie, dont l'identification reste problématique.

La statue d'Osée ouvre la série à l'extrémité méridionale du frontispice. Le quatre-feuilles supérieur illustre le mariage d'Osée avec la prostituée Gomer, conformément à la volonté du Seigneur (Os 1, 2, 3). Au-dessous, on voit le prophète, toujours à la demande de Dieu, aimer la femme adultère à qui il remet quinze pièces d'argent et une mesure et demie d'orge pour prix de sa chasteté (Os III, 1, 2). Selon saint Jérôme, ces liaisons figurent l'union de Dieu avec l'Église, celle des juifs (la femme adultère) et des gentils (la prostituée). Après la conversion des gentils, symbolisée par le mariage de la prostituée, il faut qu'Israël qui, comme la femme adultère, aura fait pénitence, adopte la vraie foi, afin qu'il n'y ait qu'un seul troupeau et un seul berger

Au milieu du contrefort sud de la façade se tient Joël dont la prophétie est presque complètement consacrée à la ruine et au relèvement de Jérusalem et au second avènement du Christ. Le quatre-feuilles inférieur montre Joël entre la vigne déserte et le figuier desséché (Jl I, 7, 12), la vigne symbolisant le Peuple de Dieu. Au-dessus, le soleil et la lune sont privés de leur éclat le jour du Seigneur (Jl II, 1, 2, 10, 31 ; III, 15). Ces deux images négatives du monde, que l'on retrouve au portail central, sont pour le prophète l'occasion d'appeler à la repentance et à la conversion.

Amos porte les insignes de son activité de berger, une gibecière, une houlette et le manteau à capuchon. Les deux quatre-feuilles du front illustrent le rugissement du Seigneur (Am I, 2). Cette vision figure le Christ qui parle à travers les deux Testaments et les docteurs de l'Église. En bas, Amos effrayé lève les yeux vers la vision du Seigneur en haut, debout, prêt à pousser un grand cri (la partie droite de ces médaillons a été refaite par Duthoit à l'époque de Viollet-le-Duc). Sur le retour du contrefort, le Seigneur se tient sur la muraille avec un cordeau. Le mur symbolise les saints et les apôtres (Am VII, 7). Au-dessous, Amos nourrit de figues une brebis (Am VII, 14-15) : en réponse au prêtre Ananias qui l'accusait d'agir contre Jéroboam, le roi d'Israël, il se défend d'être prophète et n'est qu'un simple berger. Amos pasteur est la figure du Christ.

Abdias, barbu, les cheveux longs, coiffé d'une calotte et chaussé de curieuses sandales, fut identifié au Moyen Âge avec l'intendant d'Achab, roi d'Israël. Il protégea les prophètes du vrai Dieu contre les persécutions de son maître et de Jézabel (III Reg, XVIII). Sur la joue du contrefort, en haut, Abdias nourrit les cent prophètes cachés dans des cavernes, réduits ici à trois têtes émergeant d'une sorte de puits. En bas est illustrée sa rencontre avec Élie, vêtu d'une tunique velue, en cherchant du fourrage pour le bétail d'Achab menacé de famine. Sur le front du contrefort, en haut, Élie charge Abdias d'avertir Achab qu'il veut le voir (III Reg, XVIII, 15). Au-dessous a lieu l'entrevue : Élie passe le bras autour des épaules d'Achab qui met un genou à terre et reçoit l'ordre de rassembler tout le peuple sur le Mont Carmel. Abdias incarne l'obéissance à Dieu.

Jonas se distingue par sa tête énorme, presque chauve. Le quatre-feuilles supérieur le montre sortant de la baleine (Jon II, 11), trois jours après avoir été avalé, ce qui en fait une figure de la Résurrection. On le retrouve au-dessous aux portes de Ninive, dont il avait prophétisé la chute, mais qui échappa à la destruction parce qu'elle s'était repentie. Jonas, par dépit, s'est retiré à l'écart ; un lierre l'abrite de son ombre, mais un ver en ronge la racine et l'arbre finit par se dessécher (Jon IV, 5-7). Jonas s'en indigna auprès du Seigneur qui lui reprocha son incrédulité. La conversion de Ninive symbolise celle des gentils, c'est-à-dire l'Église, et le lierre desséché, l'incrédulité et la ruine d'Israël.

Les prophéties de Michée, représenté ici barbu et tête nue, décrivent la paix qui accompagnera le règne du Messie. Sur le flanc du contrefort, en haut, les épées sont changées en socs de charrues, en bas, les lances transformées en hoyaux. Sur le front du contrefort, en bas, un couple s'échangeant une grappe contre une figue fait allusion à la prophétie de l'homme assis sous sa vigne et son figuier sans être troublé par quiconque (Mi IV, 4). En haut est illustrée la prédiction de la conversion des gentils (Mi IV, 8) : une tour prise dans les nuées vers laquelle tous viendront figure la Jérusalem céleste selon saint Jérôme. Ici, Dieu bénit du haut d'une tour crénelée, à ses pieds, Michée et deux brebis. Le lien s'établit immédiatement avec la figure voisine du Beau Dieu du trumeau du portail qui bénit pareillement du haut d'un socle crénelé.

À l'autre extrémité du portail central, Nahum a l'expression particulièrement farouche, les cheveux tressés en couronne, la moustache très longue nouée derrière la tête. Les quatre-feuilles illustrent la chute de Ninive et son pillage qui figure le règne du Mal avant la seconde venue du Christ. Sur la joue du contrefort, en bas, on voit Ninive du temps de sa splendeur à qui le prophète adresse un geste de malédiction en frappant de son épée. Au-dessus, Ninive après son châtiment (Na II, 6, 8) : les portes des fleuves ont été ouvertes et Ninive est comme une pièce d'eau. Le relief a vraiment ici un caractère hiéroglyphique. Sur le front du contrefort est représentée en haut la fuite des habitants de Ninive (Na II, 8). En bas, un figuier abrite quatre personnages. L'un d'entre eux secoue l'arbre et les trois autres ouvrent la bouche pour recevoir les fruits qui tombent. C'est une représentation pittoresque de la prophétie de la chute des remparts de la ville : « Les remparts tombent comme les fruits du figuier que l'on secoue » (Na III, 12).

Les prophéties d'Habacuc se rapportent à Babylone. Le quatre-feuilles du bas représente Habacuc emmené par un ange de Judée à Babylone pour nourrir Daniel à nouveau dans la fosse aux lions (Dn XIV, 32-36). En haut, Dieu donne l'ordre à Habacuc d'écrire sa vision de la chute de Babylone sur des tablettes (Hab. II, 1-2).

Sophonie est l'auteur des prophéties terribles qui inspirèrent le *Dies irae*, annonçant la ruine des cités, surtout de Jérusalem, et le jour du Seigneur. Sur le flanc du contrefort, en haut, le Seigneur scrute Jérusalem avec des lanternes, car dans les derniers temps, la multiplication des iniquités privera Jérusalem, c'est-à-dire l'Église, de la lumière du soleil. Alors le Seigneur visitera tous les vices dans Jérusalem avec le flambeau de sa parole et de sa doctrine (So I, 12). L'architecture de Jérusalem est pleine d'élégance. En bas est évoquée la solitude qui se fera dans Ninive (So II, 13, 14) et qui figure le règne de l'Antéchrist.

Conformément à la description du prophète, un hérisson en boule se trouve devant les portes fermées, un corbeau domine le seuil. Sur le front du contrefort, en haut, les Éthiopiens, qui figurent les pécheurs endurcis, sont mis à mort par le glaive du Seigneur (So II, 12), trois hommes sont frappés, un est déjà mort. En bas, une ville est dévastée, conformément à la prophétie qui menace de destruction les villes où les animaux se reposeront (So II, 14).

Aggée fut constamment préoccupé de la reconstruction du Temple que les Juifs, une fois rentrés d'exil, tardaient à relever. Selon les commentateurs, ce nouveau Temple figure l'Église. Sur le front du contrefort, en bas, Aggée écoute le Seigneur qui lui montre la désolation du Temple (Ag I, 1, 2) figuré au-dessus (Ag II, 3, 4). Sur la joue du contrefort, en haut, est représentée la maison lambrissée des Juifs, d'un luxe que leur reproche Aggée alors que le Temple est en ruine (Ag I, 4). En bas, en guise de punition, la terre et les plantes des Juifs sont desséchées (Ag I, 10, 11).

Zacharie, dont les prophéties sont obscures, offre l'occasion de fustiger l'impiété. Dans le médaillon inférieur, le prophète coiffé du schimla lève la tête à l'invite d'un ange sortant d'un nuage, pour regarder, dans le médaillon du haut, l'Impiété sous les traits d'une femme dans une urne qu'enlèvent dans les airs deux autres créatures aux ailes de milan, symbolisant les Juifs et les hérétiques, pour l'emporter à Babylone (Za V, 5-11).

La figure de Malachie qui clôt le cycle est accompagnée de l'illustration des reproches véhéments jetés à Israël et ses prêtres. Dans le médaillon du haut, le Seigneur est assis en face de deux personnes imberbes en tunique, dont l'une le frappe de sa lance (Ml I, 7) et l'autre lui apporte des offrandes gâtées. En bas, il s'en prend à des prêtres qui ont dévié de leur chemin (Ml II, 1).

La série des douze petits prophètes fournit un support supplémentaire pour exalter l'Église des gentils par opposition aux juifs. Le temple de Jérusalem, fréquemment évoqué, ne devait pas manquer d'être mis en parallèle avec la cathédrale même, afin d'en rehausser le prestige et la force de ralliement, toujours dans la perspective du salut.

Mise en œuvre de la sculpture et questions formelles

Les questions formelles posées par la sculpture des portails occidentaux sont indissolublement liées à leur iconographie. On ne peut imaginer cet ensemble sans projet préalable global, qui a pu prendre l'aspect d'un dessin, comparable aux fameux dessins palimpsestes concernant la façade de la cathédrale de Reims (Schlink).

Les sculpteurs devaient être avisés de la nécessité de mettre en valeur, par leur travail, les sculptures, à certains points forts de la composition, en faisant notamment usage de procédés « conventionnels » : ainsi les figures de trumeau se distinguent-elles par la taille et/ou le relief des statues d'ébrasement, le Christ-Juge domine nettement les intercesseurs. Le traitement du mouvement des figures obéit également en partie à l'iconographie qui figure en bonne part l'opposition du bien et du mal. Ainsi, la pondération des vertus, statiques, s'oppose-t-elle à l'agitation des personnages illustrant les vices, un principe qui triomphe dans la sérénité impressionnante du Christ comme des apôtres terrassant les créatures sataniques. L'ordre des élus s'oppose aussi au désordre des damnés. Ce contraste entre attitude posée et contorsion, bien visible chez eux, est repris pour la confrontation entre l'Église et la Synagogue aux pieds de saint Michel.

La grande lisibilité de chacun des ensembles formant les portails, assurée par la maîtrise de la taille, est favorisée par les dimensions inédites des portes qui ont permis des compositions particulièrement aérées, ce qui est perceptible dans le traitement des linteaux laissés nus comme dans celui des ébrasements où les consoles, les dais, voire les ourlets des robes des apôtres suggèrent autant d'horizontales entre les corniches du soubassement et le départ des voussures.

Dans ce schéma de composition très rigoureux, l'éventail des formes très large mais, pourrait-on dire, canalisé, n'aboutit toutefois pas à la sécheresse et à la répétition, un jugement sévère qui a pu être formulé à la faveur de la crasse qui jusqu'à ces dernières années uniformisait les reliefs et les expressions. Il faut en savoir gré aux différents sculpteurs qui sont intervenus sur un chantier qui frappe par l'importance du nombre et de la taille des sculptures. On ne compte en effet pas moins de 52 grandes statues d'environ 2,30 m de haut sur les ébrasements et les contreforts avec autant de consoles et de dais, trois figures de trumeaux, 118 quatre-feuilles sur le soubassement, 234 voussoirs figurés, certains avec plusieurs personnages, et enfin trois tympans à multiples registres.

Nous ignorons naturellement les effectifs des sculpteurs et tailleurs de pierre. Mais en tablant sur un étirement maximal du chantier sur une vingtaine d'années, il est exclu que la réalisation des portails ait mobilisé en permanence de fortes équipes, si l'on en juge d'après des entreprises mieux documentées de la fin du Moyen Âge, comme celle des portails Saint-Guillaume et de la Vierge de la cathédrale de Bourges (E. Hamon). Dix jours suffisaient pour la réalisation d'une figure de voussure, vingt pour un dais (un travail alors sans aucun doute beaucoup plus long qu'au XIIIe siècle, où les dais n'étaient pas aussi refouillés) et soixante pour une statue d'ébrasement. Les chiffres de 10 000 journées de travail cumulées sur vingt ans, soit en moyenne 500 jours par an, c'est-à-dire moins que le travail de deux hommes employés « à temps plein », ne peuvent avoir qu'une valeur indicative, puisque nous ignorons le rythme précis de progression du chantier, le temps pris par les préparatifs à la taille, et la disponibilité d'une main-d'œuvre spécialisée sans doute très sollicitée. Ils prouvent cependant qu'une petite équipe suffisait à l'accomplissement de ces ensembles gigantesques que constituent les portails.

Les jugements sur le style des sculptures d'Amiens ont, là comme ailleurs, longtemps pâti d'une approche strictement formelle, obsédée par les questions d'attribution. Le travail de ce type le plus poussé dû à Medding discernait une dizaine de « maîtres ». En privilégiant les reliefs et les statues des ébrasements et des porches, plus accessibles que les tympans et les voussures, cette étude ne pouvait aboutir à une appréciation exacte du travail des sculpteurs, d'autant plus qu'elle occultait certains problèmes inhérents à leur activité, comme la question de la préfabrication, d'une installation dissociée du gros œuvre ou d'interventions multiples sur une même œuvre.

La profonde unité de l'ensemble avait pu faire penser que, dans le domaine de la sculpture, comme nous en avons la preuve en architecture, le chantier avait bénéficié d'une certaine rationalisation de la mise en œuvre, ce qui a parfois été caricaturé en hypothèse de fabrication en série. Or, les pratiques de simplification et de standardisation sont inconnues au niveau des portails. Les quadrilobes du soubassement ont des dimensions variables, les blocs dans lesquels ils sont taillés, étant de même hauteur, mais de différentes longueurs (Schlink, 1992), ce qui entraîna parfois des contorsions dans le traitement des encadrements des reliefs, qui offrent – et ce n'est sans doute pas un hasard – l'avantage de se plier avec souplesse à ces contraintes, beaucoup mieux que ne le ferait un cadre géométrique rigoureux.

Le recours fréquent à la ronde-bosse ou à la technique du haut-relief adossés au mur sur les saillies formées par les frises décoratives, notamment, dans les tympans, facilita sans doute le travail de la taille et de la pose, doté d'une plus grande autonomie. Mais cette dissociation du décor sculpté du cadre architectural n'a pas été exploitée sur le chantier pour différer outre mesure l'exécution de la sculpture, qui apparaît dans l'ensemble contemporaine du gros œuvre. La multiplication des blocs sculptés de petit format, particulièrement sensible dans le registre de la Résurrection des morts du portail central, est peut-être davantage liée à la nature du matériau qu'à la répartition des tâches de sculpture sur le chantier. En tout cas, elle facilitait le maniement des œuvres pour leur mise en place. Au portail du bras sud du transept, le perfectionnement de ces procédés évitera les creux disgracieux qui laissent voir à l'ouest, depuis la disparition de la polychromie, le fond grossièrement appareillé des tympans.

À Amiens comme ailleurs, l'attribution à une seule main de la totalité d'une œuvre, statue ou relief, ne repose sur aucune preuve. Rien ne s'oppose à ce que, en vertu des talents divers réunis sur le chantier, telle pièce résulte du travail de plusieurs sculpteurs, spécialisés le cas échéant dans les drapés, les visages et les mains. On a pu également évoquer l'hypothèse d'un premier sculpteur intervenant sur le bloc pour en dégager les formes essentielles avant qu'un sculpteur plus expérimenté ou reconnu n'exécute les détails et la finition (Williamson). C'est un fait qu'on constate à Amiens, dans les figures de voussures notamment, un abrégé du processus de taille qui se marque par une réduction des plis et des détails au profit d'une accentuation de la plastique par des drapés plus creusés. Cette accélération du travail du sculpteur est particulièrement évidente quand on compare les reliefs de l'Apocalypse du portail central avec ceux de Notre-Dame de Paris qui en sont la source immédiate et dont le rendu de surface, beaucoup plus soigné, nécessita un temps de travail évidemment plus long. Cette technique plus rapide n'est pas étrangère à l'impression d'engourdissement dans le traitement des figures dont les membres sont peu visibles sous les draperies raides, au portail central par exemple (W. Sauerländer, 1972).

Cette solennelle monumentalité répond encore aux conventions en servant la pensée défendue dans le cycle sculpté. Ainsi, les drapés rigides d'étoffes tombant en plis verticaux renforcent l'impact qu'exercent les hautes figures des apôtres campées solidement, à l'instar du Christ qu'ils accompagnent. Il ne faut toutefois pas exagérer la froideur ou la dureté du style censé dominer à Amiens, car partout apparaissent des signes de fantaisie ou pleins de délicatesse, ainsi dans le cortège des fidèles ou même dans la mise au tombeau et l'Assomption de la Vierge où les personnages placés aux extrémités esquissent des gestes attentifs pour saisir le corps. On pourrait multiplier les exemples de la diversité d'expression adoptée dans les bas-reliefs du soubassement du portail. Le nettoyage récent des portails a révélé la bonhomie des évêques au premier registre du tympan du portail Saint-Firmin, et la joie collective et spontanée des fidèles accourant vers la dépouille nouvellement découverte du saint évêque, ou encore les expressions sensibles et variées des élus, saints et martyrs peuplant les voussures du portail central.

Certains détails paraissent relever de la liberté d'artistes, comme celui, si distrayant, de la haute stature de saint Philippe, ce bon géant sur l'ébrasement gauche du portail central, qui incline doucement la tête sous un dais trop proche pour montrer du regard la figure du Christ au trumeau. Si saint Thomas tourne ostensiblement la tête vers l'extérieur, n'est-ce pas parce qu'il est le patron des maçons et aussi celui de l'architecte, Thomas de Cormont, dont nous aurions là une allusion cryptée ?

Certaines statues se distinguent plus nettement au sein de l'ensemble, comme sainte Ulphe qui trahit chez son auteur une formation déjà ancienne, pénétrée de l'art antiquisant des alentours de 1200, ou au contraire saint Domice dont les traits las et émaciés du visage prouvent le talent du sculpteur à doter d'accents véristes son œuvre. Nous avons là deux témoignages d'une œuvre personnelle qu'on pourrait enrichir d'autres sculptures.

En définitive, l'analyse formelle du frontispice risque l'impasse en dissociant les portails les uns des autres. Leur nettoyage permet de mieux saisir leur nature, longtemps dissimulée sous la croûte noire de la saleté. On savait que leur structure proposait une synthèse originale (Claussen, 1975), nourrie de la connaissance des porches de Laon et du transept de Chartres, des portails de Paris, notamment la composition rigoureuse du portail de la Vierge, reprise et dédoublée aux portails latéraux de la cathédrale picarde qui n'oublie pas non plus certaines expériences locales, comme les portails de la toute proche collégiale Saint-Nicolas (disparue) ou de Corbie, pourvus de tympans lisses. Cette pluralité des sources, témoignage de la profonde culture des hommes actifs sur le chantier comme de leur diversité d'origine, concerne aussi les choix formels où l'on trouve des références à l'art antiquisant des alentours de 1200, dont les exemples fourmillent dans le nord de la France et les pays mosans, mais surtout des emprunts aux chantiers chartrains et plus encore parisiens. Il n'y a pas à s'étonner que Notre-Dame de Paris, dont l'iconographie du portail du Jugement dernier a déterminé si nettement celle du portail central d'Amiens, ait fourni également un certain nombre de sculpteurs au chantier picard, à commencer peut-être par l'auteur du Beau Dieu, dont on a depuis longtemps souligné les affinités avec le visage du Christ de la scène du Couronnement de la Vierge à la cathédrale de Paris. Mais le drapé offre de curieuses affinités avec certaines figures du porche du bras sud du transept de la cathédrale de Chartres. On peut terminer sur cette dualité de sources cet aperçu stylistique des portails d'Amiens qu'innervent les parcours croisés des sculpteurs. Parmi eux, certains vont se retrouver bientôt à la cathédrale de Reims. Les rejoindront plus tard d'autres artistes, actifs entre-temps au portail Saint-Honoré de la cathédrale picarde (Kurmann, 1987).

LES PORTAILS DU TRANSEPT

Le portail Saint-Honoré du bras sud

Les portails du transept ont reçu un traitement très différent l'un de l'autre. Le portail nord, du côté du palais épiscopal, dédié à saint Firmin le Confesseur, est particulièrement sobre, alors que le portail sud donnant sur le cloître des chanoines, par l'ampleur de son décor sculpté, peut rivaliser avec chacun des portails de la façade, dont il est loin toutefois de présenter l'homogénéité. Il a, par ailleurs, beaucoup plus souffert des injures du temps. Le vandalisme révolutionnaire fit disparaître la plus grande partie des têtes dans les voussures. Les figures ont été complétées par le sculpteur Caudron à partir de 1843. Plus exposé aux intempéries que les portails occidentaux protégés par des porches, le portail du bras sud est particulièrement érodé. La fameuse Vierge dorée du trumeau a été récemment mise à l'abri à l'intérieur de la cathédrale. Une copie la remplace.

La structure générale du portail n'est toutefois pas éloignée de celle des portails occidentaux. Le gâble qui le coiffe, orné d'un trèfle au sommet et de crochets sur les rampants, paraît offrir une version aplatie des portails plus profonds du frontispice principal. Le registre inférieur du tympan s'y trouve pareillement au-dessous du départ des voussures et divisé en deux moitiés par le dais de la statue de trumeau. Au revers, le portail est couvert de deux arcs surbaissés qui se rejoignent au sommet du trumeau comme au portail central de la façade ouest. Le soubassement des ébrasements est traité en obliques rectilignes comme à l'ouest, mais son décor aniconique d'arceaux en plein cintre entrecroisés très différent se rattache à une autre tradition, celle de l'art anglo-normand.

L'analyse archéologique de la partie basse de la façade du bras sud a permis à Dieter Kimpel et Robert Suckale de montrer que le portail appartenait à la fin de la première phase du chantier de construction de la cathédrale, qui vit s'élever les parties basses du chœur. Les ébrasements et les voussures qui se chevauchent en encorbellement devaient absolument être mis en place pour supporter une partie des structures supérieures jusqu'à la base de la claire-voie du mur pignon. Ces éléments du portail peuvent donc être datés avant 1233, date de la mise en service de la chapelle Saint-Paul dans le bas-côté oriental du transept. Le trumeau, le tympan et les statues qui les accompagnent ont pu être installés plus tard. Le portail du bras sud tient d'ailleurs son nom de ces sculptures. On l'appelle portail de la Vierge dorée, en raison de la statue du trumeau qui fut autrefois dorée, ou encore portail Saint-Honoré, du nom de l'évêque d'Amiens dont la vie et les miracles occupent la plus grande partie du tympan.

Le trumeau

Pour ajouter à l'ambiguïté du portail, il faut préciser que le socle du trumeau contre lequel est adossée la statue de la Vierge est orné sur deux registres de figures qui n'ont apparemment aucun rapport avec elle. En haut, un évêque est accompagné de clercs. Les personnages du bas sont difficiles à identifier. On y a vu saint Honoré et ses acolytes (Jourdain, Duval), ou l'allusion à la cérémonie de la pose de la première pierre de la cathédrale (Durand, 1901), ou encore, dans la quatrième figure en partant de la gauche, la Synagogue (Kimpel, Suckale, 1973). Il ne fait pas de doute que la Vierge serait mieux placée sur le trumeau du portail nord, où figurent sur le socle des scènes sans équivoque, en rapport direct avec elle : l'Annonciation, la Visitation et la Nativité. On en a donc déduit une intervention des statues de trumeau des portails, en liaison peut-être avec un changement du programme sculpté.

Comme le style des figures du socle du trumeau sud traduit une exécution antérieure à la Vierge, comme à l'ensemble du trumeau nord, on peut en déduire que, initialement, le portail sud devait privilégier une iconographie épiscopale, vraisemblablement en rapport avec l'histoire de l'Église locale. Cette hypothèse se trouve renforcée par la présence énigmatique des grandes statues d'ébrasement.

Les ébrasements

Sur l'ébrasement de gauche, de l'intérieur vers l'extérieur, se suivent un ange thuriféraire, deux prêtres, le premier tenant un calice, le second un livre, et à l'extrémité un personnage imberbe en costume civil déroulant une banderole. Sur l'ébrasement de droite, un ange tenant navette et encensoir, puis un prélat dont les attributs sont modernes. Sur le socle, un montreur d'ours porte un enfant dans un sac. Suivent un personnage juvénile tenant un livre et enfin un homme barbu coiffé d'une calotte. L'identification précise des personnages est problématique, mais les avis ont toujours privilégié une explication régionale. Si l'iconographie doit être mise en rapport avec saint Honoré évoqué au tympan (Jourdain, Duval), le prélat serait saint Riquier, le prêtre au calice saint Lupicin qui sous l'épiscopat d'Honoré découvrit les corps des saints Fuscien, Victoric et Gentien. Une signification plus générale, mettant en scène les « supérieurs séculiers et réguliers des doyennés » (Gilbert), honorerait leurs habitants ayant pu contribuer par leurs offrandes à la construction de l'église. Dans le même esprit, l'hypothèse des saints patrons des doyennés (Durand, 1901) s'accommoderait bien de la représentation au bas du trumeau de la pose de la première pierre. En participant au financement des travaux, les doyennés ont pu vouloir voir représentés leurs patrons, dont éventuellement ils possédaient les corps saints, selon un processus comparable à celui qui dicta le programme des ébrasements du portail Saint-Firmin à la façade occidentale. Les doyennés ont activement participé, rappelons-le, à la vitrerie du chœur. Dans ce cas, les deux personnages civils de l'ébrasement de droite seraient les saints Lugle et Luglien dont les corps étaient à Montdidier. L'abbé crossé serait saint Riquier ou saint Valery, les trois autres saints à gauche, saint Vulphy de Rue, saint Florent de Roye, saint Josse de Montreuil qui porte un calice, allusion au miracle de la main de Dieu bénissant elle-même cet objet lors de la messe.

Le tympan

Le tympan ne superpose pas moins de cinq registres. Le premier, de loin le plus développé, représenterait la Séparation des douze apôtres (Mc 6, 7 ; Lc 10, 1), ce qui explique qu'ils soient chaussés. Seuls saint Jacques, portant le bâton de pèlerin, et près de lui saint Jean, tous deux fils de Zébédée, sont clairement identifiables dans ce rassemblement de figures conversant deux par deux.

L'histoire de saint Honoré, évêque d'Amiens au VIe siècle, est évoquée en détail dans les registres supérieurs. La moitié gauche du deuxième registre aborde la vocation de saint Honoré. Elle est imitée de celle de saint Remi de Reims avec l'effusion d'huile miraculeuse qui aurait convaincu Honoré de se plier à la volonté du clergé et du peuple pour succéder à l'évêque Béat. Honoré est assis modestement à l'extrême gauche, deux personnes s'approchent de lui, deux autres semblent suivre de plus loin la scène, alors que deux couples en discussion animée paraissent en débattre, le dernier personnage à droite montrant du doigt l'autel sur lequel sont posés les instruments du culte (refaits). Nous retrouvons Honoré dans la moitié droite du même registre, mais cette fois trônant majestueusement sous une arcade trilobée, pointant du doigt un ouvrage posé sur un pupitre, signe de sa grande érudition. Il tourne la tête vers la droite, à l'écoute des chants de louanges qu'entame loin de là le prêtre Lupicin, à la découverte des corps des saints Fuscien, Victoric et Gentien.

Le troisième registre illustre la messe miraculeuse de saint Honoré qui voit la main de Dieu consacrer à sa place. Malgré de nombreuses restaurations, les détails du rituel, comme l'enfant de chœur tenant un bassin appuyé sur la poitrine, font allusion à des pratiques particulières de l'Église d'Amiens, comme elles sont consignées dans l'ordinaire de 1291. Suit un résumé des guérisons miraculeuses opérées par saint Honoré après sa mort : un infirme se frotte le visage avec la nappe de l'autel sur lequel se trouve la statue de saint Honoré, il est aidé par un personnage en cotte, un second infirme, aveugle est guidé par un chien. Sur la gauche, deux témoins étonnés assistent à la scène.

Au-dessus est représentée la procession des reliques, très restaurée. De nombreuses têtes ont été refaites. Dans le cortège, un des clercs, d'après Jourdain et Duval, tenait un bras-reliquaire, sans doute celui de saint Honoré. Le parallèle est immédiat avec celui de saint Firmin figurant au portail nord de la façade ouest, de même que la châsse posée sur des brancards sous laquelle se tiennent trois infirmes. Sept personnages laïcs suivent la procession, le premier portant élégamment un surcot à manches fendues et des gants, sa tête est moderne.

La Crucifixion sur un bandeau de quatre-feuilles qui évoque une poutre de gloire couronne le tout. Le Christ, complètement refait, sur la croix écôtée, entre la Vierge et saint Jean et deux anges, représente celui qui s'inclina au passage de la châsse du saint et dont la statue conservée dans la collégiale Saint-Firmin-le-Confesseur se trouve maintenant dans la troisième chapelle nord de la nef de la cathédrale.

L'iconographie des registres supérieurs du tympan renvoie immédiatement à la châsse de saint Honoré sur le maître-autel qui passait par le portail en question lors des processions qui l'emmenaient dans le cloître des chanoines le jour de sa fête. Une interprétation récente de la Vierge dorée la met également en rapport avec un autel et une relique, celle de l'anneau de la Vierge attestée sur un autel sous le jubé en 1347, où l'on trouvait une statue dorée de la Vierge (Sauerländer, 2000). Cette hypothèse séduisante, même si elle rapproche des éléments qui ne sont pas forcément contemporains, insiste à juste titre sur l'importance du culte des reliques et de la disposition des autels sur l'iconographie du portail.

Les voussures

Le tympan est encadré de quatre rangées de voussures, chacune occupée par un groupe particulier de personnages en fort relief. De l'intérieur vers l'extérieur se succèdent des anges, des personnages de l'Ancien Testament, des prophètes, et enfin les apôtres auxquels s'ajoutent les deux évangélistes Marc et Luc et quatre figures féminines.

La première voussure est peuplée de douze anges, tenant alternativement des couronnes et des encensoirs, la plupart des attributs ayant été refaits. Ils forment une cour céleste autour du tympan selon une formule usuelle, généralisée déjà aux portails occidentaux. La deuxième voussure compte quatorze personnages tirés de l'Ancien Testament. Le fait n'est pas nouveau, et les portails du bras nord du transept de Chartres comptent déjà neuf figures de la série d'Amiens, qui n'en offre pas moins pour l'époque l'ensemble le plus étendu. Conformément à une lecture typologique de la Bible familière au Moyen Âge, fondée ici sur le texte de la glose ordinaire (Katzenellenbogen), les sujets sont des figures du Christ.

La lecture se fait toujours de gauche à droite en passant par le sommet de la voussure. La moitié gauche en montant correspond au temps d'avant la Loi (*Ante Legem*), depuis Adam jusqu'à Job, la moitié droite en descendant au temps sous la Loi (*Sub Lege*), de Moïse à saint Jean-Baptiste dont c'est une des rares représentations à l'extérieur de la cathédrale.

– Adam, condamné au travail, en train de bêcher (Gn III, 17, 19, 23).

– Noé construisant l'arche (Gn VI, 14, 22), figure du Christ bâtisseur de l'Église.

– Melchisédech, roi-prêtre de Salem, représenté en évêque revêtu des *pontificalia*, procède au sacrifice, en offrant le pain et le vin (Gn XIV, 18), figure de l'Eucharistie.

– Abraham sacrifiant Isaac (Gn XXII, 10), figure du sacrifice du fils de Dieu.

– Jacob béni par son père Isaac qui le prend pour son frère aîné Ésaü (Gn XXVII, 18). Ce geste annonce la préférence accordée aux gentils sur les juifs par Dieu.

– Jacob bénissant les enfants de Joseph, Éphraïm et Manassé, en croisant les bras, ce qui met Éphraïm le plus jeune devant Manassé (Gn XLVIII, 14). Cet épisode annonce pareillement la substitution de l'Église à la Synagogue. Le geste de Jacob annonce le mystère de la Croix.

– Job sur son fumier se racle le bras gauche avec un tesson. Il incarne la patience du Christ (Jb II, 7 ; XLII, 6).

– Moïse tient les tables de la Loi et montre le serpent d'airain (Ex XXXII, 15 ; Nb XXI, 9), figure du Christ élevé sur la Croix.

– Aaron, en grand prêtre, tient la verge fleurie (Ex XXVIII, 1 ; Nb XVII, 8).

– Sacre de David par Samuel envoyé de Dieu (I Reg, XVI, 11-13) qui le préfère aux fils de Jessé plus âgés, c'est-à-dire les prêtres et les rois des Juifs. David préfigure le Christ, roi et prêtre.

– Jugement de Salomon (III Reg, III, 16-28). La vraie mère symbolise l'Église, la fausse, la Synagogue.

– Judith tenant la tête d'Holopherne, le général assyrien de Nabuchodonosor qu'elle a séduit pour le tuer afin de sauver la ville de Béthulie en Samarie (Jdt III, 9).

– Judas Maccabée qui conduisit la révolte des Juifs contre Antiochus IV Épiphane, roi de Syrie qui avait pillé le temple de Jérusalem (I M III, 1). Par ses hauts faits, il purifia le Temple c'est-à-dire l'Église. Il préfigure le Christ.

– Saint Jean-Baptiste tenant le disque avec l'Agneau de Dieu (Mc I, 1 ; Jn I, 29) annonce la venue du Christ.

Le troisième cordon comprend les quatre grands et les douze petits prophètes. Comme à la façade ouest, les grands prophètes occupent un emplacement privilégié, ici le sommet de la voussure. Les personnages ne sont pas représentés isolément, comme il est fréquent dans les voussures d'un portail, mais s'intègrent dans des scènes à plusieurs personnages. En cela, ils rappellent évidemment les procédés narratifs des quadrilobes du soubassement du portail central.

– Osée épouse Gomer la prostituée (Os I, 2).

– Joël souffle dans une trompette, comme au début de sa prophétie qui annonce la venue prochaine du fils de Dieu (Jl II, 15).

– Amos, assis, regarde une flamme tombant d'un nuage sur une maison (Am V, 6).

– Abdias, que l'on confond comme au portail ouest avec son homonyme intendant d'Achab, nourrit les prophètes qu'il avait cachés dans une caverne pour les soustraire à la fureur de Jézabel (III Reg, XVIII, 3).

– Jonas et la baleine (Jon II, 10).

– Michée prophétise comme au portail central à l'ouest le changement des glaives en socs et des piques en hoyaux (Mi IV, 3).

– Daniel, âgé de 12 ans, révèle l'innocence de la chaste Suzanne devant deux juges ou deux vieillards (Dn XIII). Toutes les têtes sont refaites.

– Jérémie est lapidé par les Juifs émigrant en Égypte du temps de Nabuchodonosor.

– Isaïe, sur ordre de Manassé, est scié en deux avec une scie en bois, en commençant par la tête.

– Ézéchiel se tient devant le Temple qu'il décrit la porte fermée (Éz XLIII, 1)

– Nahum dont la parole est illustrée littéralement : « Voilà sur les montagnes les pieds de celui qui évangélise et qui annonce la paix » (Na I, 15).

– Habacuc est enlevé par un ange pour aller nourrir Daniel (Dn XIV, 32). L'arrivée d'Habacuc est représentée au portail ouest.

– Sophonie est assis à côté de l'illustration littérale de la parole du Seigneur (So I, 2, 3) : « Je rassemblerai tout ce qui se trouvera sur la face de la terre, dit le Seigneur. Je rassemblerai les hommes et les bêtes, les oiseaux du ciel et les poissons de la mer », ce qui préfigure le Jugement dernier.

– Aggée, assis, montre une montagne où s'activent trois hommes plus petits coupant et portant du bois, ce qui illustre le verset : « Montez sur la montagne, dit-il aux Hébreux, portez les bois et élevez ma maison » (Ag I, 8), allusion à la nécessité de reconstruire le Temple.

– Zacharie annonce la venue du Sauveur : « Il est pauvre et il est monté sur une ânesse » (Za IX, 9). Le relief, très restauré suivant les directives de Jourdain et Duval, rappelle la procession du jour des Rameaux qui se terminait à proximité, près de la porte l'Arquet.

– Malachie, assis, voit un ange poussé par la main de Dieu : « Voilà que j'enverrai mon ange et il préparera la voie devant ma face » (Ml III, 1).

Le quatrième cordon comporte dix-huit personnages : les apôtres, les évangélistes et quatre femmes. La symétrie que l'on observe dans les cinq voussoirs inférieurs (deux évangélistes [non apôtres], deux saintes femmes et six apôtres) est perturbée dans la partie supérieure où culminent une figure féminine et saint Pierre. De gauche à droite cela donne :

– saint Luc ;
– une sainte femme ;
– un apôtre ;
– un apôtre ;
– un apôtre faussement complété en saint Jacques le Mineur ;
– une sainte femme âgée ;
– saint Jean ;
– saint Jacques le Majeur,
– une femme couronnée, sans doute la Vierge ;
– saint Pierre ;
– un apôtre, barbe en pointe. Pour Jourdain et Duval, ce serait saint Paul dont ils pensaient voir encore la garde de l'épée ;
– saint André tient la croix penchée, une corde croisée à l'extrémité des deux bras ;
– saint Mathieu ;
– un apôtre ;
– un apôtre ;
– un apôtre ;
– une sainte femme ;
– saint Marc.

L'identification traditionnelle des figures féminines avec la Vierge (en haut) et trois saintes femmes a parfois été abandonnée pour celle des trois sibylles citées par saint Augustin (*La Cité de*

Dieu, XVIII, c. 23) et au sommet l'Église (Katzenellenbogen). Il va de soi que la Vierge symbolise l'Église. Mais si sibylles il y avait, elles seraient sans doute mieux placées dans la voussure consacrée aux prophètes, et il y a plus de cohérence à voir les saintes femmes et la Vierge parmi les apôtres, tous ayant été témoins du Christ. Ces saintes femmes, Marie-Madeleine, Marie femme de Cléophas et mère de Jacques, et Marie Salomé, mère des fils de Zébédée, figurent d'ailleurs avec la Vierge, saint Luc et saint Marc dans les litanies du canon de la messe. On les retrouve dans les Actes des apôtres (Ac I, 13, 14).

Portée de l'iconographie

Au-delà d'une lecture littérale et typologique des figures et des scènes annonciatrices de la venue du Christ, Katzenellenbogen, persuadé de l'unité iconographique du portail, a cherché à mettre en relation les différentes parties de l'ensemble, qui évoquerait, de manière évidemment plus synthétique, le triple message de la façade occidentale centré sur le Jugement dernier et le salut, l'Église universelle et l'Église locale. Les quatre voussures offriraient l'image clairement articulée de l'histoire sainte : les anges l'accompagnant tout au long, les personnages de l'Ancien Testament et les prophètes illustrant les âges avant et après la Loi, Moïse se trouvant au point culminant de la deuxième voussure. Enfin, les apôtres et les évangélistes témoignent du nouvel âge de la Grâce. Le Christ sommant le tympan tiendrait une place comparable, quoique moins en vue, à celle du Beau Dieu à la façade ouest.

Examinés à l'aune du tympan consacré à saint Honoré, les personnages de l'Ancien Testament seraient ainsi également des figures des principales qualités du prélat soulignées dans sa *Vita*, sa modestie à être investi de la charge épiscopale, son total dévouement au service divin et sa joie à conduire les affaires ecclésiastiques, sa compassion pour les fidèles qui lui étaient confiés.

Les grands prêtres Melchisédech et Aaron sont parfois évoqués comme les figures des évêques. Les bénédictions d'Isaac et de Jacob passent pour être la source de la bénédiction de l'évêque au cours de son investiture. Son onction est comparée à celle de David. Les sacrifices d'Isaac et l'offrande de Melchisédech préfigurent le sacrifice de la messe. Noé a été comparé à un prélat bâtissant son église. Un passage du livre des Maccabées, quand le Temple récemment purifié était en danger, était lu lors de la consécration d'églises. Le jugement de Salomon peut faire allusion au pouvoir juridique de l'évêque, mais la présence de

Judith, dont on a pu montrer le courage en modèle aux clercs (saint Ambroise), s'intègre mal dans cette lecture.

Aux extrémités des deux demi-voussures, les couples Adam/Job et Moïse/Jean-Baptiste illustreraient la doctrine de la réconciliation avec Dieu malgré les péchés par la repentance et leur rémission, un sujet abordé en profondeur au IVe concile du Latran qui prescrit la confession annuelle. Adam au travail a été interprété, dès les Pères de l'Église, comme un acte de repentance volontaire. Job souffrant se repentit également. Moïse, en élevant à la demande de Dieu le serpent d'airain, dont le toucher sauve ceux qui ont subi la morsure des reptiles, présente un symbole de la grâce. Enfin, Jean-Baptiste prêche le baptême pour la rémission des péchés et tient l'Agneau de Dieu qui enlève le péché du monde. Moïse et Jean-Baptiste sont liés parce qu'ils détiennent tous deux des symboles de la mort du Christ pour le salut de l'humanité.

On peut leur ajouter les apôtres du premier registre du linteau, qui, à l'heure de la séparation, ont reçu pour mission de prêcher la repentance et la rémission des péchés au nom du Christ (Katzenellenbogen). Dans la lignée de ces disciples du Christ, qui les premiers s'adressèrent aux gentils, se placent les évêques puis les prêtres qu'ils ont ordonnés. Tous, au nom du Christ qui figure au sommet du tympan, invitent à la repentance.

Katzenellenbogen leur rattache également les figures du sommier de la troisième et de la quatrième voussure. Osée épouse la prostituée, c'est-à-dire l'Église des gentils, entachée de péchés avant qu'elle ne se repente. Luc, à la fin de son Évangile (XXIV, 47) insiste sur la repentance et la rémission des péchés. Malachie et Marc forment un ensemble. Jean accomplit la prophétie de Malachie. Les figures au sommet des voussures incarnent la souffrance et la mort et « par conséquent sont liées à la Crucifixion » (Jérémie, Isaïe, Job).

Dans la troisième voussure consacrée aux prophètes, les épisodes choisis sont le plus souvent différents de ceux de la façade ouest. Dans le cas contraire, le traitement reste distinct. Les mêmes idées semblent toutefois défendues. Si les quadrilobes de la façade illustraient les conditions pour obtenir le salut en s'attardant aussi sur les causes de damnation, les prophètes du portail Saint-Honoré donnent une vision plus confiante de la conception de la vie des fidèles avec le Christ dans la perspective générale du salut.

Le mariage d'Osée avec la prostituée symbolise l'union du Christ avec l'Église. Malachie annonce la venue de saint Jean-Baptiste. Joël annonce la venue du Christ, bienveillant, miséricordieux et patient. Zacharie annonce l'entrée du Christ à Jérusalem,

Amos voit les maisons détruites par le feu parce que les hommes n'ont pas cherché l'aide de Dieu, Aggée incite les fidèles à reconstruire l'Église sur de bonnes bases, par les bonnes actions et la vérité.

D'autres évoquent la vie exemplaire du fidèle. Celle d'Abdias est transformée : pour avoir protégé et nourri cent prophètes, il devient chef religieux. Sophonie voit les hommes, les oiseaux et les poissons consumés, ce qui est considéré comme une purification. Jonas sortant de la baleine préfigure la Résurrection du Christ, un exemple pour l'homme. Habacuc nourrit Daniel à la demande du Seigneur, il est la figure de l'homme qui, selon saint Paul, fait ses bonnes actions au nom de Dieu (Paul, Col V, 17). Michée et Nahum annoncent le règne de la Paix dans le cœur des hommes.

Les quatre grands prophètes illustreraient les vertus et le martyre. Daniel, jeune, sauve Suzanne, modèle de pudeur. Ézéchiel voit la porte que seul le Seigneur peut franchir, symbole de la chasteté de Marie. Au sommet, Jérémie et Isaïe sont martyrisés.

La particularité du portail Saint-Honoré, par rapport aux autres portails dédiés à un saint comme le portail Saint-Firmin à la façade ouest ou le portail Saint-Calixte à Reims, est d'offrir un ensemble plus complexe et plus riche dont les différents éléments sont intimement liés. Dans le cadre de l'histoire sainte, les personnages de l'Ancien Testament préfigurent d'une part le Christ et son œuvre de salvation, d'autre part ils revêtent une importance particulière en relation avec la charge et les fonctions épiscopales, et ils insistent sur l'idée d'une réconciliation entre le pécheur et Dieu.

S'il peut paraître abusif de faire du Christ en croix au sommet du tympan un pivot comparable au Beau Dieu du trumeau du portail principal de la façade ouest, il n'est pas moins utile de souligner la profonde mutation qui s'opère entre un tympan occidental sommé de la représentation du Christ du Jugement dernier sous celui, terrible, de l'Apocalypse, et le portail du transept qui culmine dans l'image du sacrifice du Christ, thème très rarement traité dans un portail avant la fin du XIIIe siècle, d'un Christ, qui plus est, s'inclinant devant le pasteur des fidèles de la région.

C'est donc le souci de montrer l'excellence du clergé diocésain tout autant que l'engagement à suivre le Christ dans la perspective du salut qui semblent avoir régi la conception du portail Saint-Honoré qui rejoint en cela les préoccupations plus évidentes à la façade occidentale. Le caractère public de ce portail, à l'extrémité de l'ancienne rue du Cloître-Saint-Nicolas, justifie l'ampleur du programme.

Le portail Saint-Firmin du bras nord

Le portail du bras nord du transept frappe par sa grande sobriété, que l'on peut rapprocher des portails jumeaux du bras nord du transept de la cathédrale de Laon, comme lui à proximité du palais épiscopal. Les ébrasements sont simplement ornés de trois hautes colonnettes, baguées au premier tiers, auxquelles correspondent autant de voussures moulurées. À Amiens, le décor figuré se limite aux corbeaux supportant le linteau, où prennent place des personnages accroupis. Au trumeau s'adosse une statue d'évêque que l'on identifie généralement avec saint Firmin le Confesseur, troisième évêque d'Amiens. L'église dont il était le patron s'élevait d'ailleurs à proximité. Celle qui la précéda et dont la démolition fut rendue nécessaire par la mise en chantier de la cathédrale gothique se trouvait peut-être tout près.

Le soubassement du trumeau, d'un dessin comparable à celui de la Vierge dorée du bras sud, est orné de cinq bas-reliefs où l'on reconnaît l'Annonciation, la Visitation et la Nativité du Christ. Jourdain et Duval ont avancé les premiers qu'il y avait eu une interversion avec le portail du bras sud et que la statue d'évêque du trumeau avait été conçue pour y prendre place. Il s'agirait alors plutôt de la représentation de saint Honoré. La présence au sommet du trumeau, en pendant d'une figure tenant sur le bras une chouette, d'un personnage coiffé d'un casque ailé, attribut traditionnel du païen comme on en rencontre dans la Lapidation de saint Étienne au portail du bras sud du transept de Notre-Dame de Paris ou dans la découverte de la Sainte Croix par sainte Hélène à la façade de Reims, n'est pas d'un grand secours pour l'identification de l'évêque.

La statue du prélat, à l'attitude élégante, le visage souriant, encadré par une chevelure soigneusement bouclée, comme la barbe et la moustache, est peut-être postérieure à la Vierge dorée. En tout cas, le dais qui le couronne est plus élancé que celui de la Madone, et des figurines têtes en bas y remplacent entre les gâbles des tourelles d'angle. Quoi qu'il en soit, la mise en place du trumeau est intervenue très tard, puisque le remplage du tympan vitré trahit une construction du début du XIVe siècle, peut-être à l'époque où la grande rose fut mise en place. On sait également qu'au revers du portail, une peinture de saint Christophe, malheureusement disparue, portait la date de 1310. On prévoyait initialement un tympan plein et vraisemblablement sculpté, ce que suggère le mauvais raccord du tympan vitré sous la première voussure dont la flèche est plus haute. Il ne fut pas possible de porter le remplage à ces dimensions car les portes et leur couronnement en arc brisé, à l'ouverture plus réduite, étaient en place depuis le deuxième tiers du XIIIe siècle, comme l'indique, à l'intérieur, l'appareil parfaitement régulier du revers du pignon.

Questions de style

Les affinités avec les portails occidentaux ont été soulignées pour la structure du portail Saint-Honoré. Toutefois, certains éléments sont nouveaux, comme le traitement du mur de revers, animé d'arcatures aveugles couronnées de quadrilobes et de trilobes simulant un remplage.

Pour la sculpture, il ne fait pas de doute qu'au moins deux ateliers se sont succédé. Au premier revient le socle du trumeau et les statues d'ébrasement d'un style particulièrement raide et inexpressif. Il n'y a aucune preuve que ce sont des figures destinées initialement à la façade ouest, mais « reléguées » au bras sud en raison de leur mauvaise qualité. Leur datation dans les premières années du chantier paraît aller de soi, au début des années 1230 au plus tard. Le second groupe, le plus important quantitativement, rassemble les autres figures du portail, dont la datation oscille entre les alentours de 1240 et les environs de 1260, selon que l'on y voie un reflet de l'art du milieu du siècle en Ile-de-France (Sauerländer, 1972), ou qu'au contraire, l'on en fasse une création originale, antérieure aux grands chantiers de la Sainte-Chapelle ou du transept de Notre-Dame de Paris (Kimpel, Suckale, 1973).

Les arguments développés en faveur de cette dernière hypothèse méritent l'attention. Ils insistent sur les nuances stylistiques qui touchent les parties les plus récentes du portail. Ainsi, les voussures montrent des affinités avec certaines sculptures de la façade ouest : les statuettes des voussures intérieures présentent, pour la plupart, un dessin relativement sec des drapés, qui évoque certaines figures de l'Arbre de Jessé du portail central occidental ou du socle du trumeau de la Mère-Dieu, tout en conservant un aspect plus plastique, moins heurté. Les têtes bien rondes n'ont en revanche guère d'antécédent apparent à l'ouest. Dans les parties du portail Saint-Honoré plus récentes, dans le tympan notamment, les figures sont traitées avec un plus grand naturel, et toujours avec un souci de variété des attitudes et des gestes qui évite toute monotonie.

La technique qui consiste à travailler une scène ou plusieurs figures dans une dalle de petit format, déjà observée à la façade occidentale, est ici beaucoup mieux maîtrisée. Les joints, qu'ils séparent deux moments de la narration ou non, désormais plus visibles, n'interrompent donc plus la continuité du récit. Ce n'est qu'un des aspects d'une science certaine de la composition qui apparaît nettement dans le défilé délicatement animé des apôtres du tympan ou dans le talent déployé pour occuper les extrémités des registres supérieurs où les personnages se plient avec naturel à la courbure épousant le tracé des voussures.

Le sens aigu du relief, dans toutes ses nuances, concerne aussi bien les archivoltes aux figures très plastiques que le tympan, où l'on observe une subtile diminution de la saillie des figures de bas en haut. Les apôtres en ronde-bosse du premier registre débordent même le cadre, pourtant assez profond, où ils prennent place. Au-dessus, les deux registres de la vie de saint Honoré atténuent la projection des personnages jusqu'au bas-relief qui caractérise la Crucifixion. Les frises architecturales qui séparent les différents registres suivent le même principe.

Une intense animation touche l'ensemble du portail. Les voussures sont animées de véritables groupes, selon un parti apparemment abandonné depuis la fin du XIIe siècle. Même les figures isolées adoptent des gestes et attitudes infiniment variées, comme les anges de la première voussure, ce qui écarte le risque de monotonie inhérent à ce type de composition. Dans le tympan se multiplient les scènes à caractère narratif avec des détails souvent pittoresques, comme ceux touchant le mobilier liturgique rendu avec beaucoup d'attention. Au portail du bras nord, le linteau est orné avec beaucoup de raffinement d'une frise de quadrilobes remplis de motifs végétaux, tout comme les écoinçons où se sont égarés quelques animaux.

Cette liberté de traitement et la diversité des sources, qu'on ne saurait réduire à un seul monument ou foyer, trouvent des parallèles dans la sculpture des tympans des portails latéraux de la façade de la cathédrale de Rouen, peut-être aussi au portail central de Bourges pour les visages ronds et souriants. C'est un fait que la sculpture parisienne témoigne d'une plus grande pondération et d'une tendance, dès le milieu du siècle, à l'uniformisation et à l'aplatissement du relief, sensible dans la répétition de silhouettes quasiment identiques dans les voussures, ainsi au portail du bras sud du transept de Notre-Dame de Paris.

À Amiens, les dais, encore conçus comme des demi-octogones, déclinent une grande diversité de formes secondaires alors qu'au milieu du siècle se répand, sans doute depuis Paris, la forme simplifiée à deux côtés d'un carré avec angle abattu et décor uniformisé. L'absence, entre les voussures, de cordons végétaux qui sont une des caractéristiques des portails après 1250, rend d'autant plus plausible une datation antérieure du portail Saint-Honoré (Kimpel, Suckale, 1973).

La Vierge dorée que l'on compare souvent avec la Vierge du trumeau du portail nord du transept de Notre-Dame de Paris, n'a pas ses mouvements contenus et les plis de sa robe et de son manteau sont bien plus heurtés et creusés. Le visage de la Vierge amiénoise, moins subtil peut-être, ne répond pas du tout au même canon, avec son traitement arrondi. Les trois anges voltigeant, qui maintiennent son nimbe délicatement ouvragé contre le linteau, comptent toutefois parmi les créations les plus gracieuses de cette époque.

Les liens entre Amiens et Paris, dans le domaine de la plastique, comme dans celui de l'architecture, intéressent davantage la Sainte-Chapelle. Les anges placés au revers du portail Saint-Honoré présentent, à un degré à peine moindre que certaines figures d'apôtres parisiens, cette tendance à exagérer le relief des plis, dans des tissus plus fins qu'à l'extérieur. Ce rapprochement précis ne permet cependant pas une filiation car les anges d'Amiens, porteurs des instruments de la Passion, sont en ronde-bosse, et mal adaptés aux socles trop petits qui les supportent. Ils ont donc pu être mis en place un certain temps après le cadre architectural. Le traitement adouci des drapés épais et moelleux, que l'on rencontre dans certaines statues de la chapelle royale, traduit sans doute une connaissance plus large du portail Saint-Honoré.

Sans vouloir remplacer un palmarès par un autre, et faire du portail Saint-Honoré la source de l'art parisien au milieu du siècle, il n'est pas inutile de souligner la grande diversité de la sculpture avant cette date, qui marque incontestablement l'affirmation de la primauté de l'art de la capitale, sensible dans les statues les plus récentes de la façade ouest de la cathédrale de Reims par exemple. Le parallèle avec l'architecture rend cette mutation patente. Il n'y a pas à revenir sur les liens très étroits qui unissent le portail de la Vierge dorée à la façade ouest, à celle de Paris et à Chartres, donc avant les réalisations « rayonnantes » de Saint-Denis et du transept de Notre-Dame de Paris qui présentent des formes tout à fait nouvelles et bien différentes. À Amiens, l'enchaînement des deux grands chantiers de la façade occidentale d'une part, et du portail Saint-Honoré d'autre part, s'est effectué assez rapidement pour que l'on observe leur incidence conjointe sur le chantier de sculpture de la cathédrale de Reims, vers le milieu du XIIIe siècle (Kurmann, 1987).

CINQUIÈME PARTIE

LES CHAPELLES DE LA CATHÉDRALE AU MOYEN ÂGE

LES CHAPELLES DU CHŒUR	152
LES CHAPELLES LATÉRALES DE LA NEF	154
LES CHAPELLES DU BEAU PILIER	158

Dès l'origine, la cathédrale compta un nombre important de chapelles destinées à la célébration de messes décidées par le clergé, des particuliers ou des confréries. L'institution de chapellenies permit l'entretien de chapelains pour officier sur l'autel. La polysémie du terme chapelle, désignant indistinctement la fondation et les droits et biens afférents, le lieu de célébration des offices – construit ou non – et son décor, rend parfois délicate, en raison des changements de vocables, des transferts de biens et de la modernisation du mobilier, l'appréciation d'un mouvement qui ne cessa de se développer pour circonscrire le pourtour de la cathédrale d'une série continue d'autels, magnifiés à la fois par le décor et l'architecture. Si le mobilier médiéval des chapelles a été renouvelé ultérieurement et ne peut plus être apprécié qu'indirectement par le témoignage de sources écrites anciennes, le cadre architectural subsiste. À lui seul, avec ses dimensions étonnantes offrant aux chapelles des envolées sous voûtes d'une vingtaine de mètres, il permet de saisir l'ambition des fondations.

LES CHAPELLES DU CHŒUR

Les chapelles, les plus anciennement documentées de la cathédrale gothique, se trouvent à la périphérie du chœur. La chapelle de la Conversion de saint Paul, fondée par l'ancien doyen Jean d'Abbeville, en 1233, à l'extrémité orientale du bras sud du transept, est la plus ancienne. Les suivantes prennent place autour du déambulatoire ; du sud au nord, on peut rétablir la succession des vocables anciens.

La chapelle Saint-Éloi, attestée dès mars 1243 avec la fondation d'une chapellenie, est signalée à l'extérieur par la statue du saint patron au sommet d'un de ses contreforts. Elle précède la chapelle Saint-Nicaise. La chapelle Saint-Jacques est mentionnée en 1253, quand le pénitencier Laurent de Montreuil y fonda trois chapellenies. La chapelle d'axe, qui se distingue des autres par sa longueur accrue, fut dès l'origine dédiée à la Vierge, patronne de la cathédrale. Elle servait d'église paroissiale pour les habitants du quartier canonial – le service religieux y est attesté en 1262. En 1259, le chapitre ratifiait la fondation d'une messe quotidienne de la Sainte Vierge. C'est la seule chapelle du chœur qui ait conservé des tombeaux médiévaux avec les monuments du chanoine Thomas de Savoie († 1332 ou 1335-1336) et de l'évêque Simon de Gonçans († 1325), beaucoup plus restauré. Tous deux suivent un

LES CHAPELLES DU CHŒUR

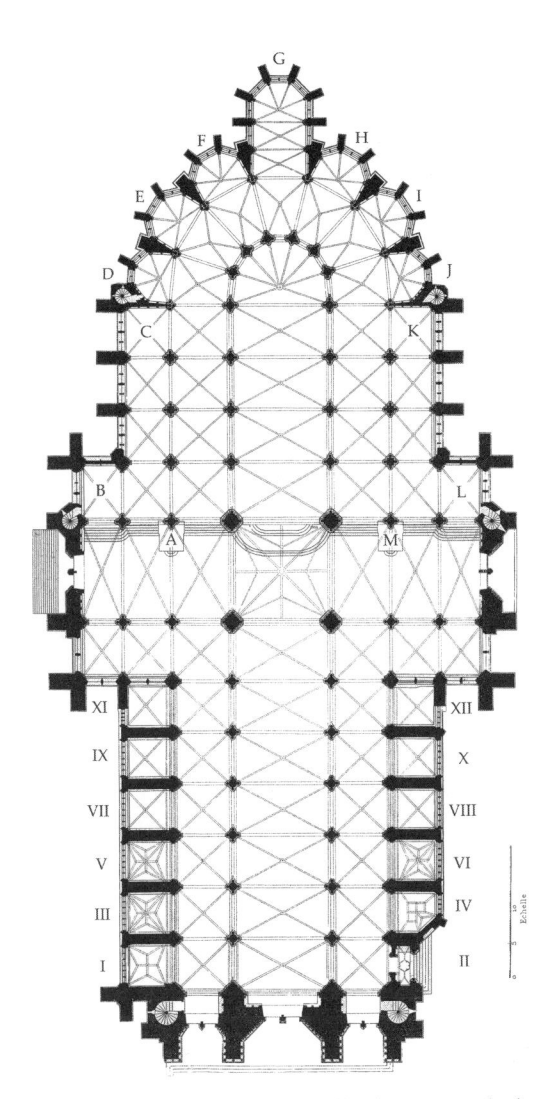

Chapelles de la Nef*
I. Chapelle du Sauveur, Saint-Jean-Baptiste
II. Chapelle Saint-Lambert
III. Chapelle Notre-Dame-de-Bon-Secours, Saint-Jean-l'Évangéliste
IV. Chapelle Saint-Christophe
V. Chapelle Saint-Sauve, Saint-Michel
VI. Chapelle Notre-Dame-de-Foy, de l'Annonciation ou du Jardinet
VII. Chapelle Saint-Honoré
VIII. Chapelle de l'Assomption, Saint-Nicolas
IX. Chapelle Notre-Dame-de-Paix, Saint-Louis
X. Chapelle Saint-Étienne, Saint-Laurent
XI. Chapelle Saint-Firmin, Sainte-Agnès
XII. Chapelle Sainte-Marguerite

Chapelles du transept et du chœur*
A. Chapelle Saint-Sébastien, du Pilier vert
B. Chapelle Saint-Jean-du-Vœu, Saint-Pierre
C. Chapelle Notre-Dame-de-Pitié
D. Chapelle Saint-Quentin
E. Chapelle Saint-Jean-Baptiste
F. Chapelle Sainte-Theudosie, Saint-Augustin
G. Chapelle de la Vierge, Notre-Dame-Drapière
H. Chapelle du Sacré-Cœur, Saint-Jacques, Saint-Gilles
I. Chapelle Saint-François-d'Assise, Saint-Nicaise
J. Chapelle Saint-Éloi
K. Chapelle Saint-Joseph, Saint-Charles-Borromée, Notre-Dame-Anglette
L. Chapelle Saint-Pierre-et-Saint-Paul, de la Conversion de saint Paul
M. Chapelle Notre-Dame-du-Puy, du Pilier rouge

* Les vocables anciens sont indiqués en minuscules quand ils diffèrent de la titulature actuelle.

Plan de localisation des chapelles (d'après Durand).

parti comparable à enfeu ; le soubassement du coffre, orné d'arcatures, abrite des pleurants.

La chapelle d'axe était flanquée au nord de la chapelle Saint-Augustin, précédant la chapelle Saint-Jean-Baptiste, siège de la confrérie des Tanneurs qui y tenait réunion et fit don du vitrail signalé plus haut. La première chapelle rayonnante nord était dédiée à saint Quentin. On l'appelait aussi chapelle Saint-Quentin des meurtris ou des Cinq clercs, en souvenir de la mise à mort de cinq clercs sur ordre du bailli Geoffroy de Milly en 1244. C'est là que furent établies quatre des six chapellenies que le bailli avait été condamné à fonder par sentence épiscopale du 29 novembre 1244. La fondation effective des chapelles n'intervint toutefois pas avant 1262.

Il faut ajouter aux chapelles rayonnantes, la chapelle Notre-Dame-Anglette (*Beata Maria Anglica*), établie à l'extrémité orientale du bas-côté extérieur sud du chœur. D'origine inconnue, elle doit, en raison de son vocable, être mise en rapport avec l'Angleterre. On ne peut exclure que la reine Éléonore de Castille, autrefois présente dans un vitrail de l'abside auprès de la Vierge, ait joué un rôle dans sa fondation. Mais les relations avec l'Angleterre étaient si étroites à Amiens, où un quartier portait le nom de ce pays, que d'autres motivations ont pu jouer. C'est là que les chapelains de la cathédrale établirent leurs archives.

Vers le milieu du XIVe siècle eurent lieu deux fondations importantes, qui signalèrent deux autels à un emplacement privilégié dans le transept, à l'entrée des doubles bas-côtés du chœur. Il s'agit de la fondation, par l'évêque Jean de Cherchemont, en 1346, de la chapelle Saint-Sébastien ou du Pilier vert dans le bras nord, et peut-être à la même date de celle de Notre-Dame du Pilier rouge par Firmin de Cocquerel, chancelier de France et évêque de Noyon († 1349). Nous reviendrons sur ces deux autels qui ont toujours fait l'objet des soins les plus attentionnés pour être mis au goût du jour.

LES CHAPELLES LATÉRALES DE LA NEF

À peine le gros œuvre de la cathédrale était-il achevé et le décor sculpté et vitré mis en place, jubé inclus, que de nouveaux travaux étaient lancés. Ils concernent la construction de chapelles latérales à la nef, liées à la multiplication des messes privées par des individus ou des corporations et au désir de commanditaires prestigieux, à commencer par l'évêque, de marquer la grande église de leur empreinte.

La construction des chapelles de la nef se déroula d'est en ouest depuis le transept jusqu'à la façade. Elles sont établies entre les culées des arcs-boutants qui déterminent leur largeur, mais des cloisons montées en prolongement leur ont donné une plus grande profondeur, à l'exception des deux premières chapelles sur le flanc sud, qui devaient laisser relativement dégagée l'ancienne porte Saint-Christophe. Cette dilatation de la nef fut réalisée avec beaucoup de soin. Les arcades du soubassement primitif des bas-côtés ont, pour la plupart, été remontées au fond des chapelles. En outre, la réalisation de ces chapelles, étendue sur près d'un siècle, de 1290 à 1380 environ, s'intègre dans un schéma d'ensemble, qui, à part les variantes de remplages évitant toute monotonie, a permis la création de gigantesques pans d'architecture vitrée : une des compositions les plus spectaculaires mais aussi les plus méconnues de l'architecture du XIVe siècle.

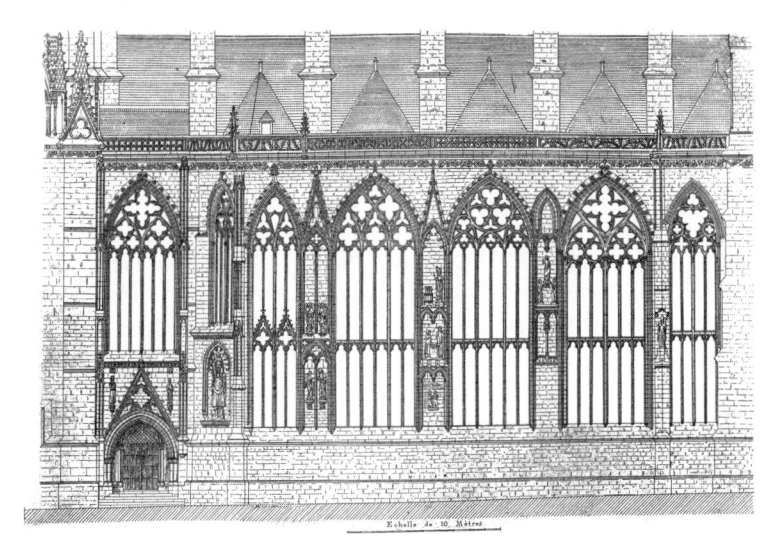

Élévation extérieure des chapelles latérales sud (d'après Durand).

La plus ancienne chapelle, dédiée à sainte Marguerite (XII) à l'extrémité du bas-côté sud, fut fondée avant 1292 par l'évêque Guillaume de Mâcon (1278-1308). Le prélat s'y était fait représenter plusieurs fois. Seule subsiste sa statue, à l'extérieur, contre le contrefort marquant la limite occidentale de la chapelle. Un vitrail, disparu en 1704, y portait ses armes et l'inscription : *Guillelmus Ambianensis episcopus, natione burgundus, fieri me fecit*. Georges Durand avance l'hypothèse que les liens étroits qui unirent l'évêque à Saint Louis et à la reine Marguerite de Provence, encore vivante à cette époque, expliqueraient le vocable de la chapelle. Guillaume y fut inhumé dans un somptueux tombeau de cuivre émaillé, orné de statuettes, son âme étant reçue, comme celle des élus du portail principal, dans le sein d'Abraham.

En face, ouvrant sur le bas-côté nord, la chapelle Sainte-Agnès (XI), aujourd'hui chapelle Saint-Firmin, fut fondée en 1296 grâce au legs de Drieu Malherbe, mayeur d'Amiens en 1292, et de sa femme Marie. Des vestiges de la vitrerie le montrent offrant la chapelle à sainte Agnès, ou encore présentant une verrière à sainte Catherine.

La chapelle voisine, dédiée à Saint Louis (IX), aujourd'hui Notre-Dame-de-Paix, est de peu postérieure à la canonisation du roi, le 11 août 1297. L'initiative en revient encore à l'évêque Guillaume de Mâcon, très lié au saint roi, dont il fut l'aumônier, et qui avait plaidé auprès du pape la canonisation. La chapelle est mentionnée dans un acte de l'évêque en 1302, à l'occasion de la fondation sur place d'une chapellenie, par le chanoine Étienne Gaydon. Une autre chapellenie y fut instituée en 1305, en exécution du testament de Jean Darc, citoyen d'Amiens.

L'avant-dernière chapelle sud de la nef, dédiée à saint Étienne (X), n'est pas attestée avant 1427, mais son fenestrage à meneaux plaide pour une fondation contemporaine des précédentes. Sur le front du contrefort qui la limite à l'ouest figure la scène de la Transfiguration où le Christ apparaît à Moïse et Élie. Au-dessous, deux socles supportaient les statues d'Adam et Ève, stupidement détruites au XVIIIe siècle, parce que leur nudité choquait. Les chapelles Saint-Honoré (VII) et Saint-Nicolas (VIII) présentent les mêmes remplages que la chapelle Saint-Louis, et doivent donc être contemporaines. Le fondateur de la chapelle Saint-Honoré pourrait être le doyen Guillaume de Le Planque († 1325), qui y avait fondé une chapellenie en l'honneur du saint titulaire et y fut inhumé. Sur l'autel, la statue du saint surmontait des petits reliefs relatifs à ses miracles. Elle disparut lors d'aménagements ultérieurs. La confrérie des boulangers et pâtissiers d'Amiens y célébrait sa fête tous les ans, le 16 mai. La chapelle Saint-Nicolas, aujourd'hui de l'Incarnation ou de l'Assomption, fut construite grâce aux aumônes des marchands de guède des villages voisins d'Amiens, comme l'atteste l'inscription gravée à l'extérieur sous la représentation des donateurs et de leur patron : « Les bones gens des viles d'entour Amiens qui vendent waides ont faite chete capele de leurs omonnes. »

Dans le premier quart du XIVe siècle fut également construite la chapelle Saint-Michel (V) aujourd'hui Saint-Sauve. De nombreux tombeaux s'y trouvaient, notamment un mausolée avec deux gisants qui passaient pour représenter le comte d'Amiens Anguilguin et sa femme Rumilde, bienfaiteurs, au milieu du IXe siècle, de l'ancienne cathédrale.

La chapelle de l'Annonciation dite encore du Jardinet (VI), par allusion à l'*Hortus conclusus* du Cantique des cantiques, aujourd'hui Notre-Dame-de-Foy, a dû être élevée dans le deuxième quart du XIVe siècle. Elle se distingue des précédentes par un voûtement plus complexe, avec adjonction aux ogives de liernes et de tiercerons qui dessinent une étoile à quatre branches, comme à la croisée et dans les trois premières chapelles nord. La Vierge du groupe de l'Annonciation qui orne l'un des contreforts de la chapelle, sous les statues des deux autres archanges Raphaël et Michel, compte, malgré l'usure de la pierre, parmi les œuvres les plus élégantes de cette période, comparable sur plus d'un point à la fameuse Vierge de vermeil du Louvre offerte par Jeanne d'Évreux à Saint-Denis en 1339. Apparue vers 1378, la confrérie de l'Annonciation Notre-Dame, composée de marchands, siégeait dans la chapelle.

Celle qui la précède à l'ouest est dédiée à saint Christophe (IV) dont une statue colossale orne, à l'extérieur, le pan coupé, et a donné son nom à la porte voisine. Ce saint, très populaire à la fin du Moyen Âge, était invoqué par les pèlerins. La vue de son image garantissait, croyait-on, la vie sauve pour la journée. Enguerran d'Eudin, bourgeois d'Amiens, y avait fondé, par testament du 19 octobre 1390, une messe de requiem. D'après Lamorlière, le personnage était représenté dans le vitrail, portant d'azur à l'aigle éployée d'argent. Il pourrait même être le fondateur de la chapelle, qui serait alors une œuvre pie où il aurait consacré une partie de la fortune acquise inopinément de la confiscation des biens de Jacques de Saint-Fuscien condamné à mort pour avoir participé au soulèvement manqué contre le régent en 1358 (Durand 1901). La fondation d'Enguerran pourrait faire écho au programme sculpté à forte signification politique qui caractérise en face les deux chapelles latérales nord du Beau Pilier.

Le plan pentagonal asymétrique de la chapelle Saint-Christophe entraîna un dessin curieux de la voûte, qui, sur la composition de base d'un carré central composé de quatre quartiers relié par des tiercerons aux angles de l'édicule, paraît adapter vers le pan oblique la solution plus classique d'un arc fourchu rejoignant le centre de la voûte. À la date de la réalisation de la chapelle, dans le troisième quart du XIVe siècle, on chercherait vainement des œuvres équivalentes dans le nord de la France, alors que l'architecture anglaise, depuis le siècle précédent, s'ingénie à multiplier ces jeux savants sur le dessin des voûtes. On observe la même recherche dans le remplage de la baie sud, avec la formule sophistiquée de quatre lancettes étrésillonnées par deux quadrilobes épointés inscrits dans un losange sous un gâble.

La petite chapelle Saint-Lambert (II), établie en étage au-dessus de la porte Saint-Christophe du XIIIe siècle, n'excède pas la profondeur des contreforts. Désaffectée depuis le XVIIIe siècle, elle avait été fondée par un certain Henri Biaxpingnié ou Beaupignié dont le nom était peint sur une console près de l'autel. Nous ne savons malheureusement rien de ce personnage dont le patronyme est attesté à Amiens au XIVe siècle. Un porche plaqué devant le portail du XIIIe siècle sert de soubassement à la chapelle. Il ouvre sur l'extérieur par une arcade brisée coiffée d'un gâble flanqué de deux statues, un évêque, sans doute le saint évêque de Maastricht, patron de la chapelle, et un guerrier qui pourrait être Pépin d'Herstal, réprimandé par l'évêque pour adultère (Durand, 1901). On retrouve les mêmes personnages à l'intérieur sur le mur oriental, au-dessus de l'emplacement de l'autel. Des vestiges de peintures murales très effacés, retraçant sans doute la vie de saint Lambert, pourraient remonter à l'époque de la construction de la chapelle, couverte d'une voûte décorative particulièrement raffinée, centrée sur un hexagone redenté.

LES CHAPELLES DU BEAU PILIER

Les deux premières chapelles sur le flanc nord de la nef ont été fondées par Jean de La Grange, évêque d'Amiens de 1373 à 1375, avant de devenir cardinal († 1402). Cet homme d'Église fut un politique de premier plan et un grand mécène. Les vestiges du somptueux tombeau de ses chairs, élevé à Saint-Martial d'Avignon, ne doivent pas occulter sa participation à la parure monumentale et sculptée de la cathédrale d'Amiens qui pouvait s'enorgueillir d'abriter le tombeau de ses ossements. Il avait, à cette intention, fait réaliser à Paris un gisant qu'il fit venir à Amiens bien avant son testament de 1402. Son neveu et successeur, l'évêque Jean de Boissy (1389-1410), suivit ses instructions en le faisant placer à gauche du maître-autel, entre les piliers de la quatrième travée du chœur, près de la chaire du diacre. Pour occuper la moitié de la travée laissée vacante, il y fit élever son propre tombeau, suivant le même parti.

Ces mausolées somptueux comportaient un soubassement garni d'arcatures abritant des pleurants en marbre blanc et étaient couronnés de dais aux architectures savantes. Seul subsiste le gisant de marbre blanc du cardinal, déplacé au XVIIIe siècle dans le pan axial du rond-point, sous le tombeau du chanoine Lucas, à la place de la statue de l'évêque Arnoul de La Pierre.

Le cardinal avait également fondé deux chapelles en l'honneur de saint Jean-Baptiste et saint Jean l'Évangéliste, ses patrons, à hauteur des deux premières travées du bas-côté nord de la nef. La fondation est intervenue avant 1375, puisque le chapitre cathédral y fait allusion dans sa lettre de félicitations au prélat pour son élévation au cardinalat cette même année. La réalisation s'est poursuivie après cette date car les références au titre cardinalice abondaient dans le décor des chapelles. Avant les transformations du XVIIIe siècle, elles conservaient le témoignage de la générosité du fondateur dans les vitraux, avec les armes de France et celles du cardinal *de gueules, à trois oiseaux d'argent, au franc canton d'hermine*, un chapeau de cardinal coiffant l'écu. Dans chacune des chapelles, Jean de La Grange s'était fait représenter en compagnie du roi Charles V, aux côtés de la statue du saint dédicataire. On voit encore quelques traces d'arrachements de ce décor sculpté contre le mur oriental des chapelles où s'adossaient les autels avant les aménagements du XVIIIe siècle.

Le décor extérieur des chapelles expose, de façon plus spectaculaire encore, les dévotions et les ambitions politiques du cardinal. Tirant très habilement parti de la structure de la construction qui se termine à l'ouest par le « Beau Pilier » – en fait un énorme contrefort cruciforme, dont la construction s'avérait nécessaire, non pas pour épauler les chapelles, mais la tour nord encore inachevée –, le maître d'œuvre, inconnu, conçut un décor figuré grandiose, qui superpose trois statues sur le front de trois contreforts : les deux culées perpendiculaires du Beau Pilier et celle séparant les deux chapelles. L'alignement de ces statues sur trois registres permet d'unifier l'ensemble d'une structure qu'il est difficile d'embrasser dans sa totalité, d'un seul coup d'œil, étant donné la forte saillie du Beau Pilier et l'orientation différente des contreforts, sans parler de l'église Saint-Firmin-le-Confesseur, qui, jusqu'à sa destruction à la Révolution, empêchait tout recul.

Le choix des neuf personnages représentés relevait à coup sûr du cardinal. Ils prennent place dans une double hiérarchie que dessinent les lignes horizontales et verticales de la composition, privilégiant logiquement les personnages situés en hauteur, et dans chaque lignée, le personnage en tête, c'est-à-dire celui tourné vers l'ouest, le côté mieux exposé, visible depuis le parvis. La place d'honneur revient à la Vierge (statue moderne des Duthoit), suivie à la même hauteur de saint Jean-Baptiste puis de saint Firmin. Au-dessous de la Vierge se trouve le roi Charles V, suivi de ses deux enfants, le dauphin Charles, futur Charles VI, et son frère cadet, le prince Louis. Au niveau inférieur, le cardinal de La Grange, non sans un certain orgueil, précède deux personnages laïcs que l'on identifie généralement avec le conseiller royal Bureau de La Rivière et l'amiral Jean de Vienne.

Les personnages sacrés qui couronnent la composition sont naturellement intimement liés à l'Église d'Amiens avec ses deux patrons, la Vierge et saint Firmin, lequel cède le pas à saint Jean-Baptiste dont la cathédrale possédait une relique majeure et qui, de surcroît, était le patron du commanditaire. La présence de la famille royale s'explique d'une part par les liens personnels l'unissant à Jean de La Grange, ancien précepteur des enfants de Charles V, et d'autre part en raison des fonctions de conseiller qu'il avait pu occuper à la cour, d'où sa présence avec d'autres serviteurs du roi au registre inférieur. Même après son accession au cardinalat, le prélat resta défenseur de la cause royale, notamment après l'éclatement du Grand Schisme qui fit se déchirer la Chrétienté entre deux papes rivaux à partir de 1378.

Ce manifeste politique autant que religieux, le seul conservé de cette époque qui aima les multiplier dans la pierre, à Paris surtout, s'inscrit sans doute aussi dans le contexte local marqué, comme dans la capitale, par l'affirmation du pouvoir sous Charles V, reprenant en main le royaume après l'affaiblissement dramatique de la fin du règne précédent alors que Jean le Bon était retenu prisonnier par les Anglais. Une partie de l'échevinat et du patriciat amiénois et de l'aristocratie locale paya cher son alliance avec Charles le Mauvais et Étienne Marcel, le turbulent prévôt des marchands de Paris, qui menacèrent gravement l'autorité des Valois. Après l'échec d'un coup de main pour s'emparer d'Amiens le 16 septembre 1358, les insurgés, notamment le maire Firmin de Cocquerel, le capitaine Jacques de Saint-Fuscien, responsable de la défense urbaine, l'abbé du Gard et plusieurs échevins, eurent la tête tranchée place du Grand-Marché. Les autres furent bannis. La mémoire de ces épisodes dramatiques devait rester encore vive une vingtaine d'années plus tard, d'autant plus que la tentative de subversion s'était soldée par le pillage et l'incendie des anciens faubourgs Saint-Michel, Saint-Remy et Saint-Jacques, entre l'ancienne et la toute nouvelle enceinte. La présence du roi en bonne place, contre la façade principale de la cathédrale, ainsi qu'à l'intérieur des chapelles, près des figures les plus vénérées de l'Église d'Amiens et de son évêque, devait rappeler la légitimité du pouvoir royal et le devoir d'obéissance des sujets.

Du point de vue strictement architectural, les chapelles du cardinal de La Grange présentent des occurrences précoces de formes flamboyantes dans le réseau des baies, où soufflets et mouchettes infléchissent plus ou moins de leurs courbes les combinaisons à dominante rayonnante des remplages. Elles ne rompent toutefois pas l'unité du flanc nord de la nef, dont la moitié inférieure donne l'effet d'un immense rideau de verre, ponctué par les minces portions de murs entre les chapelles, rythmé par les meneaux des remplages, dans une gradation sensible des lignes allant toujours s'enrichissant vers l'ouest, où les parties maçonnées des contreforts et des écoinçons des baies se couvrent d'arcatures. Le gigantesque pinacle à l'extrémité occidentale du bas-côté constitue en quelque sorte le point d'orgue de cette grande page de pierre et de verre.

SIXIÈME PARTIE

LES AMÉNAGEMENTS DU CHŒUR DU XIIIe AU XVIe SIÈCLE

LE JUBÉ DE LA FIN DU XIIIe SIÈCLE	164
LE CHŒUR À LA FIN DU MOYEN ÂGE	166
Le sanctuaire	166
La clôture du chœur	168
La clôture du sanctuaire restituée	177
Les monuments du transept	179
Les stalles	182
Mise en œuvre et aspects stylistiques du mobilier de la fin du Moyen Âge	185

À l'est du transept, le vaisseau principal accueillait le clergé pour la célébration des offices, en avant du sanctuaire qui en occupait le rond-point et la travée précédente. Ces dispositions, qui se maintinrent bien au-delà du Moyen Âge, nécessitèrent des aménagements mobiliers destinés à isoler le chœur liturgique du reste de la cathédrale, afin d'offrir aussi à la liturgie et aux reliques un cadre somptueux qui leur soit digne, d'où de fréquentes transformations et mises au goût du jour qui se succédèrent jusqu'au XVIIIe siècle.

S'il ne subsiste du XIIIe siècle que de rares vestiges du décor sculpté du jubé, les éléments les plus spectaculaires remontent à l'extrême fin du Moyen Âge, qui vit l'érection de nouvelles clôtures sur le pourtour du chœur et la mise en place des stalles actuelles, un des sommets de la hucherie au début du XVIe siècle.

LE JUBÉ DE LA FIN DU XIIIe SIÈCLE

Entre les piliers orientaux de la croisée du transept s'élevait, depuis au moins la fin du XIIIe siècle, un jubé. Cette clôture maçonnée tire son nom de sa fonction liturgique. C'est en effet au sommet de cette structure, haute d'environ 7 m, qu'au moment de la lecture de l'évangile, le diacre appelait l'officiant à bénir les fidèles : *Jube Domne benedicere...* À Amiens, on accédait à la tribune du jubé par deux escaliers droits ménagés dans l'épaisseur du mur, de part et d'autre de la porte principale d'accès au chœur des chanoines. C'est de là qu'on procédait aussi à l'ostension du chef de saint Jean-Baptiste à la fin des synodes. Détruite au XVIIIe siècle, cette clôture nous est connue par des descriptions et des représentations antérieures, notamment un dessin datant de 1727 (musée de Picardie).

On peut ainsi reconstituer une structure qui comprenait, en avant du mur proprement dit, sept travées voûtées d'ogives, celle du centre plus large correspondait à la porte du chœur. Sous les travées disposées latéralement prenaient place, depuis au moins le XIVe siècle, deux autels : à gauche, celui dit de l'Anneau de la Vierge sur lequel se trouvait une statue en argent de la Vierge tenant un anneau, à droite, celui du Menton Saint-Jacques où cette relique était exposée parmi beaucoup d'autres. Ces sept travées ouvraient vers la nef par autant d'arcades brisées garnies, dit-on, de colonnes « de marbre noir », plus vraisemblablement en pierre de Tournai, ce calcaire carbonifère qui en prend l'aspect une fois poli. Les écoinçons étaient garnis de statues de prophètes, de sibylles, outre des figures grotesques. Au-dessus, servant de parapet à la terrasse supérieure, une succession d'une trentaine d'arcatures régulièrement espacées abritait des scènes relatives à la Passion du Christ, depuis son Entrée à Jérusalem jusqu'à la Descente aux limbes, qui figuraient en retour aux deux extrémités de la clôture. Les cinq arcades au-dessus de la porte du chœur accueillaient le Christ du Jugement dernier, sans doute entre la Vierge et saint Jean et des anges. Deux pinacles coiffés de flèches torses encadraient la composition contre les piliers de la croisée. La statue de la Vierge, qui couronnait l'ensemble, devait être une adjonction de la fin du Moyen Âge. En revanche, la Crucifixion, dont les figures s'élevaient très haut, juchées sur des colonnes, avec la croix ornée selon les descriptions anciennes de glaces de diverses couleurs – sans doute des incrustations de verrerie comme à la Sainte-Chapelle ou au jubé de Bourges –, pouvait être d'origine.

Jubé, dessin de 1727.
Amiens, musée de Picardie (cliché musée de Picardie).

Des éléments du décor sculpté figuré du jubé ont été récemment identifiés (Fr. Baron) : une sainte Madeleine du *Noli me tangere*, un bourreau de la Flagellation, auxquels il faut peut-être ajouter une tête de femme (musée de Picardie), enfin un fragment de l'Entrée du Christ à Jérusalem (Louvre). En dehors de la qualité formelle des œuvres, et du témoignage de l'importance de la polychromie qu'offre le relief de la Madeleine, cette découverte permet de mieux comprendre la signification profonde de cet ensemble monumental, centré comme la façade sur le Jugement dernier, dans le contexte théologique de la Grâce accordée par le Sacrifice du Christ. On y retrouve l'importance accordée à l'Église des gentils, évoquée ici non pas par les Rois mages comme à la façade, mais par les sibylles. La réalisation du jubé, datée habituellement des alentours de 1300, peut sans difficulté être remontée à une époque antérieure à la rédaction, en 1291, d'un nouvel ordinaire qui fait mention déjà d'une clôture. L'utilisation de la pierre de Tournai pour le décor architectural du jubé ne peut servir de critère pour une datation tardive, étant donné sa fréquence d'utilisation dans le nord de la France, alors qu'on la trouvait déjà employée pour le tombeau d'Arnoul de La Pierre († 1247) dans la travée axiale du déambulatoire. Ce n'est sans doute pas un hasard si la structure la plus étroitement apparentée au jubé disparu d'Amiens reste le très élégant porche à arcades plaqué vers 1300 devant la façade de la cathédrale de Tournai.

LE CHŒUR À LA FIN DU MOYEN ÂGE

La richesse de la Picardie retrouvée à la fin du Moyen Âge se traduisit alors par une réfection quasiment complète du mobilier du chœur et du sanctuaire. Il en reste de notables vestiges avec la clôture des deux premières travées et les stalles des chanoines qui s'y adossent. Mais, pour en saisir la profonde signification et l'ampleur réelle des travaux et leur luxe, il faut restituer le mobilier du sanctuaire et la clôture des parties orientales du chœur qui ont été sacrifiés au goût du jour au XVIIIe siècle.

Le sanctuaire

Espace par définition le plus sacré, le sanctuaire occupa sans doute toujours la dernière travée droite et le rond-point du vaisseau central, surélevé de deux marches et délimité par une nouvelle balustrade installée en 1521. L'autel majeur se trouvait entre les deux premiers pans de l'abside, en avant du petit autel entre les deux piliers axiaux du rond-point. Il fut pourvu vers 1485 d'un nouveau retable en orfèvrerie, produit de la fonte d'une représentation de la ville d'Amiens en argent, suspendue au milieu du chœur, don de Louis XI pour la reddition spontanée de la ville en 1471, et de l'ancien reliquaire de saint Jean-Baptiste en argent également, rendu obsolète par le nouveau en or, offert par le même souverain. Il fallut compléter en ponctionnant d'autres pièces du trésor et en fondant quelques plats. Les chanoines furent tenus de contribuer financièrement au projet, de même que les communautés religieuses, et les particuliers. L'échevinage d'Amiens, quant à lui, refusa de participer.

Le nouveau retable fut réalisé par les deux orfèvres amiénois Pierre Fauvel et Pierre de Dury sous la direction du chanoine Pierre Burry. Il fut livré au bout de huit ans, en 1493. D'un poids de 357 marcs, son prix était estimé à près de 2 700 livres, sans compter les dons d'objets fondus pour sa confection. Son existence fut éphémère. Mis à l'abri en 1597, lors de la prise de la ville par les Espagnols, il fut vendu l'année suivante par nécessité, et jamais remplacé. Il était apparemment abrité dans une caisse en bois dont les volets peints représentaient la Passion. Ordinairement, des parements d'étoffe recouvraient ce coffre.

L'inventaire du trésor de 1535 précise que la Crucifixion au centre avait été donnée par l'évêque Pierre Versé (1482-1501), qui figurait en bas, présenté par saint Claude. Au-dessus se trouvaient les prophètes Isaïe et Jérémie, de part et d'autre les apôtres, offerts chacun par un chanoine. Aux extrémités se trouvaient les décollations de saint Jean-Baptiste et de saint Firmin, dons du doyen Jean de Cambrin. Les douze petits prophètes, également d'argent doré, complétaient la composition. À plus de deux siècles et demi de distance, nous retrouvons, comme à la façade occidentale, le rapprochement entre prophètes et apôtres.

Six colonnes de cuivre, ornées de figures de saints en ronde-bosse et surmontées de statues d'anges portant les instruments de la Passion, entouraient l'autel et soutenaient des tringles auxquelles des courtines étaient accrochées pour isoler l'autel. Le tout avait été offert par le chanoine Jean Leclerc († 1510). L'Eucharistie était conservée au-dessus de l'autel, dans une coupe posée dans un tabernacle suspendu à une crosse.

Les huit châsses des corps saints restaient exposées au-dessus du maître-autel. Elles étaient placées au sommet d'un édicule en pierre « d'une architecture gothique », dont le couronnement était ajouré selon Pagès, et que Machart et Jean Baron datent du début du XVIe siècle, sur l'initiative de l'évêque François de Halluin. Deux escaliers en vis permettaient d'accéder au sommet de l'édicule. Au centre se trouvait la châsse de saint Firmin martyr, et de chaque côté, mais un peu plus bas, à droite la châsse de saint Honoré, à gauche celle de saint Firmin le Confesseur, soit, et ce n'est sans doute pas un hasard, les deux évêques à qui étaient dédiés les portails du transept, suivant la même disposition, saint Firmin au nord, saint Honoré au sud. Les parties latérales de la tribune aux reliques étaient subdivisées chacune en trois niches. À gauche prenaient place les trois châsses des saints Ache et Acheul, de saint Domice et de sainte Ulphe, à droite, les deux châsses de saint Fuscien et des saints Warlus et Luxor. Pour remplir la troisième niche de ce côté, on avait pris dans le trésor, après 1419 (dans l'inventaire de cette année, elles y figurent encore), une châsse contenant la relique du menton de saint Blimond, abbé de Saint-Valery, ainsi qu'une autre petite châsse avec diverses reliques.

En 1484, le chanoine Nicole Le Marié fit faire sur l'autel *de retro* une représentation du Sépulcre, sans doute une mise au tombeau dont les figures en pierre polychrome étaient presque de taille réelle. Le groupe fut supprimé en 1723. La chaire épiscopale, peut-être la chaire originelle, rhabillée à la fin du XVe siècle et flanquée de deux sièges pour le diacre et sous-diacre, se trouvait encore au début du XVIIIe siècle près de l'autel majeur, au sud, du côté de l'épître. Des tentures, dont l'usage est attesté depuis 1342, rehaussaient le décor du chœur aux fêtes solennelles.

La clôture du chœur

Les clôtures d'Amiens, même lacunaires, offrent un témoignage de premier ordre des dévotions de la fin du Moyen Âge et un remarquable panorama de la sculpture de 1490 à 1531. Les quatre sections qui subsistent dans les deux premières travées du chœur, contre lesquelles s'adossent les stalles, obéissent toutes au même schéma de composition. Au-dessus d'un soubassement plein, creusé d'un enfeu au sud, sont ménagées des niches peuplées de hauts-reliefs. Un couronnement très orné unit les pinacles et les fleurons des arcs en accolade des niches dans un réseau d'arcatures découpées à jour. Elles s'inscrivent dans une tradition déjà ancienne, dont on trouve des témoignages dès la fin du XIIIe siècle à Notre-Dame de Paris ou à Saint-Quentin, et qui jouit d'une grande faveur à la fin du Moyen Âge – que l'on pense aux clôtures de la cathédrale d'Albi ou de Chartres.

Si elle s'inscrit tout à fait dans l'art de cette période, la clôture d'Amiens reste tributaire sur bien des points du chantier du XIIIe siècle de la cathédrale, qu'elle cite plus d'une fois, dans les redents qui découpent l'intrados des arcades de couvrement des niches, dans les quadrilobes qui en animent le soubassement, et aussi dans le traitement de certains thèmes iconographiques, notamment dans l'histoire de saint Firmin. Elle fournit donc un exemple supplémentaire du souci aigu de continuité qui se manifeste à la cathédrale depuis ses origines.

La clôture sud : histoire de saint Firmin

La première travée

La clôture sud est la plus ancienne. La portion qui s'étend sur la première travée du chœur a été élevée par ordre du chanoine Adrien de Hénencourt, prévôt du chapitre en 1465, puis doyen de 1495 à sa mort en 1530, pour accueillir le gisant de son oncle maternel, l'évêque Ferry de Beauvoir qui, pour s'être compromis avec le parti bourguignon sous Louis XI, était mort en exil en 1472. Le retour de sa dépouille célébré en 1490 fournit un repère pour l'achèvement de cette partie de la clôture.

Le gisant de Ferry de Beauvoir abrité sous un enfeu, admirablement mis en scène par le décor peint, est le point focal de tout le soubassement. Le défunt allongé foule aux pieds un lion. Il est somptueusement revêtu de ses attributs épiscopaux, un collège apostolique est brodé sur l'orfroi de sa chape. Au fond de l'enfeu, les apôtres sont à nouveau représentés, cette fois-ci en buste, dans le thème du Credo, allusion à la rectitude de la foi de l'évêque, digne successeur des disciples du Christ. À la tête et aux pieds du gisant, deux pleurants lisent l'office des morts. La composition s'élargit au décor peint sur la paroi du soubassement : deux chanoines dévoilent le sarcophage suggéré par une saillie du mur sous l'enfeu, traité comme un autel, orné d'un somptueux brocard marqué d'une croix avec l'Agnus Dei à l'intersection des bras et les symboles des évangélistes dans les quartiers qu'elle dessine. Deux anges, à l'extrémité du mur, écartent le grand rideau rouge d'une courtine qui s'étend sur toute la longueur de la travée. Les armes de Ferry et de sa famille, multipliées sur la clôture, avoisinaient les armes de France, dans l'intention évidente de réhabiliter l'évêque auprès du roi. L'emplacement du gisant sous les épisodes amiénois de la vie de saint Firmin, dont la petite statuette orne le pinacle à l'aplomb de l'enfeu, n'est pas innocent : il illustre la continuité qui fait de Ferry le digne successeur de Firmin. La mise en scène rendue solennelle par le décor peint qui dévoile en deux temps le gisant posé sur le sarcophage, comme sur un autel, évoque sans doute aussi les rites pratiqués à proximité autour des corps saints sur l'autel majeur.

Au-dessus de l'enfeu, dans quatre niches, figure l'histoire du premier évêque d'Amiens, depuis son arrivée dans la cité d'Amiens jusqu'à son martyre, mais le récit déborde le cadre strict de la clôture au début et à la fin. Le chanoine donateur agenouillé précède la première niche où saint Firmin est accueilli par le sénateur Faustinien et la population à l'entrée d'Amiens, près de la porte de Beauvais. Une foule dense se presse avec bonhomie pour voir celui qui va devenir le patron de la cité. Le soin avec lequel sont représentés les fortifications et le paysage urbain et suburbain, où l'on reconnaît l'église Saint-Jacques et l'abbaye Saint-Jean, augmente l'impression de réalisme accusée par la liberté et le naturel des attitudes et le luxe des étoffes variées. L'image illustre parfaitement l'inscription en vers qui figure au-dessous : « Le disieme de octobre Amiens, Saint Fremin fit premiere entree/dont Faustinien et les siens Ont grande joye demonstree. »

Dans la deuxième niche, saint Firmin, monté en chaire, prêche devant une foule compacte d'hommes, de femmes et d'enfants, en pleine discussion ou étonnés, et convertit ceux qui étaient restés païens : « Au pœuple d'Amiens anuncha La sainte Loy evvangelique/tant que pluseurs d'eulx adrescha A tenir la foy catholique. » À l'arrière-plan, le panorama peint comprend l'église Saint-Firmin-à-la-Porte, le beffroi, la tour Saint-Nicolas et hors les murs, l'église Saint-Maurice.

Suivant la même composition centrée, la troisième niche illustre le baptême par Firmin de la noble Attille, femme d'Agripinus, à demi plongée dans la cuve, au milieu d'une foule toujours aussi dense où certains se préparent au sacrement : « Faustinien, la noble Attille, Femme Agrippin, famille enfans/ baptisa, avec trois fois mille, Pour ung jour la foy confessans. » L'inscription va jusqu'à exagérer la légende du saint qui, selon sa *Vita*, aurait bien baptisé trois mille personnes, mais en trois jours. Au fond, on aperçoit les églises Saint-Sulpice et Saint-Pierre.

Dans la dernière niche est représentée l'arrestation de Firmin, sur une place, non loin de la cathédrale dont émergent à l'horizon les parties hautes de la façade, et devant les tours de la collégiale voisine de Saint-Nicolas. L'évêque, dont le calme impressionnant évoque la figure du Christ dans la scène de l'Arrestation au mont des Oliviers, est agrippé par des soldats, alors que, autour, les Amiénois prennent avec véhémence sa défense, causant le désarroi du gouverneur romain Sebastianus et de son prêtre Auxilius. La troupe à droite finit par conduire l'évêque en prison où il est décapité. La scène du martyre déborde de la clôture pour prendre place en encorbellement sur une colonne le long du pilier des grandes arcades. L'évêque prie avec recueillement à la porte de la prison. Des prisonniers, massés contre la grille d'une ouverture placée au-dessus, l'observent. D'un geste théâtral, le bourreau lève le sabre du supplice. L'inscription détaillée est plus conforme au récit de la *Vita* en dissociant de la révolte populaire l'arrestation et la décollation du saint : « Longulus et Sebastien Des ydolatres a l'instance,/Le saint martir par faulz moyen Emprisonnerent Et puis sans ce/Que le peuple en eut congnoissance Secretement contre raison/Firent de nuit soubz leur puissance Trenchier son chief en la prison. »

La seconde travée

Le récit se poursuit dans la seconde travée qui obéit à la même composition. Adrien de Hénencourt en est à nouveau le commanditaire, mais cette fois-ci pour son propre usage, puisque cette partie de la clôture surplombait sa sépulture. Les travaux commencèrent avant la rédaction de son testament daté de 1527 et les hauts-reliefs relatifs à l'Invention des reliques de saint Firmin étaient sculptés à sa mort le 3 octobre 1530. Son exécuteur testamentaire s'occupa uniquement de la peinture confiée à Pierre Palette, et du gisant du défunt, taillé par Antoine Anquier, d'après un dessin du peintre Guillaume Laignier.

À l'instar de son oncle, Adrien de Hénencourt est représenté en gisant sous un enfeu dont le cadre est toutefois plus orné. Il semble reposer sur des médaillons illustrant les miracles de saint Firmin censé lui accorder sa protection. Au fond de l'enfeu sont peints des pleurants. Dans le déploiement de luxe de la clôture, la représentation du défunt en habits de prêtre sur une simple natte roulée sous la tête, les pieds nus, offre un vif contraste qui doit être mis en relation directe avec la cérémonie de ses funérailles où des frères mendiants portèrent son corps jusqu'à son tombeau, le prêche ayant d'ailleurs été confié à un franciscain (Knipping). Cette apparente contradiction entre le faste du mécène et l'ultime dépouillement du mourant traduit bien la complexité de la piété médiévale et des formes qu'elle peut prendre. Au pied de l'enfeu, la fosse où fut inhumé le chanoine était couverte d'une lame de plomb qui le représentait tenant un calice dans un encadrement architectural entièrement Renaissance.

Le soubassement est enrichi de treize quatre-feuilles sculptés, très restaurés, qui détaillent la vie du saint avant son arrivée à Amiens, sa jeunesse, sa mission et ses miracles à Amiens, comme un prologue, ou plutôt une postface, aux scènes représentées dans les niches.

Dans la rangée supérieure, l'ordre chronologique des scènes a été infléchi dans les trois premiers médaillons pour commencer par la scène clé du baptême de saint Firmin, pourtant postérieure aux deux suivantes qui montrent Firme son père, sénateur de Pampelune, le conduisant à l'école de saint Honeste, puis le baptême de Firme par l'évêque Saturninus. Le récit reprend l'ordre normal dans le dernier médaillon supérieur avec la prédication du jeune Firmin. La rangée médiane, limitée à deux médaillons, comprend le sacre épiscopal de Firmin et son arrivée en Auvergne qui marque le début de sa mission, laquelle se poursuit dans les deux premiers médaillons de la rangée inférieure où l'évêque arrive à Angers puis assiste à la construction de l'église Saint-Étienne de Beauvais.

Les miracles du saint à Amiens constituent l'ensemble le plus important du cycle. Le concluent cinq médaillons qui détaillent, beaucoup plus que le texte de la *Vita*, la guérison de l'infirme, du lépreux, de l'aveugle Castus, du fiévreux et du possédé. Cette insistance s'explique par la proximité immédiate de la châsse du saint que les malades, dûment encouragés, ne manquaient pas de visiter en vue d'une guérison.

Les épisodes de l'Invention du corps du saint évêque sont relatés au-dessus dans quatre niches. À gauche, l'évêque saint Sauve, qui brûlait de découvrir le corps du martyr, adjure en chaire les fidèles de prier pour obtenir la révélation du lieu de sa sépulture. Une foule compacte de prêtres et de fidèles, l'un portant sur l'orfroi de son vêtement l'inscription « Amiens », se presse dans des attitudes variées autour de l'évêque. L'inscription au-dessous précise : « Sainct Saulve son peuple incitoit de faire à Dieu priere pure/Desirant scavoir ou estoit de sainct Fremin la sepulture. »

Au bout du troisième jour de prière, lors de la première messe du matin que saint Sauve célèbre à l'autel, un rayon de lumière pénètre soudain dans l'église devant une assistance profondément surprise et rendant grâce : « Sainct Saulve en eslevans ses yeulx appercheut du trone divin/come ung rais du soleil dessus le corps du martir sainct Fremin. »

La scène de l'Invention des reliques montre le corps de saint Firmin à demi exhumé par un diacre. Témoins de l'événement, saint Sauve et la communauté d'Amiens sont rejoints par les évêques et les populations des diocèses limitrophes de Beauvais, Noyon, Cambrai et Thérouanne attirés par l'odeur suave qui émanait du tombeau, ce qu'explicite l'inscription au-dessous : « Quatre evesques Beauvais, Noyon, Cambray, Therouuenne, aidant Dieu,/Vindrent voir ceste Invention, évocquez par l'odeur du lieu. »

La clôture se termine avec la scène de la translation du saint martyr de Saint-Acheul à Amiens. Six diacres portent sur un brancard une châsse qui copie librement la vraie châsse qui se trouvait à quelques pas, dans le sanctuaire de la cathédrale. Des infirmes implorent la guérison sous la châsse. Sur son passage, les estropiés guérissent et les arbres dépouillés par l'hiver se couvrent miraculeusement de feuilles : « A sainct Acheoul en chasse mis, fut puys en Amyens apporté/Plusieurs malades la transmys, le depriant eurrent sancté. »

La clôture de Saint-Firmin accompagnait le cheminement du pèlerin vers la châsse du saint qu'il pouvait apercevoir au travers des monuments du rond-point, quand il ne s'en approchait pas davantage, jusque dans le sanctuaire. Le choix des scènes intègre les fêtes solennelles dans la cathédrale en l'honneur du saint : entrée à Amiens, martyre (26 septembre), invention et translation des reliques (13 janvier), ces deux dernières étant des fêtes « grand doubles » célébrées *cum eo*, c'est-à-dire où l'évêque officiait en personne. La liturgie mettait en scène ces fêtes de façon particulièrement suggestive : pour illustrer le rayon lumineux indiquant la tombe, on jetait du feu du haut des voûtes, et les châsses, dissimulées, étaient soudain dévoilées. Pour évoquer la chaleur estivale qui s'installait, les chanoines changeaient leur lourd manteau d'hiver pour des vêtements légers de soie blanche. L'encens brûlé derrière l'autel évoquait l'odeur suave qui émanait de la tombe, et le renouveau de la nature était rendu par le lierre dont on parsemait le chœur et le sanctuaire.

On ne peut séparer de l'évocation du mécénat d'Adrien de Hénencourt d'autres vestiges de son action encore perceptible dans la première chapelle rayonnante sud. Il en avait entièrement renouvelé le décor en 1506, alors qu'il songeait à y transférer la confrérie de Saint-Luc qui regroupait les « peintres, verriers, entailleurs, broudeurs et enlumineurs » de la ville. Il fit faire un magnifique autel qui subsista jusqu'à la fin du XVIIIe siècle, le devant d'autel orné de bas-reliefs illustrait l'Ancien Testament, le retable représentait la Nativité et des saints. La réfection du mobilier en 1782 fit disparaître cet ensemble. Mais l'enlèvement en 1853 des boiseries du XVIIIe siècle permit de dégager sur le soubassement de la chapelle des peintures murales, bien détériorées depuis, au point que les représentations du chanoine, de ses armes et d'un acolyte sont devenues illisibles. Les huit sibylles fort élégantes, qu'abrite l'arcature des deux pans occidentaux, témoignent du raffinement atteint dans le traitement d'un thème iconographique très apprécié de la fin du Moyen Âge, mais présent dans la cathédrale dès la fin du XIIIe siècle au jubé. Il a été rapproché dans ce cas précis de l'ouvrage du dominicain Philippe de Barbieri, *Discordantiae nonnullae inter S. S. Hieronymum et Augustinum*, qui porte essentiellement sur ces figures de la mythologie classique annonciatrices de la venue du Christ (Mâle). La sibylle Agrippa, les sibylles libyenne, européenne, persique dans le premier pan, et dans le second la sibylle phrygienne, les sibylles d'Érythrée, de Cumes et la sibylle tiburtine, toutes identifiées par des inscriptions.

La clôture nord : histoire de saint Jean-Baptiste

La construction de la clôture nord du chœur consacrée à saint Jean-Baptiste est beaucoup moins documentée. Il ne fait pas de doute qu'elle soit due aux libéralités de chanoines, comme l'attestent les armes des Louvencourt et de Louvel, membres du chapitre, dans la première travée, où figure également la date de 1531. La seconde travée portait les armes de la famille de Cocquerel, sans doute celles du chanoine Robert de Cocquerel à qui l'on doit également, entre autres, les vitraux de la rose ouest et sans doute aussi de celle du bras sud du transept, où il s'était fait élever contre le mur pignon un tombeau monumental couronné de « pyramides gothiques » (détruit en 1792).

En rapport direct avec la présence de la relique de l'occiput de saint Jean-Baptiste, la clôture nord développe le plus ample cycle jamais consacré au Précurseur. La relique insigne du chef du Baptiste, rapportée de Constantinople en 1206, était présentée aux fidèles à l'extrémité de la clôture, ce qui explique le sens de lecture des reliefs de la droite vers la gauche pour amener à l'adoration de la relique, représentée d'ailleurs très précisément, avec notamment l'entaille qu'aurait faite Hérodiade sur le chef avec un couteau (Knipping).

Les sources iconographiques doivent être trouvées dans les Évangiles, *La Légende dorée* et, dans une moindre mesure, la *Postilla* de Nicolas de Lyre ou la *Vita Christi* de Ludolphe de Saxe. Les mystères de la fin du Moyen Âge semblent avoir moins suggéré l'iconographie que le traitement réaliste et animé des scènes.

La première travée

Dans la première travée, les dix quatre-feuilles du soubassement composent le plus vaste cycle sur la naissance et la jeunesse du Baptiste, la plupart suivant l'Évangile de saint Luc. Le sens de lecture va de droite à gauche, du bas vers le haut :
– L'ange annonce la naissance à son père Zacharie agenouillé devant un autel ;
– Zacharie, rendu muet en raison de son incrédulité, se tient devant le Temple ;
– Il rencontre sa femme Élisabeth ;
– La Visitation de Marie à sa cousine Élisabeth ;
– Lecture commune des deux femmes, illustrant le long séjour de trois mois que la Vierge fit chez sa cousine ;
– Nativité de saint Jean-Baptiste ;
– Circoncision du Précurseur ;
– Il reçoit de sa mère le prénom de Jean ;
– Son nom est écrit par son père qui recouvre l'usage de la parole ;
– Le jeune Jean-Baptiste fait retraite dans le désert. Le livre qu'il tient en méditant illustre de façon originale le passage de l'Évangile : « Or l'enfant croissait et se fortifiait en esprit, et il

demeurait dans les déserts jusqu'au bout où il devait paraître devant le peuple d'Israël » (Lc I, 80).

Il n'est pas exclu, malgré une tradition tardive et le scepticisme des anciens historiens de la cathédrale, que l'arcade en accolade au milieu du mur de soubassement ait abrité le siège de l'écolâtre d'où il enseignait aux jeunes clercs et aux enfants de chœur. La proximité de certaines scènes comme la lecture de Marie et Élisabeth s'accorderait bien avec cet usage.

Les quatre niches évoquent la vie publique de saint Jean-Baptiste. Elles obéissent toutes à un même type de composition très lisible où le Précurseur occupe la position centrale et éminente, au milieu d'un cercle de personnages, à l'exception de la deuxième niche consacrée au Baptême du Christ.

Dans la première niche à droite, saint Jean prêche la pénitence dans le désert qui prend ici la forme conventionnelle d'une forêt (Mt III, 1-3 ; Mc I, 4 ; Lc III, 1-18). Un auditoire attentif suit sa démonstration. L'inscription précise : « Sainct Jhan preschoit au desert par constance/Adfin que on feict les peschetz penitance. 1531. »

Suit le Baptême du Christ qui se déroule dans le Jourdain, conformément aux Évangiles (Mt III, 13-17 ; Mc I, 9-11 ; Lc III, 21) : « Jhesus entra au flœuve de Jordain/Ou baptesme eubt de sainct Jhan pour certain. » Jean-Baptiste verse l'eau sur le Christ qui bénit de la main droite, un ange vêtu en diacre tient sa tunique. Au-dessus plane la colombe du Saint-Esprit et Dieu le Père apparaît dans une nuée, bénissant également et tenant un globe dans la main gauche. Parmi les anges qui l'accompagnent, deux tiennent un phylactère portant les mots « Hic est filius meus dilectus » (Mt III, 17).

Dans la troisième niche, Jean-Baptiste expose sa mission de précurseur du Christ, prêchant dans le désert, aux pharisiens qui l'interrogent (Jn I, 19-28) : « Interrogué sainct Jhan Quy il estoit/ dict estre voix quy au desert preschoit. »

Dans la dernière, qui reprend comme la précédente le schéma de la première, Jean-Baptiste désigne le Christ qui s'approche sur sa gauche, « Voici l'Agneau de Dieu qui enlève le péché du monde » (Jn I, 29), ce que reprend l'inscription : « Sainct Jhan voyant Jhesus vers luy marcher/Vecy le agneau de Dieu, dict il, tres cher. »

La seconde travée

Le sens du récit est inversé dans la seconde travée, où la lecture commence en haut dans les niches pour se terminer au soubassement. Dans les quatre niches sont représentées l'arrestation et la mort de saint Jean-Baptiste. Comme dans la travée correspondante de la clôture de Saint-Firmin, l'accent est mis sur la relique du titulaire.

Dans la première niche, pour avoir reproché à Hérode son adultère avec Hérodiade (Mt XIV, 3 ; Mc VI, 17 ; Lc III, 19), la femme de son frère, Jean-Baptiste est incarcéré, comme l'explique l'inscription au-dessous : « Pour arguer Herode de adultere/ Saint Jhan fut mis en prison fort austere. »

La célèbre danse de Salomé (Mt XIV, 5-9 ; Mc VI, 19-27), originellement accompagnée d'un musicien que les restaurateurs ont transformé en page, sert d'avant-scène au débat, feint ou sincère de la part d'Hérode, qui l'oppose à une Hérodiade dominatrice parvenue à le convaincre d'accorder à sa fille Salomé la tête de Jean-Baptiste : « De Herodias la fille demanda/Le chef sainct Jhan Herode le accorda. »

La décollation du saint a lieu devant la grosse tour de la prison. Les mains liées, le corps décapité gît devant la porte, alors que le bourreau encore armé tend ostensiblement le chef, vers l'extérieur, à Salomé qui le recueille sur un plat (disparu). L'inscription rappelle que saint Jean fut mis à mort pour avoir dit la vérité, c'est-à-dire dénoncé l'adultère d'Hérode : « En prison fut sainct Jhan décapité/Pour avoir dict et presché verité. » Les coupables d'adultère en savaient quelque chose à Amiens où, au XVe siècle, les condamnés étaient tenus de faire pénitence en brûlant des cierges devant le chef de saint Jean-Baptiste.

Le drame culmine dans l'épisode final du coup de couteau dont Hérodiade frappe le chef de saint Jean, suscitant l'horreur des témoins, et jusqu'à l'évanouissement de sa fille. La juxtaposition de la tête du Précurseur et du plat garni d'une volaille qu'apporte un serviteur pousse le réalisme jusqu'à la nausée. Cet acte macabre de la vengeance d'Hérodiade expliquait le coup que portait au-dessus de l'œil droit le chef du saint – mieux, il assurait aux yeux des chanoines l'authenticité de la relique que possédait la cathédrale, ce que contestaient d'autres sanctuaires comme l'abbaye de Saint-Jean-d'Angély. Le corps fléchissant de Salomé, inspiré de la compassion de la Vierge dans la scène de la Déposition de croix, pourrait plus prosaïquement faire allusion aux malades atteints d'épilepsie, le « mal saint Jean », comme on l'appelait au Moyen Âge. On les amenait en nombre se recueillir devant la relique du saint, imploré pour leur guérison, la légende faisant d'Hérodiade une victime de cette terrible maladie après son geste furieux, d'où l'invocation à saint Jean-Baptiste pour s'en prémunir ou en guérir (Knipping).

Sur le soubassement, en alternance avec des têtes de lancettes surhaussées, cinq médaillons traitent l'histoire des reliques de saint Jean. La lecture s'effectue toujours de droite à gauche. Les quatre premiers quadrilobes, suivant *La Légende dorée*, détaillent le sort du corps de saint Jean-Baptiste. Le premier médaillon montre ses disciples procéder à son inhumation devant la ville palestinienne de Sébaste. La tombe attire bientôt des infirmes qui obtiennent une guérison miraculeuse. L'empereur Julien l'Apostat décide de mettre un terme à ce culte qui l'offensait : il ordonne à ses soldats de brûler les ossements, puis d'en disperser les cendres, comme l'illustrent les deux médaillons suivants.

Par contrecoup, l'anéantissement du corps de saint Jean-Baptiste rehaussait la valeur de la relique de son chef, possédé par la cathédrale, et qui, dans l'esprit du chapitre, avait quasiment la valeur d'un corps saint entier, comme ceux qui reposaient au-dessus de l'autel majeur.

Le dernier médaillon représente le chanoine de la collégiale de Picquigny, Walon de Sarton, remettant en 1206 à l'évêque d'Amiens, Richard de Gerberoy, le chef de saint Jean-Baptiste retrouvé à Constantinople, avec ici le détail anachronique du reliquaire de la fin du Moyen Âge. Celui-ci se trouvait alors à proximité immédiate, dans la chapelle éponyme, à l'étage du trésor, là où la relique était conservée et où se trouvait un autel. L'emplacement du lieu de conservation explique, rappelons-le, le sens de lecture inversé, de droite à gauche, des scènes de la clôture.

La clôture du sanctuaire restituée

L'histoire de saint Firmin et de saint Jean-Baptiste ne formait que la partie antérieure de la clôture du chœur, qui se poursuivait au-delà, prolongée par différents monuments qui entouraient le sanctuaire. Détruits en quasi-totalité au XVIIIe siècle, ces édicules nous sont connus par des descriptions antérieures. La plupart étaient contemporains des deux clôtures subsistantes, dont ils complétaient la parure en offrant d'autres témoignages des pratiques funéraires et dévotionnelles du clergé et de la bourgeoisie d'Amiens, à la fin du XVe et au début du XVIe siècle.

Dans la troisième travée sud, la porte d'accès au chœur, refaite à l'initiative du doyen Adrien de Hénencourt, et achevée après sa mort en 1530, était ornée de six apôtres peints, en pendant de six autres sur la porte symétrique du flanc nord. La salamandre, animal emblématique de François Ier, couronnait la porte. Du côté du déambulatoire, contre le pilier limitant à l'ouest la troisième travée, une tourelle d'escalier permettait d'accéder à la chambre des gardiens de nuit de la cathédrale. Elle était ornée des statues de quatre docteurs par Antoine Anquier. En face, contre le pilier suivant, une pyramide abritait une horloge dont la plus ancienne mention remonte à 1644.

Sur le flanc sud de la quatrième travée du chœur se trouvait le mausolée de l'évêque Pierre Versé mort en 1500. Une petite plaque de marbre noir garde le souvenir de l'emplacement de son tombeau déplacé en 1751 dans la chapelle Saint-François-d'Assise (anciennement Saint-Nicaise) où il fut détruit ultérieurement. Dans la partie orientale de la travée, deux autres monuments funéraires s'adossaient à l'ancienne chaire épiscopale, celui de l'écolâtre Pierre Caignet († 1458) agenouillé devant la Vierge, et celui du chanoine Claude Roignard ou Regnard († 1525 ou 1535), en compagnie de son patron, près d'un groupe sculpté du Christ au jardin des Oliviers.

Le premier pan de l'abside du côté sud était entièrement occupé par le fastueux tombeau commandé de son vivant par l'évêque François de Halluin (1503-1538). Le monument, démesuré, s'élevait jusqu'aux chapiteaux des grandes arcades. Six statues d'apôtres ornaient la base du mausolée. Quatre colonnes supportaient le sarcophage élevé à hauteur des châsses les plus vénérées du sanctuaire, ce qui n'alla pas sans choquer les chanoines. L'ensemble était couronné d'un foisonnement de pinacles. Le charme profane de la Renaissance, illustré par des putti dénudés, autre sujet d'offense, y côtoyait « l'ordre gothique » des colonnes. On reprocha au monument de jeter de l'ombre sur l'autel majeur, et pour éviter à l'avenir pareille déconvenue, le chapitre décida de ne plus accepter de tombeau sans dessin préalable. François de Halluin ne fut de toute façon pas enseveli dans la cathédrale. Le chapitre, peu enclin à son égard, le laissa inhumer à l'abbaye du Gard, près de laquelle il était mort accidentellement au cours d'une partie de chasse.

Dans le pan suivant, des reliefs relataient la vie de sainte Anne (Rencontre à la Porte dorée, Naissance de la Vierge). Leur commanditaire est inconnu tout comme leur date d'exécution, sans doute voisine des autres vestiges de la clôture du chœur en raison des décors « d'architecture gothique » qui y sont mentionnés par Machart. Le choix de l'iconographie s'explique par la proximité de l'autel matutinal dédié à sainte Anne et à la Vierge.

La fin du Moyen Âge avait laissé intacts, au centre du rond-point, les trois pans suivants, occupés alors par les tombeaux du XIIIe siècle de l'évêque Arnoul de La Pierre († 1247) entre ceux de deux archidiacres.

Les deux premiers pans de l'abside du côté nord étaient fermés par une clôture. La plus à l'ouest avait été donnée par le chanoine Jean Sacquespée († 1524), inhumé à proximité. Elle se composait de quatre niches où étaient sculptée l'histoire des saints Fuscien, Victoric et Gentien, selon une composition vraisemblablement voisine des clôtures conservées. Le chanoine était représenté agenouillé contre l'une des colonnes, avec ses armes. Sur le soubassement figuraient en bas-relief des épisodes de la vie de saint Quentin. Le pan suivant abritait la fin de l'histoire des saints martyrs. Cette clôture avait été donnée en 1551 par le chanoine Charles de La Tour, et, d'après les auteurs anciens, elle était du même auteur que la partie précédente.

Entre les piliers de la quatrième travée du côté nord s'élevaient les tombeaux de Jean de La Grange, évêque d'Amiens (1373-1375) puis cardinal, qui mourut en 1402 en Avignon, et de son neveu, l'évêque Jean de Boissy (1389-1410). Dans la travée précédente se trouvait la seconde porte latérale du chœur. Elle avait été donnée par Jacques Ledoux, évêque d'Hébron († 1584), suffragant de Claude de Longwy, évêque d'Amiens. Du côté du déambulatoire, le tympan maçonné de la porte devait être orné des statues des douze Romains envoyés par le pape à la fin du IIIe siècle évangéliser les Gaules : Fuscien, Victoric, Quentin, Lucien, Crépin, Crépinien, Piat, Rieul, Marcel, Eugène, Rufin et Valère. Les écrivains anciens mentionnent les « piramides goticques percées à jour » qui couronnaient la composition, ce qui, si la description est exacte, mérite d'être signalé pour une œuvre de la fin du XVIe siècle qui resterait fidèle au répertoire décoratif du début du même siècle. Au revers de la porte figuraient, en symétrique de celle du sud, les statues de six apôtres, remontant sans doute au début du XVIe siècle. Elles pourraient avoir été données vers 1510 par Nicolas de La Couture, évêque d'Hébron et suffragant de François de Halluin.

Le conservatisme formel de cette porte s'accordait au mieux avec les renvois iconographiques qui ne manquaient pas de s'instaurer entre la représentation du collège apostolique à l'intérieur et celle de leurs successeurs, les apôtres de la Gaule, figurés au seuil de l'accès au chœur.

Les monuments du transept

À la différence des clôtures du chœur, les deux ensembles du transept n'ont pas pour fonction de refermer un espace. Ils ne sont pas davantage en relation directe avec des autels et ne peuvent être assimilés à des retables. Ils constituent, avant tout, le support de récits complémentaires au décor du chœur et, au moins pour les reliefs relatifs à saint Jacques, une œuvre à caractère funéraire.

L'histoire de saint Jacques et d'Hermogène (bras sud)

La réalisation de la clôture de Saint-Jacques suit les dispositions testamentaires du chanoine Guillaume aux Cousteaux, mort en 1511. Elle fut sculptée sans doute peu après. La dévotion du donateur envers saint Jacques l'avait incité à refaire le reliquaire du menton du saint sur l'autel éponyme, sous le jubé, près du pilier sud-est de la croisée. C'est donc tout naturellement au voisinage de cet autel que prit place dans le bras sud du transept la clôture au pied de laquelle il se fit d'ailleurs enterrer, suivant en cela l'exemple d'Adrien de Hénencourt.

La composition reprend, dans les grandes lignes, celle des deux niveaux supérieurs de la clôture de Saint-Firmin, mais dans les deux arcades centrales, les arceaux trilobés ajourés ont fait place à des pendentifs. Le dessin bombé des arcades témoigne aussi d'une plus grande sophistication du cadre architectural.

Dans quatre niches est représentée la conversion du magicien Hermogène suivant le récit qu'en fait *La Légende dorée* de Jacques de Voragine. Des inscriptions, maintenant effacées, l'explicitaient sous chaque relief.

– La prédication de saint Jacques devant une foule compacte entraîne la conversion de Philetus, disciple du magicien Hermogène, qui avait été envoyé par son maître pour porter la contradiction à l'apôtre.

– Saint Jacques, à distance, bénit Philetus retourné auprès de son maître, et le guérit de la paralysie infligée par Hermogène, grâce à un manteau que jette sur lui un messager.

– Saint Jacques commande aux démons terrassés, qu'Hermogène avait envoyés se saisir de Philetus, figuré à l'extrême droite. L'apôtre leur demande de lui apporter le magicien, représenté à gauche, près d'une tour où son livre de sorcellerie est posé en évidence sur un pupitre.

– Hermogène, vaincu, les mains liées, est amené par un démon. Son disciple s'approche de lui. Le magicien à droite s'agenouille devant saint Jacques dont il implore la protection contre la vengeance des démons. L'apôtre y consent en lui remettant son bâton (disparu). À l'arrière-plan, Hermogène et Philetus rendent grâce à Dieu qui apparaît dans une nuée.

Le choix de ces scènes rares, au lieu du plus fréquent martyre de saint Jacques, s'explique sans doute par référence aux reliques : celle du menton du saint, présentée à proximité aux fidèles, devait passer pour avoir des pouvoirs identiques, sinon supérieurs, aux objets avec lesquels l'apôtre avait accompli ces miracles, le manteau qu'il envoya pour ranimer Philetus, son bâton qui protégea Hermogène des démons. Le développement remarquable pris par l'iconographie du saint dans la cathédrale doit être complété par sa représentation à la base de la flèche reconstruite peu après, entre 1528 et 1531.

Le temple de Jérusalem (bras nord)

La clôture élevée en symétrique dans le bras nord du transept est le fruit de la volonté du chanoine Jean Witz, mort en 1522 ou 1523, sans que l'on sache si la réalisation a eu lieu de son vivant ou suivant des dispositions testamentaires. En tout cas, les nombreuses analogies avec le couronnement de l'histoire de saint Jacques indiquent un monument à peu près contemporain.

La clôture a pour thème le temple de Jérusalem. On l'aperçoit en coupe dans les trois dernières niches, après le parvis – désigné ici par le terme *atrium* –, qui occupe la première niche.

À gauche, Jésus chasse les marchands du Temple (Jn II, 14-16). Leurs activités sont représentées dans les moindres détails, avec un goût très aigu pour le pittoresque de la foule des vendeurs, des clients et des animaux qui ont envahi les lieux. C'est moins une charge anticléricale, difficilement concevable en pareil lieu, qu'une critique des usages profanes abusifs de l'Église qui semble ici illustrée (Knipping).

Dans la deuxième niche, Jésus guérit des aveugles et des boiteux venus vers lui (Mt XXI, 14). L'épisode se passe à l'entrée du Temple (*tabernaculum*). Des marchands étonnés assistent à la scène. L'un d'eux, portant un sac de poires, a gravé sur sa robe le mot « Amiénois ». À l'arrière-plan, deux prêtres sacrifient un agneau sur l'autel des holocaustes (Ex 40, 6 ; Éz 43)

La troisième niche figure le Saint du Temple (*sancta*). Un desservant écarte un rideau, dont manque le haut, pour dévoiler au premier plan la table avec les pains, allusion directe à l'eucharistie, alors qu'à l'arrière un prêtre encense l'autel. Dans la dernière scène, le grand prêtre Aaron encense le tabernacle dans le Saint des saints (*Sancta sanctorum* ; Ex 39).

L'iconographie du monument insiste sur le caractère sacré du Temple, notamment sur les fonctions sacerdotales qui en occupent le cœur. Elle doit être mise en relation avec la toute proche clôture du chœur, alors à demi-construite, dont elle constitue, en quelque sorte, une justification contre d'éventuelles critiques qui minimisaient, voire mettaient en cause, la spécificité de la prêtrise. Le contraste entre l'extérieur agité et l'intérieur très calme est accusé. Jésus apparaissait comme le « défenseur de la méditation religieuse » contre l'agitation insensée du monde mercantile, parmi lequel il est représenté une seconde fois. On ne peut s'empêcher de mettre cette iconographie en rapport avec le climat tendu de la préréforme et des débuts de la Réforme (Knipping).

La cathédrale d'Amiens échappa à la fureur iconoclaste qui allait bientôt ravager l'Europe occidentale. Mais les difficultés financières de la fin du XVIe siècle, et les changements de goût des XVIIe et XVIIIe siècles ne l'épargnèrent pas, même s'il faut reconnaître que l'époque classique a aussi apporté une forte contribution à sa parure.

Les stalles

Les stalles de la cathédrale d'Amiens forment l'un des ensembles mobiliers les plus riches et somptueux du début du XVIe siècle qui nous soient parvenus. Elles furent exécutées entre 1508 et 1519, à une époque où seule une partie de la clôture, la première travée de l'histoire de saint Firmin, était en place.

Le chapitre commanditaire avait délégué cinq de ses membres pour diriger et inspecter l'ouvrage. Les fonds nécessaires furent gérés par le chanoine Pierre Waille et le notaire du chapitre Pierre Lenglès. La dépense approcha au total 9 500 livres fournies par le chapitre. Les « marances », c'est-à-dire les amendes infligées aux chanoines pour absentéisme ou dissipation pendant les offices, furent affectées à cette entreprise qui bénéficia également des dons volontaires de chanoines, à commencer par les dignitaires, le doyen Adrien de Hénencourt accordant 100 livres.

Un marché fut passé en 1509 avec le huchier amiénois Arnould Boulin, assisté de trois serviteurs Linard Le Clerc, Guillaume Quentin et Pierre Meurisse. On lui associa dès la fin de l'année Alexandre Huet qui avait déjà travaillé aux stalles de l'abbaye de Saint-Riquier. Aux noms fournis par les archives, il faut ajouter celui de Jean Trupin qui signa par deux fois son travail dans les stalles. En 1510, on fit venir d'Abbeville deux frères convers cordeliers pour « travailler aux chaires et conduire l'ouvrage ». La sculpture de soixante-douze miséricordes fut demandée à Antoine Avernier. Mais le nombre d'ouvriers fut vraisemblablement nettement plus important.

Boulin fut chargé d'aller examiner dans la région deux grands ensembles de stalles, celles de Saint-Lucien de Beauvais et de Saint-Riquier, ces dernières alors en cours de construction, où travaillait d'ailleurs Huet. C'est en sa compagnie qu'il se rendit en 1511 à Rouen, pour voir les stalles de la cathédrale, réalisées entre 1457 et 1469. Les bois utilisés passent pour provenir de La Neuville-en-Hez, près de Clermont-en-Beauvaisis, mais il n'est pas exclu qu'il s'agisse de chênes originaires des pays baltes, particulièrement recherchés en raison de leur très grande qualité. Ils permirent la réalisation d'un ensemble mobilier ne comportant pas moins de soixante-six stalles hautes et cinquante-quatre basses. Dix stalles disparurent au cours des aménagements menés au XVIIIe siècle, notamment avec l'élargissement de la porte d'accès au chœur depuis la croisée qui en supprima huit.

Sous l'Ancien Régime, les stalles hautes étaient réservées aux quarante-trois chanoines, les stalles basses aux soixante-douze chapelains. Les stalles disposées de part et d'autre de l'entrée du chœur, en face du sanctuaire, étaient réservées aux dignitaires du chapitre, doyen, prévôt, chancelier, préchantre et chantre. Les deux maîtresses stalles, à gauche et à droite de l'entrée, coiffées de superbes flèches ajourées, étaient réservées à des usages bien précis. Celle de droite en entrant était occupée par le doyen quand il officiait en l'absence de l'évêque à certaines fêtes solennelles. Celle de gauche était la stalle du roi où les gouverneurs ou commandants pour le roi pouvaient prendre place. L'évêque n'avait pas de stalle particulière. Quand il officiait, il occupait sa chaire dans le sanctuaire, sinon il prenait place dans la simple stalle haute du trésorier, l'antépénultième sur le flanc nord du chœur.

Il faut souligner la virtuosité technique d'assemblage des milliers de pièces embrevées qui forment l'ensemble des stalles, depuis le plancher jusqu'au couronnement des dais. Chaque siège se compose d'un dossier, d'une miséricorde qui se rabat contre lui et permet de soulager, d'où son nom, la station debout lors des offices, et de parcloses pourvues d'accoudoir et d'appuie-main, marquant la séparation avec les sièges voisins. Un haut dorsal, fleurdelisé, couronné par un dais continu, coiffe l'ensemble. Les rangées de stalles sont limitées par des jouées sculptées aux extrémités, et de part et d'autre des passages qui traversent à intervalles réguliers les stalles basses.

Rien n'échappe à la fantaisie décorative, perceptible dans les éléments architecturaux ou les bandeaux ornementaux qui déclinent des motifs végétaux sans cesse renouvelés. Des sujets de genre ou de fantaisie composent les appuies-mains des parcloses, entre les stalles. Sur les pendentifs et culs-de-lampe du dais qui coiffe les stalles hautes, des bouquets de feuillage alternent avec des groupes de personnages laissés au choix des sculpteurs. Ces milliers de figures sont l'occasion de brosser avec verve et humour la vie de l'époque. Outre le grand nombre de figurines, religieuses ou profanes, qui parsèment les stalles, deux grands ensembles iconographiques peuvent être cernés, centrés sur l'Ancien Testament et sur la Vierge.

Le premier cycle, qui compte environ cent soixante-dix scènes bibliques, couvre les rampants des jouées basses, le revers des jouées des deux maîtresses stalles, les parcloses qui les séparent des stalles voisines, et enfin, curieusement, la totalité des cent dix miséricordes qui habituellement accueillent plutôt des scènes de genre et de fantaisie. Le livre de la Genèse est le plus abondamment illustré avec cent trente scènes : vingt-cinq reliefs évoquent l'Exode, sept l'histoire de Samson, quatre celle de David et trois celle de Job. La lecture du cycle commence par la maîtresse stalle, à droite en entrant, puis suit les stalles hautes en direction du sanctuaire, fait retour en sens inverse le long des stalles basses, pour passer à la maîtresse stalle de gauche et, de là, suivre un cheminement parfaitement symétrique à celui du sud. Le récit débute avec le péché originel, l'expulsion du Paradis d'Adam et Ève, contraints de travailler, avec en contrepoint une statue de la Vierge écrasant le serpent, à nouveau à l'image de la figure du trumeau du portail de la Mère-Dieu à la façade occidentale.

Le second ensemble consacré à la Vierge est particulièrement mis en évidence. Sur la jouée de la stalle haute, placée immédiatement à droite de l'entrée principale du chœur, sont illustrées les litanies de la Vierge qui l'exaltent près de la Création d'Adam et Ève, comme au portail occidental de droite, et du péché originel relégué au revers du panneau.

Le cycle de la vie de la Vierge, qui comprend au total trente-neuf scènes, commence sur les jouées basses du côté sud, où sont illustrés les épisodes allant de sa conception jusqu'à la Visitation. Le récit se poursuit du même côté, sur la jouée qui clôt à l'est les stalles hautes, avec les épisodes de la Nativité à la Présentation au Temple. Il reprend, sur la jouée haute à gauche de l'entrée principale du chœur, avec le Massacre des innocents et, au revers, trois épisodes de la Fuite en Égypte. Les jouées basses du côté nord sont illustrées de scènes de la vie publique du Christ et de la Passion, depuis sa dispute dans le Temple avec les docteurs jusqu'à l'Ascension. Le cycle aboutit sur la jouée de la stalle haute, à l'extrémité orientale du même côté nord, avec quatre scènes exaltant la Vierge : la Pentecôte, sa Dormition, l'Assomption et son Couronnement.

La confrontation des deux cycles narratifs de l'Ancien et du Nouveau Testament, le second privilégié par la place d'honneur qui lui est accordée sur les jouées, se résume dans la présence, au sommet des dais architecturés des deux maîtresses stalles, des figures de l'Église et de la Synagogue, dans des attitudes similaires à celles qu'elles adoptent au bas du Pèsement des âmes, au tympan du portail central.

Mise en œuvre et aspects stylistiques du mobilier de la fin du Moyen Âge

Les clôtures de chœur, les stalles et les différents monuments qui émaillent le sanctuaire, comme le transept, émanent de commandes passées essentiellement par les chanoines, à commencer par leur doyen, Adrien de Hénencourt. Il n'y a pas lieu de s'appesantir sur une commande artistique qui se fond dans le foyer plus large que constitue, à la fin du Moyen Âge, la ville d'Amiens alors en plein essor, où l'on reconstruit églises, ponts et demeures urbaines.

L'organisation des métiers traduit ce bien-être. On n'y compte pas moins de neuf maîtres sculpteurs entre 1490 et 1510. La Confrérie de saint Luc, qui regroupe sculpteurs, peintres, verriers, enlumineurs et brodeurs, fut érigée en corporation en 1491. Mais pour éviter les conflits internes, les statuts précisent que chaque artisan doit dorénavant n'exercer qu'un métier. Cette séparation réglementaire des activités n'empêche évidemment pas la collaboration entre différents secteurs de la création artistique. Les œuvres conservées à la cathédrale le prouvent amplement, qui montrent, au-delà de la nécessaire complémentarité des huchiers et des tailleurs d'images pour les stalles, des analogies particulièrement étroites entre le travail du bois et celui de la pierre – la scène de la Prédication de saint Jacques reprend plusieurs éléments du relief des stalles représentant Jésus parmi les docteurs –, la part prise par les peintres en amont et en aval dans les opérations de conception et de finition, comme l'illustre le gisant d'Adrien de Hénencourt.

Dans toute création collective se pose la question de la maîtrise d'œuvre. La documentation reste muette sur ce point, mais on ne peut exclure l'intervention décisive du maître maçon, comme Pierre Tarisel, en charge de 1482 à 1510, qui a pu donner les grandes lignes des compositions de la première partie de la clôture de Saint-Firmin et des stalles.

À l'évidence, les clôtures et les monuments du transept obéissent à un même type de compositions centrées sur la juxtaposition de quatre niches. Dans ce cadre apparemment imposé, le traitement du décor comme des scènes figurées peut connaître des variantes qui témoignent sans doute de l'intervention de différents sculpteurs. Ainsi, alors que la clôture de Saint-Jean-Baptiste reproduit d'un bout à l'autre quasiment la même composition dans chaque niche centrée sur un personnage, le plus souvent le saint éponyme, la clôture de Saint-Firmin propose dans la première travée, la plus ancienne, un rythme de récit en nette accélération de la gauche vers la droite, grâce à la densification des groupes de personnages. Dans la seconde travée, la narration, il est vrai moins tragique, s'assagit. Le monument du bras nord propose un traitement de la composition totalement unifié, indépendamment du découpage en niches, ce qui crée une véritable unité de lieu de la scène du Christ chassant les marchands du Temple jusqu'au Saint des saints.

L'animation des personnages joue un rôle important dans la définition formelle des scènes. Il faut garder en mémoire que les têtes des personnages au premier plan ont souvent été refaites au XIXe siècle, ce qui peut fausser la perception d'ensemble de certaines scènes.

La quasi-totalité des sculptures, et cela vaut aussi pour les stalles, sont caractérisées par le nombre important des personnages, confinant au foisonnement, dans des cadres densément fournis, que les scènes se déroulent à l'extérieur ou à l'intérieur. Le décor privilégie les formes flamboyantes qui triomphent dans les couronnements des clôtures et des stalles hautes. Mais çà et là se mêlent des éléments italianisants, sur certaines parcloses ou pour certains détails d'architectures dans les reliefs illustrant les miracles de saint Jacques ou des détails du Temple dans la clôture du bras nord. L'immixtion de ces formes n'était pas chose nouvelle, et l'on pourrait, rien qu'en se limitant à la région, en multiplier les exemples, à commencer par le tombeau de Raoul de Lannoy à Folleville, où le gisant dû aux sculpteurs italiens Antonio Tamagnino et Pace Gaggini prend place sous un enfeu flamboyant.

Il est toutefois probable que le nouveau vocabulaire n'était pas unanimement apprécié, et que plus d'un Amiénois restait attaché aux formes anciennes, si l'on en juge par le reflux des formes Renaissance, après l'exemple isolé du cadre somptueux du tableau du Puy d'Amiens de 1517, abandonné pour un retour les années suivantes à ces compositions gothiques étourdissantes où excellaient les huchiers locaux (musée de Picardie).

En effet, une forte tradition se fait largement sentir. Elle apparaît dans les redents des arcades des clôtures du chœur, une citation des portails occidentaux. On la retrouve dans la généralisation des quadrilobes pour les soubassements, là encore à l'image de la façade principale. Cette longévité des formes gothiques tardives est d'ailleurs présentée comme l'une des caractéristiques de l'art picard de la fin du Moyen Âge par rapport aux foyers voisins, de Flandre et de Brabant notamment. L'impact de ces régions septentrionales n'en est pas moins indéniable. Il s'explique naturellement par la proximité géographique, Amiens ayant d'ailleurs été rattaché aux États bourguignons de 1435 à 1463 et de nouveau de 1465 à 1471. À l'importation d'œuvres s'ajoutait l'immigration d'artistes comme ce Jacques Hac, « flament et entailleur d'ymages », attesté à Amiens en 1464-1465, ou un demi-siècle plus tard le peintre anversois, baptisé justement le Maître d'Amiens, à qui l'on attribue les quatre grands tableaux du Puy Notre-Dame réalisés entre 1518 et 1521 et destinés à la cathédrale.

Au fort courant originaire des foyers brabançons et flamands s'ajoute, depuis la fin du XVe siècle, l'apport de la gravure qui élargit considérablement l'horizon des emprunts et qui bénéficie du puissant relais de l'imprimerie parisienne. Ainsi, les *Heures* de Simon Vostre et d'Antoine Vérard, produites dans la capitale, ont servi aux stalles d'Amiens pour l'élaboration des scènes de l'histoire de Joseph, très détaillée, et celles de la vie de la Vierge.

Sur place même, des œuvres pouvaient servir plus immédiatement de source, aussi bien iconographiques que formelles, notamment les reliefs relatant l'Invention du corps de saint Firmin, dans la crypte de l'église Saint-Acheul, réalisés peut-être juste avant la clôture de la cathédrale, vers 1480 (Knipping). Les mystères à sujet religieux qui se multiplient à la fin du Moyen Âge ont sans doute moins servi de sources que fourni une résonance au décor permanent qu'offraient portails et ensembles sculptés à l'intérieur des églises. Ainsi, le *Mystère et Invention de saint Firmin*, joué en 1459 à Amiens, n'avait sans doute pas grand-chose à apporter à l'iconographie d'une fête abondamment illustrée déjà dans la sculpture et la liturgie de la cathédrale.

Un retour sur la personnalité et l'œuvre d'Antoine Anquier, déjà mentionné pour la clôture de Saint-Firmin, permet de juger plus concrètement de la multiplicité des échanges qui s'opèrent sur le chantier de réfection du mobilier de la cathédrale au début du XVIe siècle. Anquier compte parmi les maîtres sculpteurs d'Amiens (Durand, 1931). Il est domicilié au moins depuis 1515 dans l'actuelle rue Saint-Leu, en face de l'église éponyme. Il est vraisemblable que c'est lui qui est recruté, sous le nom écorché d'Avenier, pour le décor sculpté des stalles de la cathédrale en 1508, pour lesquelles le chapitre lui commande, le 3 juillet, soixante-douze miséricordes. Il apparaît plus tard comme responsable de la seconde travée de la clôture de Saint-Firmin à laquelle on travaillait déjà en 1527 et dont les sculptures étaient achevées en 1531 et la polychromie en 1532. Le testament du commanditaire, le doyen Adrien de Hénencourt, en date du 3 novembre 1531, évoque un paiement pour la sculpture du gisant à Antoine d'après un dessin du peintre Guillaume Laignier, ainsi que pour les statues de quatre docteurs de l'Église dans la travée suivante. C'est un autre peintre, du nom de Pierre Pallette, qui réalisa la polychromie de la seconde moitié de la clôture de

Saint-Firmin. En s'appuyant sur les données documentaires et l'analyse formelle des œuvres, Knipping attribue à son atelier les dorsaux des stalles hautes sud, la partie supérieure des jouées des stalles hautes à l'est, la plus grande partie de la clôture de Saint-Jean-Baptiste et la seconde travée de la clôture de Saint-Firmin.

En dehors de la cathédrale, il exécuta des travaux importants pour la ville d'Amiens et pour des particuliers, notamment un saint Antoine pour l'Hôtel-Dieu en 1514 et une Vierge pour le pilori en 1525 et 1537. Sa collaboration avec son cousin, le sculpteur Antoine Morel, n'alla pas sans heurts. Il mourut en 1542. On voit ainsi esquissée une carrière bien remplie où le sculpteur travaille plusieurs types de matériaux, collabore, parfois difficilement, avec ses collègues, mais aussi avec des peintres, au service de plusieurs catégories de commanditaires, tant laïcs qu'ecclésiastiques.

Deux œuvres placées aux extrémités opposées de la nef peuvent témoigner du faste déployé dans les monuments funéraires de la cathédrale, dans la première moitié du XVIe siècle où s'affirme l'art de la Renaissance. Le monument du chanoine Pierre Burry († 1504) s'élève au revers de la façade contre le pilier qui sépare le vaisseau central du bas-côté sud. Le chanoine, portraituré sans concession et accompagné de son saint patron, est agenouillé devant l'Ecce Homo. Le groupe repose sur une longue console établie sur deux piliers polygonaux, et ornée de tibias, de têtes de morts et de deux anges qui tiennent la banderole où figure l'épitaphe en latin, complétée, au sommet de la console, par une inscription en français. Le monument de Charles Hémard de Denonville, évêque d'Amiens et de Mâcon, cardinal de Saint-Mathieu († 1540), est adossé au pilier nord-ouest de la croisée. Daté de 1543, il est l'œuvre du sculpteur amiénois Mathieu Laignel, auteur probable du tombeau de François de Lannoy de l'église de Folleville. Haut de plus de 5 m, il s'élève sur trois niveaux, entièrement de style Renaissance. Au-dessus d'un premier ordre de pilastres doriques sont placées les quatre vertus cardinales en marbre blanc : la Justice, la Tempérance, la Prudence et la Force. Le cardinal, agenouillé en prière, les surmonte, le regard tourné vers le Crucifix qui surmontait alors le jubé. Au fond de la niche qui l'abrite apparaît le chef de saint Jean-Baptiste et deux anges portant ses armes. Au-dessus de l'entablement, trois figures de marbre représentent les vertus théologales, la Foi, l'Espérance et la Charité.

SEPTIÈME PARTIE

LES AMÉNAGEMENTS MODERNES DU XVIᵉ AU XXIᵉ SIÈCLE

LA CATHÉDRALE AUX XVIᵉ-XVIIᵉ SIÈCLES	190
La confrérie du Puy Notre-Dame	190
Les grandes orgues	192
Nicolas Blasset à la cathédrale	192
LA CATHÉDRALE AU XVIIIᵉ SIÈCLE	194
La chapelle Saint-Jean-du-Vœu	195
La transformation du chœur	196
Les chapelles de la nef	197
Les chapelles du chœur	199
LA CATHÉDRALE AU XIXᵉ SIÈCLE	200
Viollet-le-Duc à Amiens	201
La réfection du dallage	203
Le nouveau trésor	204
L'AMÉNAGEMENT DES ABORDS DE LA CATHÉDRALE	205

La cathédrale conserve des témoins significatifs des enrichissements et mises au goût du jour apportés depuis le XVIe siècle. On y distingue les œuvres commandées par la florissante confrérie du Puy et les monuments funéraires du clergé, deux domaines où s'illustra au XVIIe siècle le sculpteur amiénois Nicolas Blasset. Les aménagements des chapelles au XVIIIe siècle peuvent rivaliser en qualité avec la gloire du sanctuaire et la chaire de la nef. Il est heureux que les restaurateurs des XIXe et XXe siècles, à commencer par Viollet-le-Duc, aient dans l'ensemble respecté l'héritage des siècles précédents.

LA CATHÉDRALE AUX XVIe-XVIIe SIÈCLES

La confrérie du Puy Notre-Dame

La cathédrale s'enrichit durant plus de deux siècles de quantité d'œuvres d'art, dont un grand nombre était commandé en liaison avec la confrérie du Puy Notre-Dame, qui connut son apogée aux XVIe et XVIIe siècles. Elle tenait à la fois de l'association pieuse et de l'académie littéraire pour honorer la Vierge. Depuis sa fondation en 1389, elle organisait des concours poétiques pour les rhétoriciens, c'est-à-dire pour les Amiénois férus de poésie, avec messe solennelle, dîner et concours aux cinq fêtes de Notre-Dame, la principale réunion étant fixée le 2 février, jour de la Purification de la Vierge, où l'on élisait un maître. Un prix annuel était décerné le lendemain, le lauréat déclamant alors son œuvre sur un podium, d'où le nom de « puy » donné à l'association.

Le maître proposait, peu après son élection, un palinod, c'est-à-dire un vers de dix pieds, devise allégorique de la Vierge, qui devait servir de thème et de refrain aux pièces composées en vue du concours suivant. Le palinod revêt généralement une forme métaphorique familière aux prières et aux litanies de la Vierge. À partir du XVIe siècle, ils prirent souvent l'aspect de calembour sur le nom ou la profession du maître donateur, d'une inspiration plus ou moins heureuse, ainsi Robert de Fontaines (1498) choisit-il : *Au genre humain consolable Fontaine* ; Jean L'Héritier (1531), *À l'héritier maternel héritage,* Grégoire Le Sellier, brasseur de profession (1551), *Brasseur et fort pour défense et victoire,* Nicolas Roche (1566), *Roche d'où sourt la fontaine d'eau vive,* Honoffre Marchand (1583), *Vierge en soleil marchant dessus la lune,* Toussaint Rolland (1586), *Fleur de Toussaint roulant du flot de grâce,* Nicolas

Lefranc (1597), *Le franc aux Francs donnant toute franchise*, et Guillaume Revelois (1606), *Oracle saint qui révèle loix saintes…*

À partir de 1451, les maîtres furent obligés de faire exécuter à leurs frais un tableau inspiré de la devise choisie, qui serait montré dans la cathédrale. L'exposition des peintures devint permanente après 1493, quand la confrérie reçut l'autel du Pilier rouge, plus tard autel du Puy Notre-Dame, où elle faisait célébrer une messe tous les jeudis. Contre le mur de soubassement du bas-côté occidental du bras sud du transept, huit tables de marbre noir, don d'Honoré Quignon, maître du Puy en 1648, portent gravés les noms de tous les maîtres de la confrérie depuis Pierre Mourin, prêtre notaire de la cour spirituelle d'Amiens en 1389. La liste fut complétée jusqu'à Marc-Antoine Damyens, maître en 1729. Coiffées de bas-reliefs représentant des épisodes de la vie de la Vierge, œuvre probable de Nicolas Blasset, elles sont l'unique témoignage subsistant dans la cathédrale de l'activité séculaire d'une confrérie qui enrichit de plusieurs centaines de tableaux l'intérieur de l'édifice.

Le XVIIIe siècle fut fatal à cette collection unique, sacrifiée pour la mise au goût du jour du monument. Seuls quelques tableaux subsistent, parmi lesquels le plus ancien conservé, de 1438, aujourd'hui au musée du Louvre (*Digne Vesture au prestre souverain*), et les spectaculaires puys de 1517, 1518, 1519 et 1520, œuvres d'un maître anversois, enrichis d'encadrement somptueux réalisés par les meilleurs huchiers picards (musée de Picardie).

L'autel de la confrérie, contre le pilier médian à l'entrée du double collatéral sud du chœur, a été refait aux frais d'Antoine Pingré, maître du Puy en 1627. Isolé par une balustrade, il frappe par le luxe des matériaux et l'éclat des dorures. La statue de Judith, en pierre, était accompagnée en symétrique de celle d'Esther qui fut détruite à la Révolution, et remplacée par une statue de sainte Geneviève travestie en Liberté. Le retable de l'Assomption est du peintre anversois François Francken le Jeune.

À la suite d'une épidémie de peste en 1634, les maîtres du Puy décidèrent la réfection, suivant ce modèle, de la chapelle symétrique dans le bras nord du transept, dédiée à saint Sébastien. Si l'architecture est la même, le matériau diffère puisqu'on préféra la pierre au bois. Les statues de saint Sébastien, de la Justice, de la Paix et de saint Roch sont de Blasset. Sa statue de Saint Louis, disparue, a été remplacée par une œuvre des Duthoit en 1832, pastiche du style de leur devancier. Le tableau d'autel primitif, une Vierge de pitié avec l'évêque d'Amiens Lefèvre de Caumartin, Louis XIII et Anne d'Autriche et les donateurs François Mouret et Jean Hémard, était de Claude Vignon. En mauvais état, il fut remplacé au début du XIXᵉ siècle par l'actuelle toile de la Crucifixion du XVIIIᵉ siècle.

Les grandes orgues

Les parties les plus anciennes des orgues remontent au XVᵉ siècle, et peuvent être imputées à Alphonse Le Mire († 1458), receveur des aides à Amiens, et sa femme Massine de Hainaut, qui avaient fait faire les grandes orgues en 1422. À ce titre, ils avaient pu être inhumés dans la première travée du vaisseau central, où une plaque de cuivre les représentant en donateurs avec épitaphe conservait le souvenir de leur grande générosité. De cette époque subsiste la tribune inférieure, ingénieusement fixée sur une ferme armée. Sa charpente est dissimulée par une menuiserie qui évoque quatre travées terminées par des pendentifs ornés d'un angelot portant un écu. Dans les écoinçons sont fixées cinq statues : un évêque, saint Jean-Baptiste, la Vierge à l'Enfant, saint Firmin et un diacre. Le grand buffet a, quant à lui, été profondément remanié au milieu du XVIᵉ siècle, comme l'atteste la présence de H couronnés, le chiffre du roi Henri II. Après de multiples restaurations, l'orgue a été presque entièrement rénové par Cavaillé-Coll (1887-1889).

Nicolas Blasset à la cathédrale

Le sculpteur amiénois Nicolas Blasset (1600-1659), déjà cité au service de la confrérie du Puy, reçut de sa part un grand nombre de commandes, dans le deuxième quart du XVIIᵉ siècle. Peu d'entre elles sont restées en place. Contre le pilier sud-ouest de la première travée du bras sud s'appuie le monument en pierre offert par Claude Pierre, chanoine de Saint-Acheul, maître du Puy en 1650, présenté par son patron saint Claude, agenouillé devant la Vierge à l'Enfant dont il baise le pied. Sur la console, une plaque de marbre noir conserve, gravés en lettres d'or, le souvenir de son offrande et la devise ou palinod : *Pierre sacrée où le serpent se brise.*

Contre le pilier séparant les deux dernières chapelles du bas-côté nord de la nef est adossé un des rares monuments funéraires de personnage laïc, celui de Jean de Sachy, ancien premier échevin d'Amiens († 1544), et de sa femme Marie de Revelois († 1662). Il s'agit en même temps du présent qu'il fit à la cathédrale en tant que maître du Puy. Le couple est représenté en prière de part et d'autre de la Vierge à l'Enfant que désigne le jeune saint Jean-Baptiste, patron du donateur, dont les armes timbrent le fronton cintré qui coiffe l'ordre corinthien. La console est à demi occupée par un squelette dont le bras droit tenait jadis une faux.

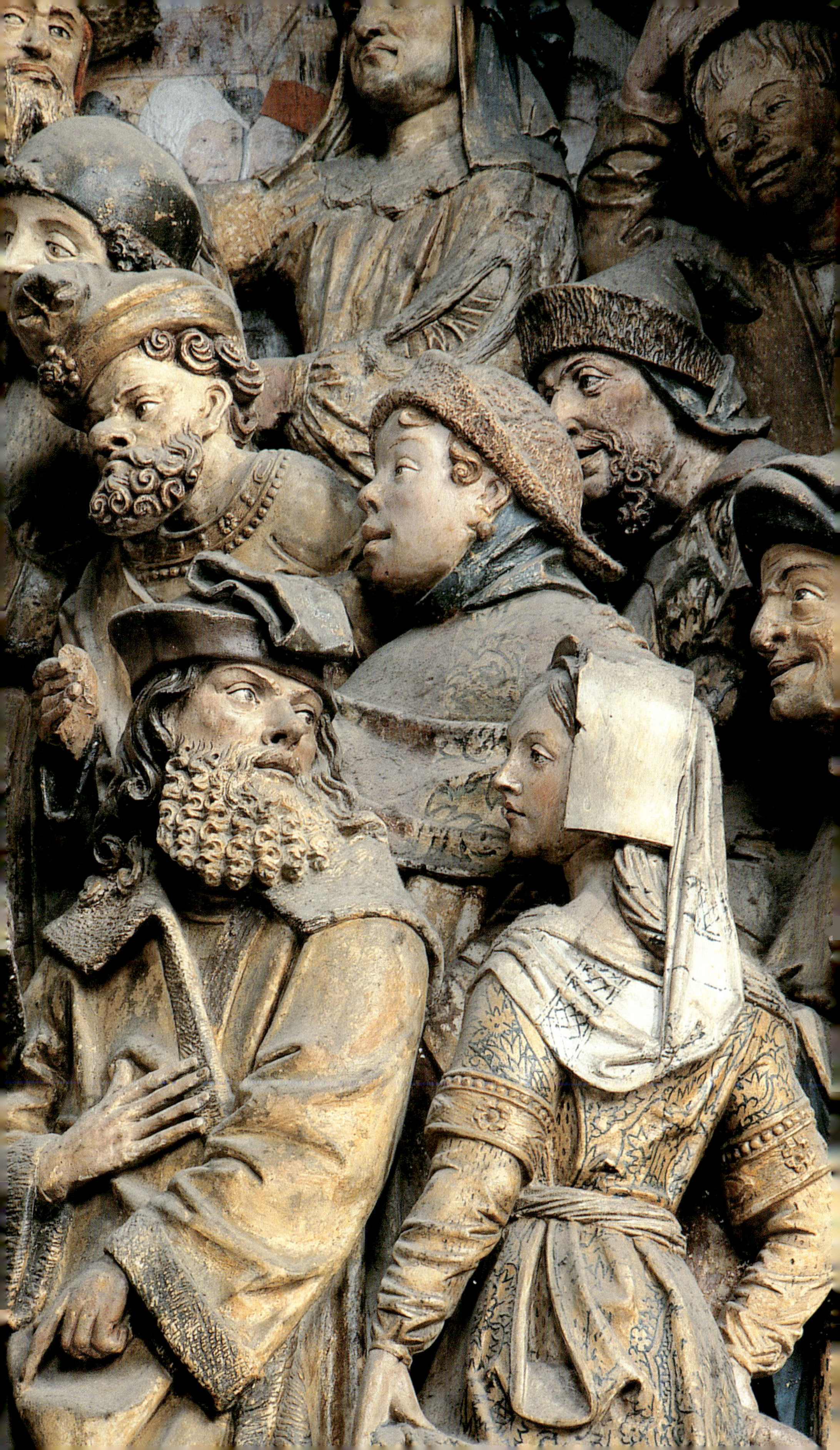

83 **Page précédente:**
Clôture de Saint-Firmin, détail de la foule assistant à la prédication de saint Firmin.

84 Clôture de Saint-Firmin, première travée, prédication et arrestation du saint.

85 Gisant de l'évêque Ferry de Beauvoir.

86 Clôture de Saint-Firmin, seconde travée, découverte et translation des reliques du saint.

87 Gisant du doyen Adrien de Hénencourt.

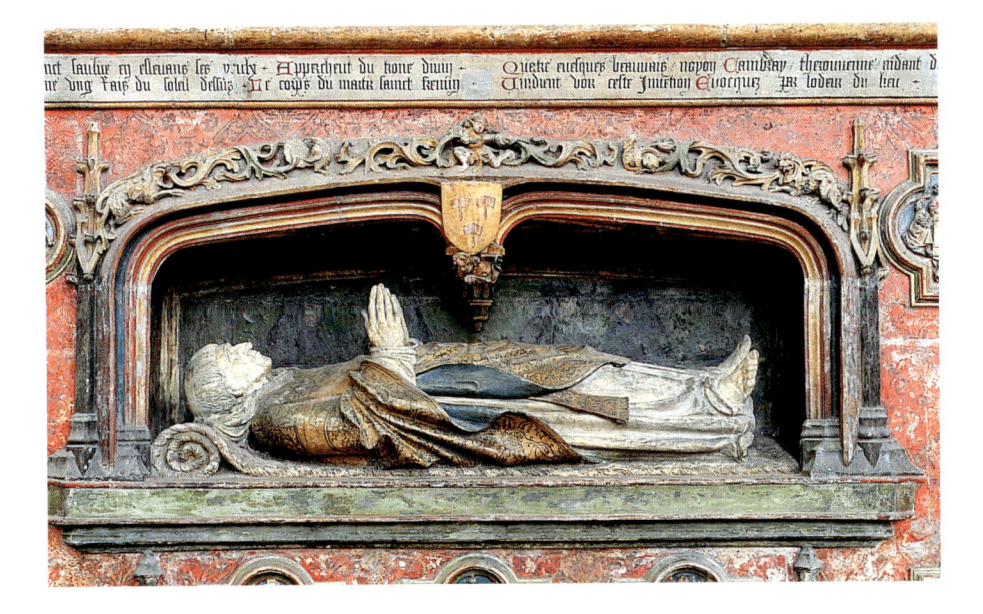

88 Sainte Madeleine
du *Noli me tangere*
provenant du jubé
(Amiens, musée
de Picardie).

89 Clôture de Saint-
Firmin, détail
de l'arrestation
du saint.

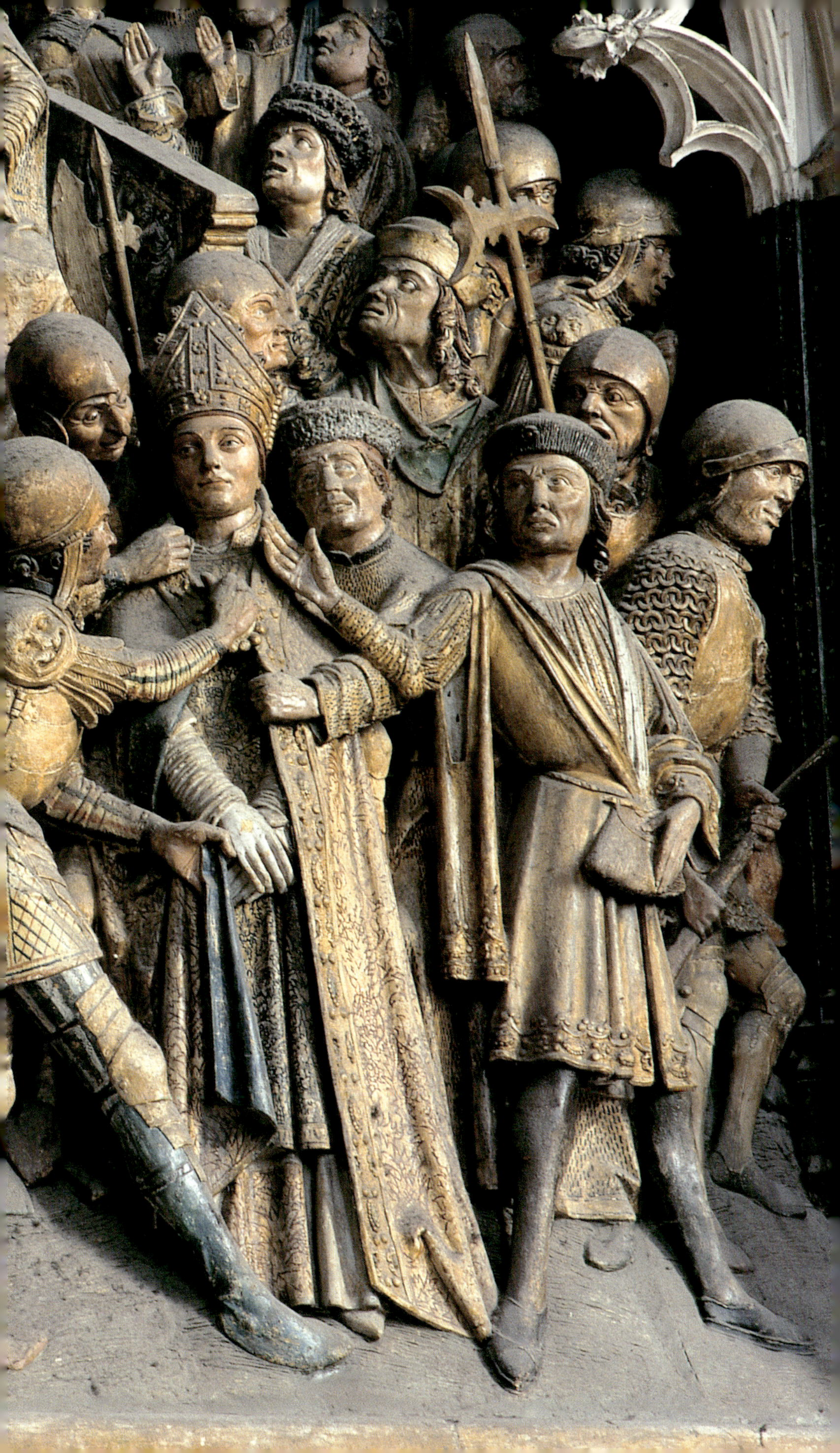

90 Détail de la scène de l'arrestation de saint Firmin : la façade de la cathédrale.

91 Détail du gisant de Ferry de Beauvoir dans son enfeu orné de la représentation peinte du credo apostolique.

92 Puy de 1520 : *Palme eslute du Saulveur pour victoire* (Amiens, musée de Picardie).

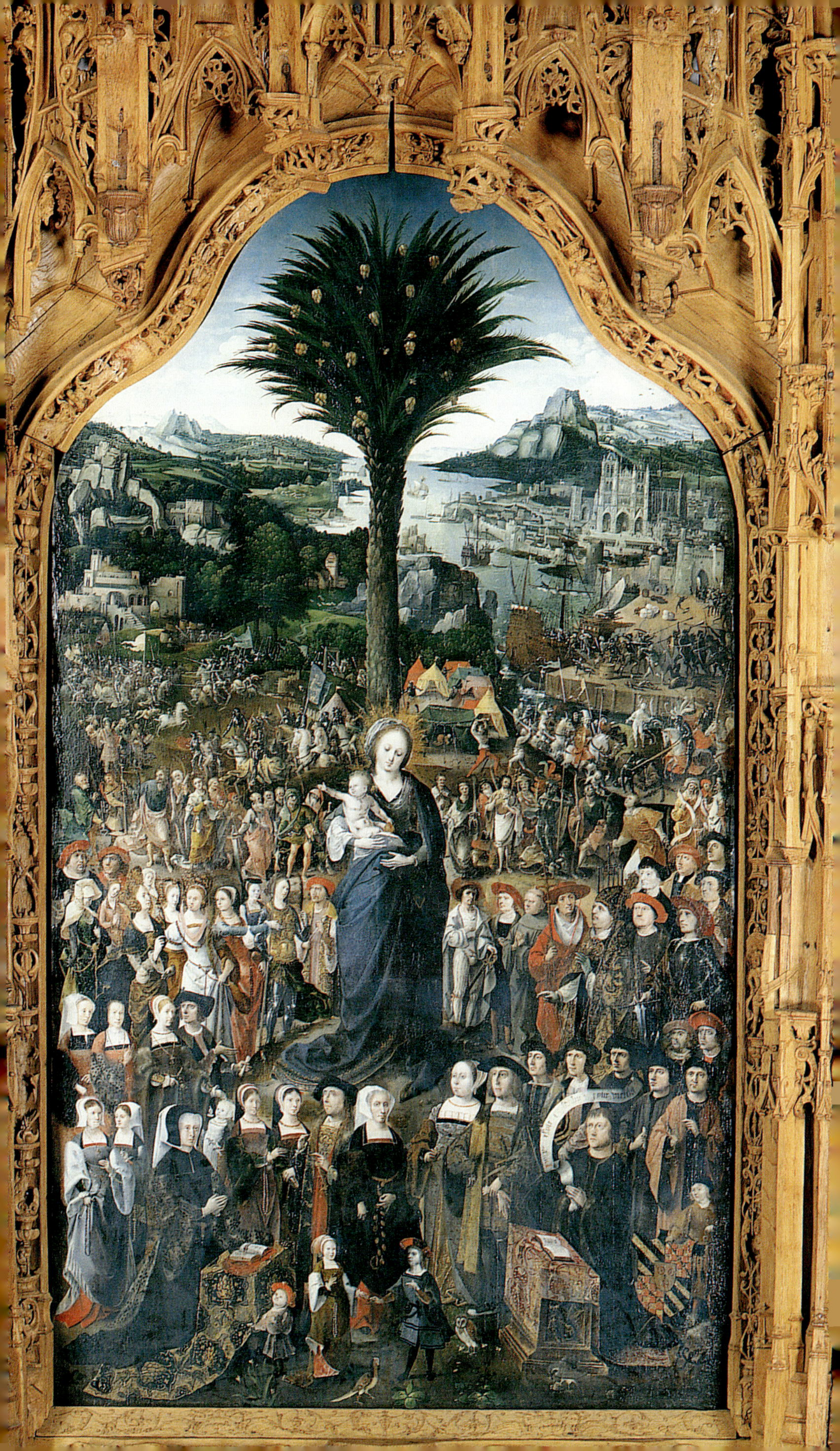

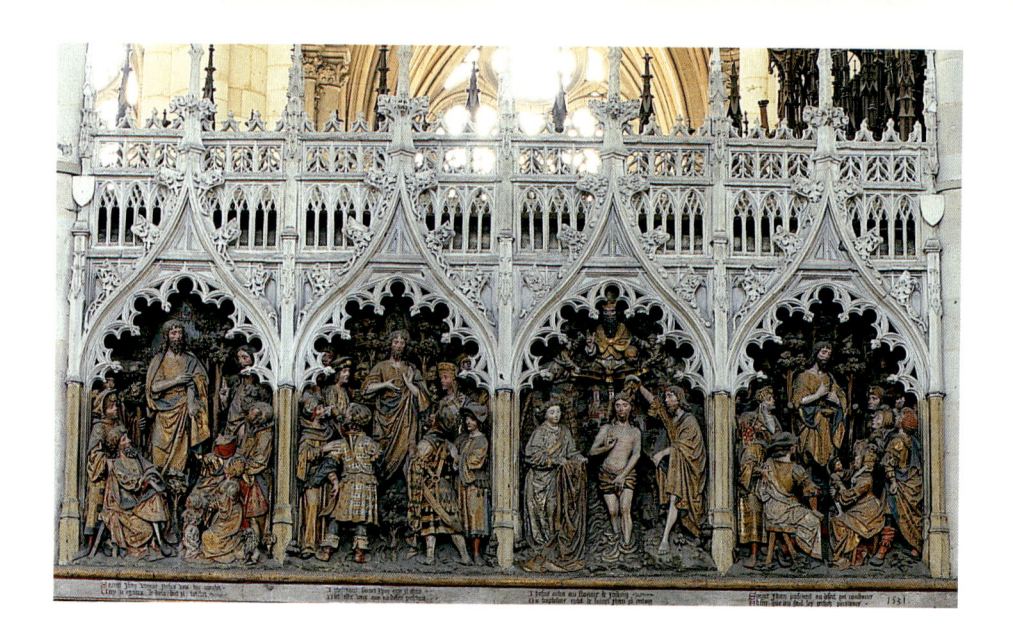

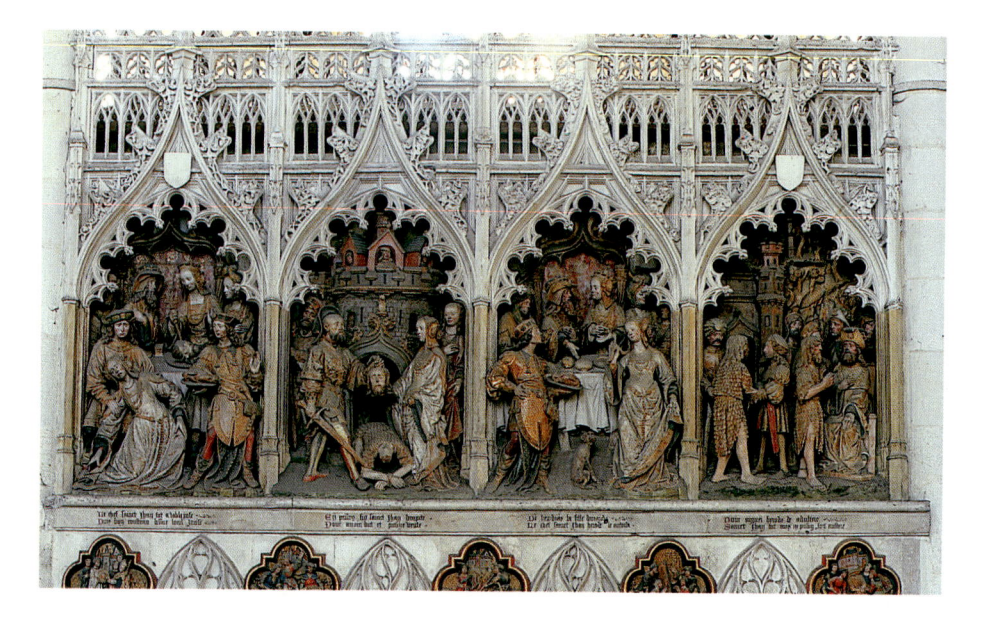

93 Clôture de Saint-
Jean-Baptiste,
première travée,
prédication et
baptême du Christ.

94 Clôture de Saint-
Jean-Baptiste,
seconde travée,
arrestation et
martyre.

95 Détail de la dernière
scène de la clôture
de Saint-Jean-
Baptiste :
évanouissement
de Salomé alors que
sa mère Hérodiade
plante un couteau
dans le chef de saint
Jean-Baptiste.

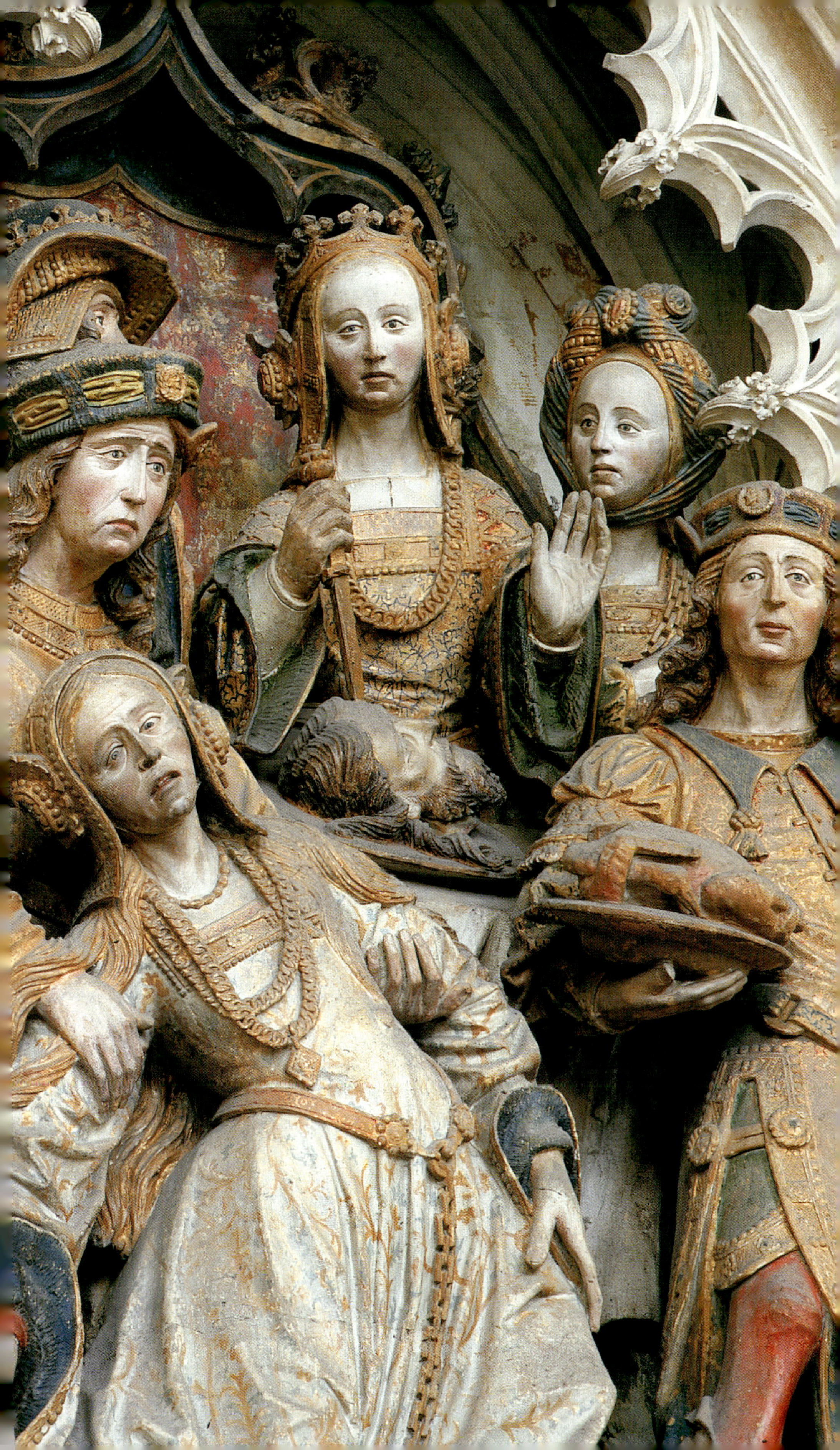

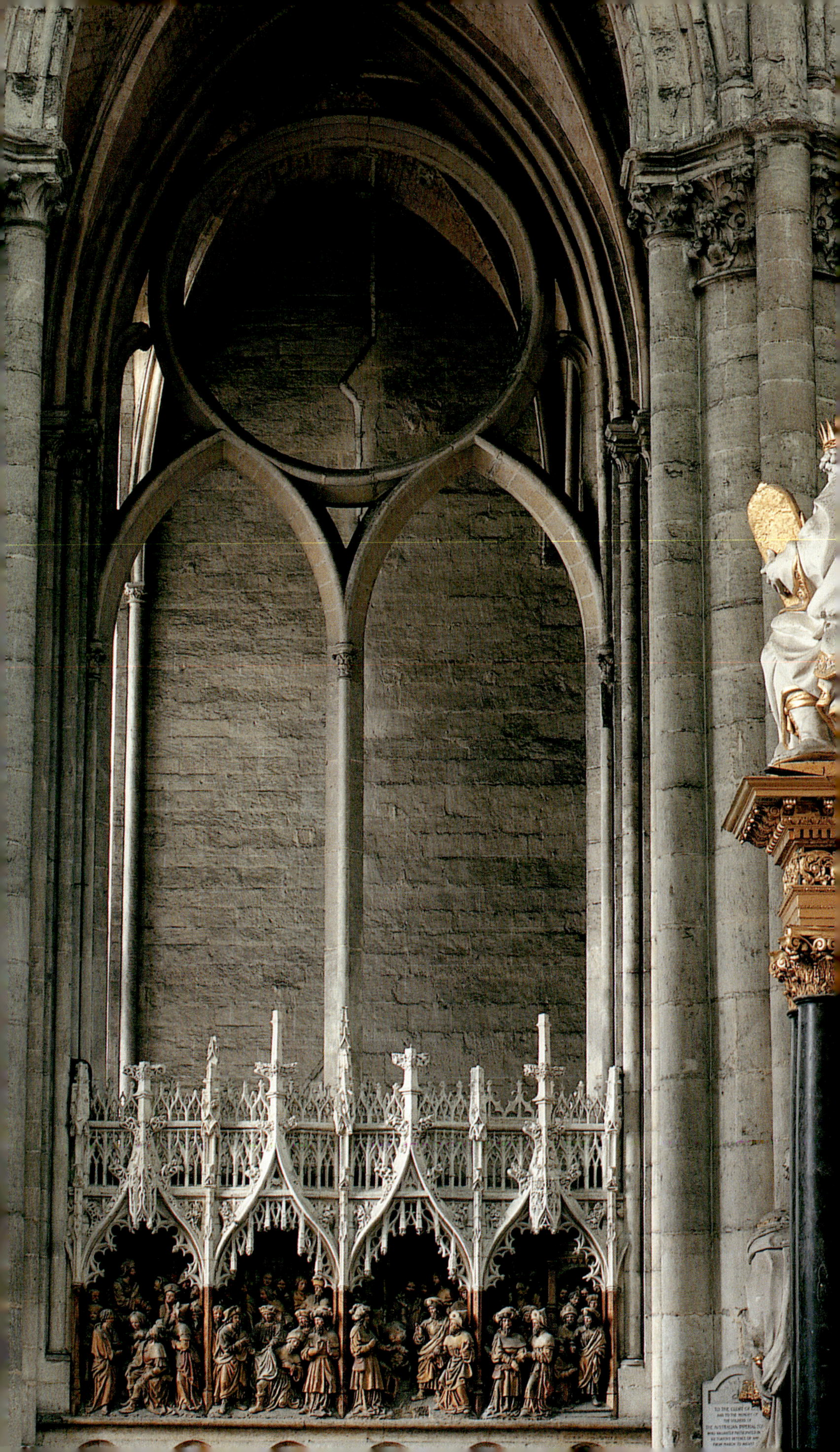

96 Le monument de saint Jacques et Hermogène, au bas d'une baie du collatéral ouest du bras sud du transept.

97 Quatrième et dernière scène du monument dédié à saint Jacques : le magicien Hermogène, vaincu par l'apôtre, implore sa protection.

98 Le monument illustrant le temple de Jérusalem, au bas d'une baie du collatéral ouest du bras nord du transept.

99 Détail du monument : le Christ accomplit des guérisons miraculeuses à l'entrée du Temple.

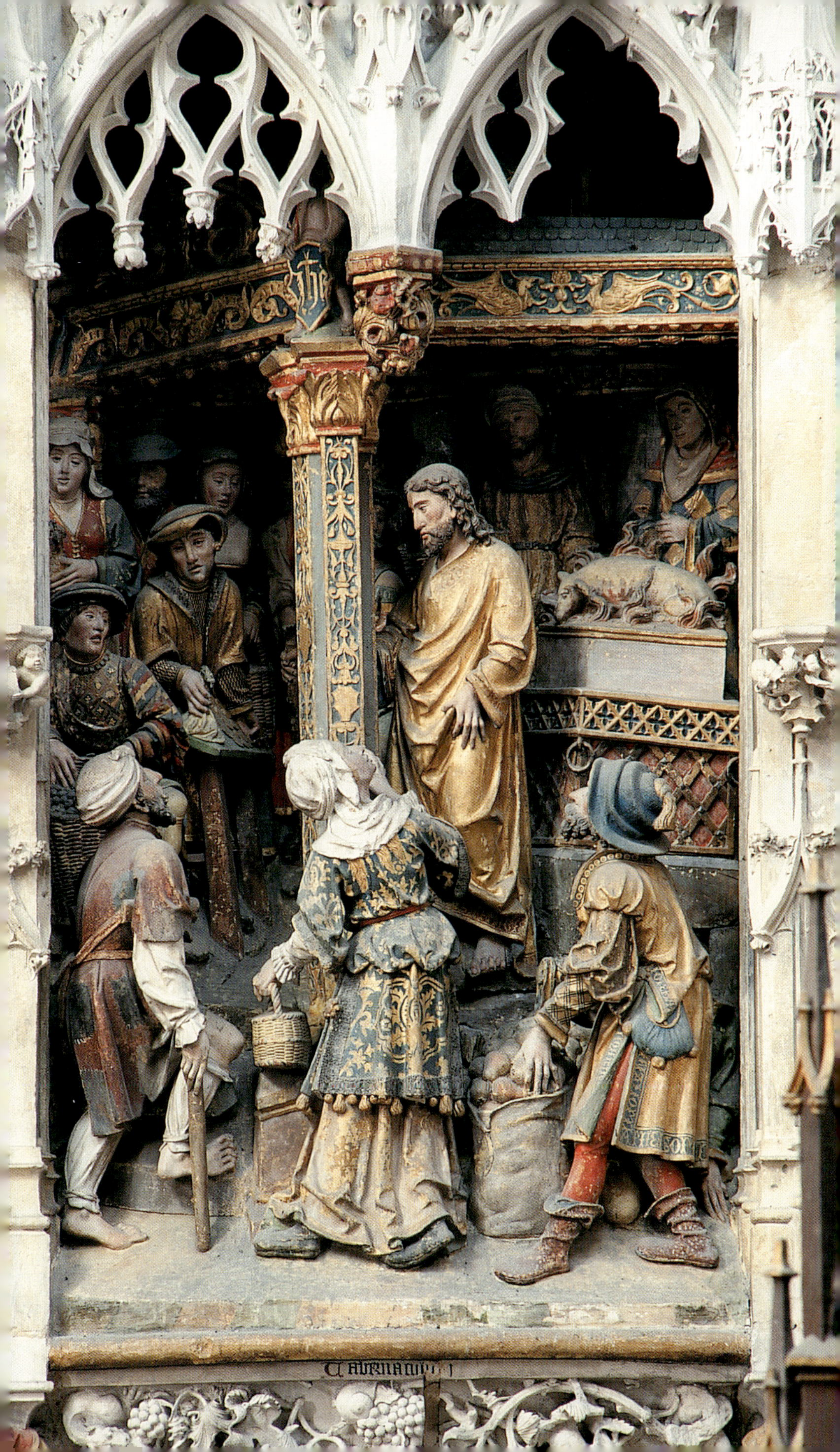

100 Les stalles basses et hautes dans l'angle nord-ouest du chœur des chanoines.

101 Détail des stalles : deux hommes sous une même capuche forment l'appui-main des deux stalles basses à l'angle sud-ouest du chœur des chanoines.

102 Détail des stalles : les vaches grasses du songe de Pharaon (Gn XLI, 1-7).

103 Page suivante:
Détail de la maîtresse-stalle, dite stalle du roi, à gauche de l'entrée du chœur des chanoines.

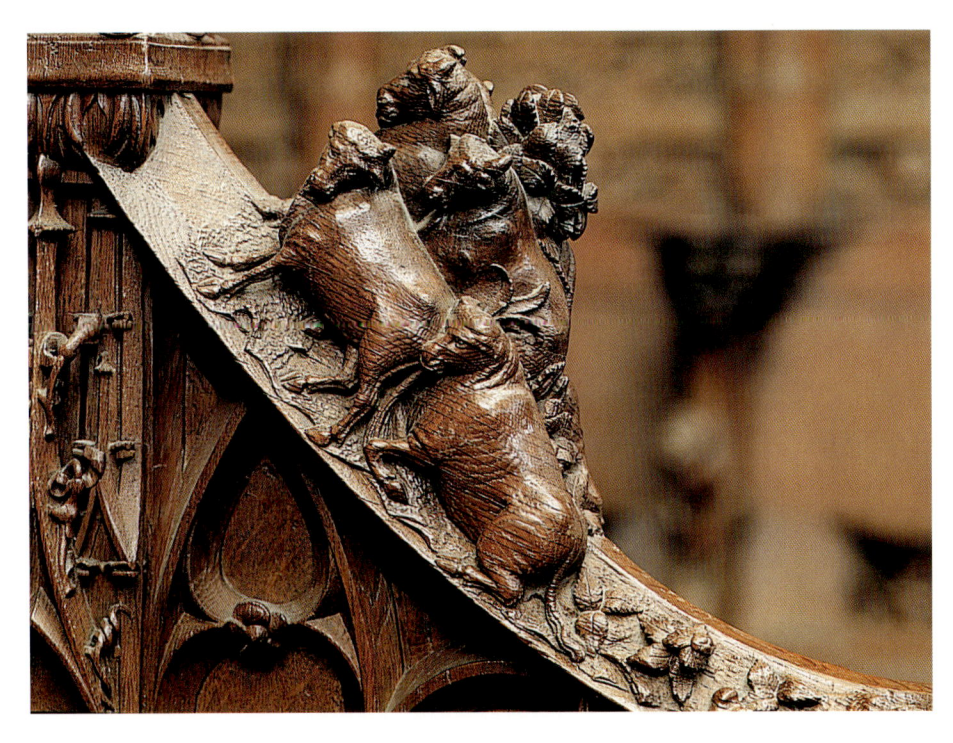

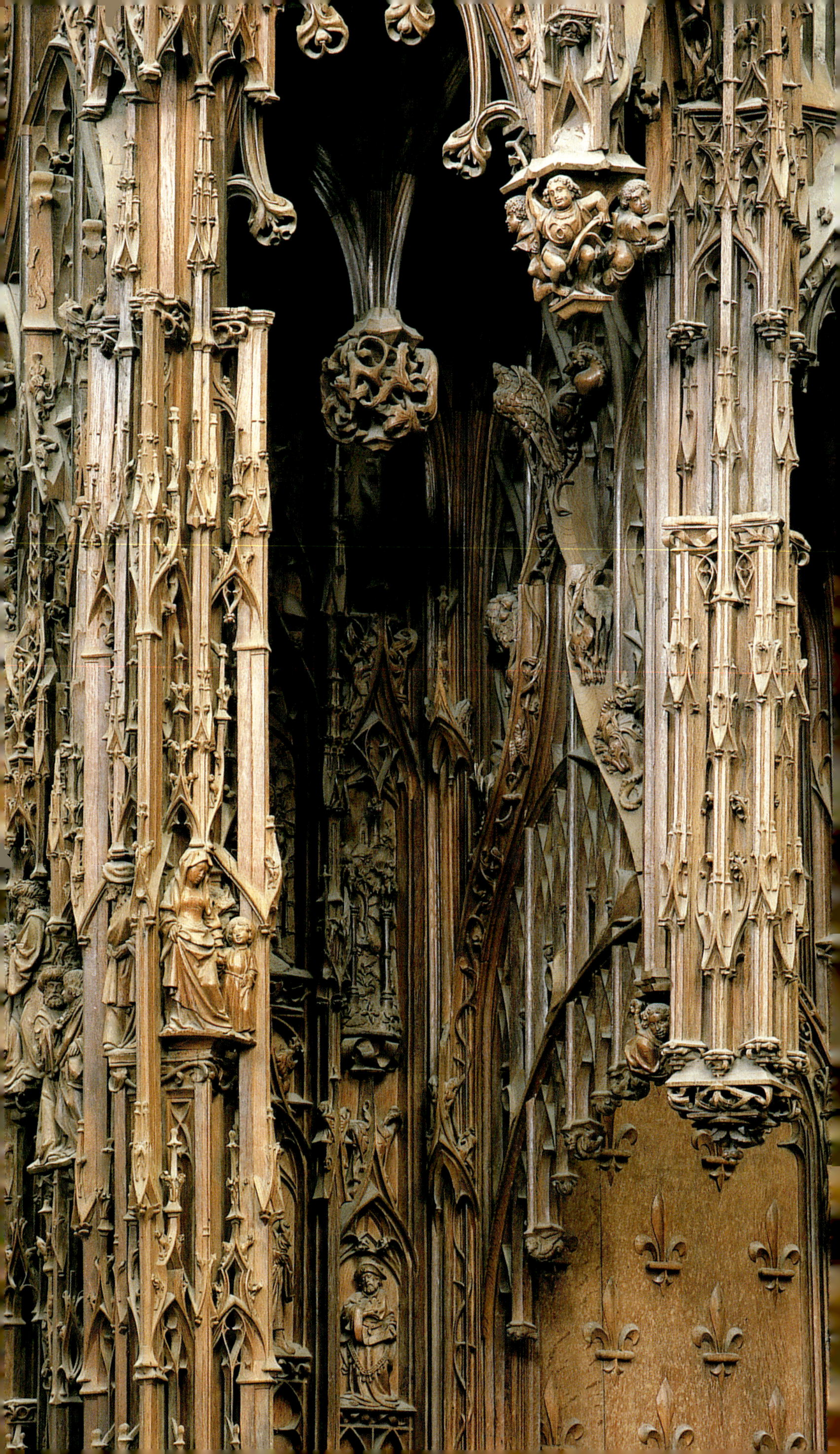

Au-dessus, une plaque de marbre noir gravée vante les mérites du défunt. D'autres monuments ont été déplacés pour être intégrés dans le nouveau décor des chapelles de la nef au XVIII siècle (voir *infra*).

L'ange pleureur ajouté en 1636 par Nicolas Blasset au tombeau du chanoine Guillain Lucas (cliché Christian Lemzaouda).

Blasset reçut aussi des commandes des chanoines de la cathédrale. Contre le pilier fasciculé à la jonction des deuxième et troisième travées du bas-côté nord du chœur se trouve le mausolée en pierre du chanoine Antoine de Baillon († 1644) agenouillé devant l'Ecce Homo. Le tombeau du chanoine Antoine Niquet († 1652) est adossé au premier pilier sud de la nef. Au-dessus d'un petit sarcophage en pierre est agenouillé le défunt présenté par son patron à la Vierge des Sept Douleurs, la poitrine percée de sept glaives.

Son œuvre la plus célèbre orne le tombeau du chanoine Guillain Lucas († 1628), entre les piliers du pan axial de l'abside. Ce fut le seul monument conservé dans le rond-point lors du réaménagement du chœur à l'époque baroque. Il sert d'ailleurs à dissimuler et épauler la gloire de Slodtz du côté du déambulatoire. Sa survie doit aussi beaucoup à la réputation du chanoine, auréolé de la fondation d'un orphelinat, la maison des Enfants Bleus, ce qui explique la multiplication des figures enfantines d'anges sur le tombeau. Il est piquant d'apprendre que l'ange pleureur, le plus célèbre, est en fait un rajout, décidé après 1636, pour satisfaire les ayants droit du chanoine qui jugeaient le tombeau médiocre, ce qu'on peut comprendre à la vue de la statue de la Vierge, raide et mal proportionnée, devant laquelle est agenouillé en prière le défunt. L'ange pleureur, comme ses compagnons au fronton du mausolée ou sur la clef de l'arc qui abrite statues et épitaphes, témoigne du talent particulier du sculpteur à saisir chez l'enfant les gestes naturels de l'émotion.

La faveur dont jouit Blasset semble lui avoir survécu. En témoigne, contre le pilier terminant à l'est la clôture de Saint-Firmin, dans l'angle nord-est de la deuxième travée du bas-côté intérieur du chœur, le petit monument du cœur de Charles de Vitry, écuyer, conseiller du roi, receveur des gabelles, que son fils François de Vitry lui fit élever en 1705. La gaine ornée de têtes d'anges est du sculpteur amiénois François Cressent, mais l'ange terrassant d'une lance un serpent trahit l'ascendant de Nicolas Blasset.

LA CATHÉDRALE AU XVIIIe SIÈCLE

La cathédrale connut au XVIIIe siècle de profondes transformations qui touchèrent avant tout son mobilier, dans le sanctuaire et les chapelles du chœur et de la nef. La mise au goût du jour répondait aux inclinaisons du clergé, dont certains membres se firent les chantres des rénovations, comme Mgr de La Motte et le chanoine Cornet de Coupel dans la seconde moitié du siècle. Des impératifs liturgiques, notamment la volonté de permettre la vision du sacrement de l'Eucharistie, réclamaient la disparition du jubé médiéval. Ils expliquent aussi le remplacement, dans les chapelles latérales de la nef, des anciens autels orientés, par de nouveaux, sous la baie des murs de clôture, ce qui permettait de mieux suivre les messes qui y étaient célébrées et d'aménager à l'arrière assez discrètement de petits vestiaires. Ce faisant, ils permettaient de mettre davantage en valeur un mobilier nouveau. Ce souci, jamais mieux exprimé que dans l'art baroque, régit également la réfection de l'autel majeur et de la chaire à prêcher.

Avant même ces travaux de modernisation, le clergé avait entrepris de purger la cathédrale d'éléments qui, selon lui, l'encombraient. Les pierres tombales de la croisée du transept furent enlevées en 1712. Le retrait des tableaux offerts par la confrérie du Puy Notre-Dame, accrochés aux piliers et qui formaient une galerie de peintures continue sur plus de deux siècles, se heurtait à l'hostilité de la population. Le clergé, peu glorieusement, les fit déposer de nuit, en 1723.

La chapelle Saint-Jean-du-Vœu

Au XVIIIe siècle, la première entreprise d'envergure à l'intérieur de la cathédrale fut l'aménagement de la chapelle Saint-Pierre, à l'extrémité du bras nord du transept, à l'occasion du changement de vocable qui en fit la chapelle Saint-Jean-du-Vœu. Cette décision était la lointaine conséquence de l'épidémie de peste qui toucha Amiens en 1668. Pour conjurer le fléau, le clergé, le corps de ville et les autres autorités avaient alors imploré Dieu par un vœu solennel de bâtir, en l'honneur de saint Jean-Baptiste, une chapelle « magnifique et proportionnée à la beauté de nostre église ». L'épidémie s'était éteinte peu après, mais le début des travaux était sans cesse différé. Finalement, au début du XVIIIe siècle, l'évêque Pierre Sabatier abandonna le projet de construire un vaste édifice près du bras nord du transept, pour la solution moins dispendieuse qui consistait à l'intégrer dans la cathédrale en la substituant à la chapelle Saint-Pierre. Des plans furent demandés à l'architecte Gilles Oppenord. Les travaux entrepris en 1708 furent achevés en 1711. En 1714 prit place, au centre du retable, une toile de Claude-Guy Hallé représentant le Baptême du Christ. Elle y resta jusqu'en 1780.

Le grand autel en marbre polychrome est flanqué des statues de saint Firmin et saint François de Sales par J. Poultier. La grille principale aurait été donnée par Noël Baron, seigneur de La Maronde, et par Martin Baron de Noircin, son frère, ancien maire d'Amiens et prévôt royal. La grille latérale fut exécutée en 1743 sur un legs du chanoine Nicolas Filleux. Le tableau d'autel, ruiné par l'humidité, fut remplacé en 1780 par un bas-relief en bois commandé par Mgr de Machault, à Carpentier père. Il représente, au milieu de nuées et d'angelots, le Christ tenant la croix en compagnie de la Vierge et de saint Jean-Baptiste intercesseurs. En bas, un ange tient une banderole dont le texte fait allusion, de manière sibylline, à l'accomplissement du vœu : *tantis auspicibus dabitur victoria plebi*. L'autel fut remplacé à la même époque, et des boiseries nouvelles installées.

C'est dans cette chapelle somptueusement décorée que fut présentée quotidiennement jusqu'à la Révolution la relique de saint Jean-Baptiste.

Le renom dont jouissait la chapelle explique que l'évêque Pierre Sabatier († 1733) ait décidé d'être inhumé à proximité. Son tombeau s'appuie au revers du mur pignon du bras nord du transept, à la gauche du portail. Cette œuvre de Jean-Baptiste Dupuis, datée de 1748, met en scène l'évêque de façon particulièrement suggestive : le prélat allongé sur la cuve du sarcophage se tourne vers la chapelle Saint-Jean-du-Vœu. Un ange, refait en 1897, tient ses armes. Sous l'urne funéraire qui couronne une pyramide élancée, un ange à la silhouette nerveuse, écartant les nuées, annonce de la trompette le Jugement dernier et semble faire écho à celui qui somme le retable de la chapelle voisine.

La transformation du chœur

À la suite d'un incendie qui endommagea le chœur en 1742, on envisagea sérieusement d'en modifier l'aménagement, afin surtout de dégager les abords du sanctuaire, dont les arcades furent débarrassées, à partir de 1751, des monuments qui s'y élevaient depuis le Moyen Âge. Seul celui du chanoine Lucas, dans le pan axial, échappa à ces déblaiements qui furent terminés en 1768. Il constituait d'ailleurs un excellent point d'appui pour la grande gloire baroque qu'on éleva en 1768-1771, à la place de l'ancien autel majeur et de la tribune aux reliques. Auparavant avaient été supprimées les clôtures de la troisième travée du chœur. Des grilles furent posées à la place de tous ces monuments détruits.

Sur l'emplacement du jubé gothique démoli dès 1751, on éleva, vers 1756-1761, de part et d'autre de l'accès élargi au chœur, deux grands autels en marbre avec retables à colonnes torses, dédiés l'un à Notre-Dame de Pitié et l'autre à saint Charles Borromée. Ils sont dus au sculpteur amiénois Jean-Baptiste Dupuis (1698-1780), peut-être sur des dessins de Christophle, son gendre. Peu appréciées, ces grandes machines furent transférées dès 1761 à l'extrémité des bas-côtés extérieurs du chœur. La statue de Charles Borromée laissa la place à celle de saint Joseph quand la chapelle prit ce nouveau vocable en 1832, et regagna la clôture occidentale du chœur, en pendant d'une statue de saint Vincent de Paul, que l'on commanda pour l'occasion aux frères Duthoit.

À la place des deux autels, on monta deux murs plaqués d'arcades gothiques dans le goût de l'époque. La sculpture est encore de Dupuis. Le fond mosaïqué était orné primitivement de fleurs de lys. Bûchées à la Révolution, elles ont été remplacées au début du XIXe siècle par des têtes de chérubins. Le serrurier Vivarais exécuta la grille, dessinée par Slodtz, qui prolonge heureusement au sommet la frise décorative des parties maçonnées. Le dallage en marbre du chœur et du sanctuaire fut mis en place entre 1766 et 1768.

La gloire de Slodtz par Jean-Baptiste Dupuis, sur un dessin de l'architecte Christophle, ferme de façon théâtrale la perspective du vaisseau central. Son auteur écarta délibérément les motifs architecturaux qui se seraient mal accordés avec « la liberté gothique de nos anciens temples » pour privilégier un décor plus pictural, composé uniquement de nuées et de draperies. C'est aux mêmes artistes qu'est due la chaire à prêcher de la nef, élevée en 1773, suivant des principes similaires. Les trois statues des vertus théologales, la Foi, l'Espérance et la Charité, supportent la cuve aux armes de Mgr de La Motte. Des draperies d'or, appliquées au pilier et tenues par des génies voltigeant, en constituent le fond. La colombe du Saint-Esprit, entourée de rayons lumineux et de nuées, sert d'abat-voix. Au sommet, un ange montre le ciel et tient un livre où est écrit *hoc fac et vives* (Lc X, 28).

Les chapelles de la nef

Le décor et le mobilier des chapelles de la nef furent entièrement renouvelés entre 1762 et 1781 à l'initiative du clergé, notamment du chanoine Cornet de Coupel qui en fit refaire trois. Les travaux correspondent souvent à un changement de vocable. Un même schéma d'ensemble a été suivi partout : les murs sont couverts de lambris, le plus souvent en bois, jusqu'à l'appui des baies, les autels déplacés au fond des chapelles sont flanqués de deux portes donnant accès à une petite sacristie.

La suite des chapelles du flanc nord de la nef en partant de la façade illustre ce souci de conformité, qui n'exclut pas le remploi de sculptures anciennes.

Au changement de vocable de la chapelle Saint-Jean-Baptiste répond la statue du Sauveur par Nicolas Blasset, provenant du monument funéraire des chanoines Guilain de Bécourt et Barthélemy Le Sieurre (1654) dans le rond point de l'abside, que le chanoine Cornet fit placer sur l'autel en 1769.

La chapelle Saint-Jean-l'Évangéliste, rebaptisée Notre-Dame-de-Bon-Secours (III), fut réaménagée en partie aux frais du chanoine Pierre-Jacques du Gard à partir de 1767. En guise de retable, on réutilisa le monument de Jean Quignon, maître du Puy en 1632, et de sa femme Madeleine Boullet, qui se trouvait contre le pilier de la nef en face de l'entrée de la chapelle : il s'agit d'une niche cintrée en marbre noir abritant une Vierge à l'Enfant en marbre blanc de Nicolas Blasset, de laquelle la chapelle tire son nouveau vocable.

Le décor de la chapelle Saint-Michel, dite Saint-Sauve (V), fut exécuté en 1769 aux frais du chanoine Nicolas Lucet, mais le tableau du retable, dont ne subsiste que le couronnement avec un bas-relief représentant saint Michel terrassant le démon, fut remplacé en 1791 par un grand Christ en croix vêtu du *collobium*, en provenance de l'église Saint-Firmin-le-Confesseur. Il passait pour être celui qui s'inclina au passage de la châsse de saint Honoré portée en procession dans Amiens du temps de son successeur saint Sauve. La statue, en fait des environs de 1200, a été lourdement restaurée et dorée à la fin du XVIIIe siècle.

La chapelle Saint-Honoré fut transformée en 1780, aux frais du chanoine Cornet de Coupel et de la confrérie des boulangers et pâtissiers, par le sculpteur Vimeux à qui l'on doit la statue du saint titulaire sur l'autel.

Le chanoine François-Xavier Joron fit décorer la chapelle Saint-Louis, dite Notre-Dame-de-Paix, en 1767-1768. Pour le retable, on a utilisé le monument de marbre offert par Antoine Mouret, maître du Puy en 1654, qui se trouvait contre le pilier de la nef en face de la chapelle. Nicolas Blasset a signé la statue de Vierge à l'Enfant en marbre blanc, abritée dans une niche de marbres polychromes aux contours polygonaux. Notre-Dame-de-Paix est dès lors devenu le vocable usuel de la chapelle.

La chapelle Sainte-Agnès, dite Saint-Firmin, fut réaménagée en 1781 aux frais de Mgr de Machault qui en changea le vocable pour la dédier à saint Firmin. C'est là qu'avait lieu le répit Saint-Firmin, un droit de trois deniers que les mariés devaient payer chaque année à l'évêque. Le décor de lambris imitant le marbre est de Vimeux, tout comme la statue en plâtre du saint titulaire sur l'autel.

Sur le flanc sud de la nef, la chapelle Saint-Lambert au-dessus de la porte Saint-Christophe est la seule à n'avoir pas été remaniée, et pour cause, puisqu'elle était désaffectée depuis le début du XVIIIe siècle.

La chapelle suivante conserve l'ancien patronage de saint Christophe. Son décor fut réalisé à la demande du chanoine Cornet de Coupel en 1762-1763. La statue d'autel du saint dédicataire est de Jean-Baptiste Dupuis.

La chapelle de l'Annonciation, dite du Jardinet (VI), fut remaniée en 1765 aux frais du chanoine Joseph Horard. En guise de retable, on réutilisa le monument de Nicolas Blasset offert par Antoine Pièce, maître du Puy en 1655, qui était adossé au quatrième pilier nord du vaisseau central. Il représente fort opportunément l'Annonciation en bas-relief. Il faut signaler la présence, à droite de l'autel, d'une statuette en bois de Notre-Dame-de-Foy, provenant de l'église des Augustins à qui elle avait été donnée en 1629. Elle fait directement référence au miracle d'une statuette de la Vierge découverte dans un chêne, à Foy, près de Dinand sur la Meuse, en 1609, qui suscita pèlerinage et grande dévotion. Des statuettes furent taillées dans ce chêne, dont celle qui parvint à Amiens. À l'occasion de la remise en vigueur de ce culte en 1879, la statuette fut abritée dans un reliquaire commandé à l'orfèvre parisien Poussielgue-Rusand.

La décoration de la chapelle Saint-Nicolas fut faite de 1761 à 1765 aux frais de Jean-François du Fresne d'Hauteville, prévôt du chapitre. À l'autel, on réutilisa le monument de Nicolas Blasset pour François du Fresne, maître du Puy en 1637, qui se trouvait contre le troisième pilier nord du vaisseau central. La Vierge de l'Assomption, flanquée de quatre anges, s'élève vers la figure de Dieu qui orne le fronton cintré de l'édicule.

Le chanoine François Caron fit refaire en 1768 la décoration de la chapelle Saint-Étienne. L'ancien tableau du retable donné en 1628 par Augustin Cordelois y a été réutilisé. Il représente la Pâmoison de la Vierge, par Laurent de La Hyre. Les statues en bois de saint Augustin et de saint Étienne sont de Nicolas Blasset. Le décor de la chapelle Sainte-Marguerite, le seul qui soit en marbre, date de 1768 et revient à l'initiative du chanoine Pierre-Joseph Pingré. La statue de sainte Marguerite est de Jacques-Firmin Vimeux. À droite de l'autel se trouve une statue de Vierge à l'Enfant en marbre, donnée par Michel Martin, maître du Puy en 1678.

Les chapelles du chœur

Le mobilier des chapelles rayonnantes fut entièrement renouvelé de 1775 à 1788. Le chanoine Cornet de Coupel fut le principal initiateur de ces mises au goût du jour qui employèrent largement le sculpteur Jacques-Firmin Vimeux. Elles n'ont, dans l'ensemble, pas survécu aux nouveaux aménagements conçus par Viollet-le-Duc moins d'un siècle plus tard.

Les extrémités des bas-côtés extérieurs du chœur reçurent en 1761 les autels provenant du nouveau jubé, ce qui entraîna la création de la chapelle Notre-Dame-de-Pitié au nord, et au sud la transformation de la chapelle Notre-Dame-Anglette en chapelle Saint-Charles-Borromée, puis Saint-Joseph à partir de 1832. Les stalles de style Louis XVI, que l'on trouve dans cette dernière, proviennent de la chapelle d'axe d'où elles ont été retirées par Viollet-le-Duc en 1853.

La chapelle orientée du bras sud, dédiée à saint Pierre et saint Paul, remaniée en 1749-1752, marque les débuts de l'action modernisatrice de François-Édouard Cornet de Coupel, à l'époque encore chapelain. Les aménagements imitent en bois peint le décor de marbre de la chapelle Saint-Jean-du-Vœu à l'autre extrémité du transept. Les deux statues d'apôtres sont de Jean-Baptiste Dupuis. L'Adoration des mages sur l'autel est d'Ignace Parrocel. Les fonts baptismaux datés de 1672 proviennent de l'église Saint-Firmin-le-Confesseur.

En 1757, le chanoine fit faire, à l'extrémité du bas-côté occidental du bras sud, des boiseries comprenant deux confessionnaux et une porte, remarquables témoignages du style Louis XV. À la Révolution, pour faire pendant, on orna en symétrique l'extrémité du collatéral du bras nord, de boiseries du milieu du XVIIIe siècle provenant de l'église Saint-Michel-en-Castillon.

LA CATHÉDRALE AU XIXe SIÈCLE

La cathédrale d'Amiens semble avoir traversé sans trop de dommage la période révolutionnaire, à l'exception notable de la disparition quasi complète du trésor, dont les pièces furent envoyées à la fonte. Si la clôture du chœur subit quelques mutilations, l'incomparable parure des portails échappa au vandalisme. Le monument souffrit toutefois d'un manque chronique d'entretien, qui nécessita des mesures d'urgence au début du XIXe siècle. Pour payer ces travaux, les édifices annexes furent vendus, notamment la chapelle épiscopale, la grange et l'écurie du palais épiscopal. Du cloître des Maccabées, on ne conserva que quelques travées au sud près de l'ancienne salle capitulaire, devenue chapelle.

L'architecte Granclas fit poser des tirants métalliques au-dessus des voûtes. Il fut relayé à partir de 1810, quand l'État prit en charge les travaux, par l'architecte parisien Étienne-Hippolyte Godde, qui resta en fonction une dizaine d'années, avant que Cheussey ne prenne la tête du chantier qu'il conserva jusqu'en 1849. Les travaux prirent toujours plus d'ampleur, pour aboutir, sous la monarchie de Juillet, à la fin d'une première tranche de réparation des parties hautes du chœur et à la restauration des ensembles sculptés, pour laquelle on consulta la toute jeune Société des antiquaires de Picardie, fondée en 1836. Dès l'année suivante fut entreprise la restauration de la clôture du chœur, confiée à Théophile Caudron et aux frères Duthoit, que l'on retrouve à l'œuvre, quelques années plus tard, aux portails du bras sud du transept (1843) et de la façade occidentale (1845-1847). Ces travaux, relativement minimes étant donné le bon état de conservation général de la sculpture, furent toutefois loin de susciter l'assentiment, si l'on en croit les incitations à la prudence des abbés Jourdain et Duval de la Société des antiquaires ou les attaques virulentes de Didron dans les *Annales archéologiques*, farouche opposant aux compléments parfois fantaisistes apportés aux quelques sculptures mutilées.

Viollet-le-Duc à Amiens

L'année 1849 marque un véritable tournant dans l'histoire des restaurations de la cathédrale, avec l'arrivée d'un nouvel évêque, Monseigneur de Salinis, et d'un nouvel architecte, Eugène Viollet-le-Duc, spécialement chargé du projet de restauration de la cathédrale. Le prélat, lié à Lacordaire, Combalot, Guéranger et Montalembert, put faire jouer ses très hautes relations dans le monde catholique, de même que ses excellents contacts avec Frédéric Albert de Falloux, ministre de l'Intérieur et des Cultes, à qui il devait d'ailleurs son élévation à l'épiscopat. Les bonnes grâces du prince-président Louis-Napoléon permirent la reprise du chantier de restauration avec des moyens inédits. Viollet-le-Duc, s'appuyant sur un volumineux rapport remis aux autorités en 1849, avait une vision globale des travaux à effectuer, touchant à la fois l'architecture, le décor et l'environnement de la cathédrale. Ses visées n'allèrent pas sans heurter les Antiquaires de Picardie, froissés de voir les décisions prises à Paris, mais l'appui indéfectible de l'évêque et du ministère avait confirmé « l'omnipotence » de Viollet-le-Duc, pour reprendre le terme dont usèrent ses détracteurs.

La façade occidentale, échafaudée pas moins d'une douzaine d'années, de 1850 à 1862, fut la partie de la cathédrale sans doute la plus modifiée par l'architecte. À son crédit, il faut porter le refus de surhausser la tour sud pour la mettre au niveau de la tour nord, comme le souhaitait la municipalité. Viollet-le-Duc se contenta de surélever le toit de la première et d'en compléter la superstructure, notamment les rampants des gâbles qui avaient été laissés inachevés au XIVe siècle. Moins heureuse fut sa décision de refaire complètement la galerie des Sonneurs entre les deux tours, tout comme l'arcature de la galerie des Rois dont le nouveau dessin très chargé n'a plus rien à voir avec la composition originale. Tout aussi peu justifiable apparaît la réfection, selon un dessin beaucoup plus élancé, des pinacles plaqués contre les contreforts qui flanquent les portails. Le remplacement des garde-corps flamboyants par des éléments dans le style du XIIIe siècle répond au principe de l'unité de style cher à l'architecte.

Ses interventions touchèrent également le mobilier de la cathédrale. Peu après sa prise de fonction, certains Amiénois s'inquiétèrent de la rumeur qui lui prêtait la volonté de rétablir un mobilier de style médiéval, ce qui aurait entraîné le sacrifice des aménagements de l'époque classique, auxquels beaucoup étaient attachés. Il n'est pas exclu que de pareils projets aient été évoqués, mais le manque de crédits et la priorité à accorder à certains travaux limitèrent les nouveaux aménagements à cinq des chapelles rayonnantes.

Les deux premières chapelles rayonnantes furent déblayées, dès 1853, des autels et boiseries du XVIIIe siècle, afin de retrouver les accès permettant de rejoindre directement le cloître des Maccabées au sud et la salle des Catéchismes au nord. Les nouveaux aménagements liturgiques dans le style du XIIIe siècle, très discrets, laissèrent visibles les peintures des sibylles de la chapelle Saint-Éloi, découvertes à cette occasion.

À la même époque, une opération de bien plus grande envergure fut entreprise, avec la totale réfection du décor et du mobilier de la chapelle Saint-Augustin, contiguë au nord à la chapelle d'axe. Affectée du nouveau vocable de Sainte-Theudosie, en raison de la translation des reliques de cette sainte, d'origine amiénoise et martyrisée à Rome, la chapelle fut inaugurée par le couple impérial un an plus tard jour pour jour, le 12 octobre 1854. Les boiseries du XVIIIe siècle avaient été remplacées par des peintures murales d'Alexandre-Dominique Denuelle, les vitraux relataient les épisodes de la vie et du martyr de la sainte dans le style du XIIIe siècle. L'autel néogothique dessiné par Viollet-le-Duc fut réalisé par les frères Duthoit. Au-dessus, les reliques étaient déposées dans une châsse en bois imitant les émaux limousins. La chapelle abrite le cœur de Mgr de Salinis († 1861), artisan du retour des reliques de Theudosie.

La réfection de la chapelle d'axe dédiée à la Vierge fut beaucoup plus lente. On travailla d'abord à partir de 1855 à la restauration des deux tombeaux à enfeux du XIVe siècle de l'évêque Simon de Gonçans et du chanoine Thomas de Savoie, qui avaient été fortement abîmés lors de la pose des boiseries au XVIIIe siècle. En 1859 commencèrent les travaux de décoration intérieure. Les vitraux furent démontés pour nettoyage, les clés de voûtes remplacées par des rosaces en chêne. Le décor peint d'Achille Touzet se conforme aux dessins de Viollet-le-Duc. L'autel, pareillement dans le style du XIIIe siècle, fut réalisé par les frères Duthoit avec une statue de la Vierge en cuivre doré de Bachelet, orfèvre à

Paris. Au revers de l'autel figure parmi les consoles le masque de Viollet-le-Duc avec son monogramme.

Immédiatement au sud, la chapelle Saint-Jacques reçut en 1866 le nouveau vocable du Sacré-Cœur à qui l'évêque de l'époque, Mgr Boudinet, avait consacré la ville et le diocèse d'Amiens pour conjurer une épidémie de choléra. Ce changement de titulature s'accompagna d'une réfection complète du décor avec des peintures de Nicolle, Maillot et Steinheil qui représentent sur le soubassement seize images de saints en pied illustrant le culte du Sacré-Cœur. L'autel en bronze doré est de Poussielgue-Rusand. La chapelle fut consacrée en 1869 par l'évêque qui y repose sous une dalle gravée à son effigie dans le style du XIIIe siècle.

Quand Viollet-le-Duc démissionna en 1874, les travaux étaient loin d'être terminés. C'est son successeur, l'architecte Juste Lisch, qui les mena à terme à la fin du siècle. Au total, leur montant s'éleva à environ quatre millions de francs. Il serait fastidieux de relever dans le détail les interventions multiples sur l'édifice, sur sa structure comme sur le fenestrage ou les éléments décoratifs. Ces travaux nécessaires ont effacé certaines pages de l'histoire de la cathédrale, depuis l'incendie de 1258 qui avait laissé des traces dans les parties hautes des chapelles rayonnantes, selon Viollet-le-Duc, jusqu'à l'œuvre de ses immédiats prédécesseurs.

La réfection du dallage

Les restaurations du XIXe siècle s'achevèrent sur la spectaculaire réfection, de 1894 à 1897, du dallage de la nef, du transept et du pourtour du chœur. Le dallage médiéval, formé de carreaux alternativement de pierre blanchâtre de Senlis et de pierre noire de Belgique de 37 cm de côté, formait des motifs d'une grande diversité, méandres, chevrons, entrelacs. Chaque motif occupait une travée de bas-côté ou une demi-travée de vaisseau central, à l'exception du plus célèbre, le fameux labyrinthe mentionnant l'évêque fondateur et les trois architectes, qui couvrait les quatrième et cinquième travées du vaisseau central. Malgré d'inévitables restaurations, dont les aires couvertes d'un simple damier portaient peut-être le témoignage, le dallage subsistait au début du XIXe siècle, quoiqu'en mauvais état. Son remplacement par de grandes dalles blanches, amorcé en 1827, fut brutalement interrompu par la révolution de Juillet 1830. Limité alors aux cinq travées orientales du vaisseau central, il avait malheureusement fait disparaître le labyrinthe, dont la pierre centrale, seul élément d'origine conservé, se trouve maintenant au musée de Picardie.

La réfection de la fin du siècle suit exactement l'ancien dessin avec, notamment, la restitution du labyrinthe ; la copie de la pierre centrale fut complétée par de nouvelles incrustations. À la pierre de Senlis fut préféré le marbre de Lunel des carrières d'Hydrequent près de Boulogne-sur-Mer, dont la teinte gris jaunâtre s'harmonise avec le noir du marbre de Basècles. Si la pierre polie rappelle davantage les dallages des églises hollandaises du siècle d'or, l'œuvre de restitution témoigne d'un remarquable souci archéologique, qui poussa à reproduire la plupart des inscriptions funéraires restées lisibles.

Le nouveau trésor

L'un des grands mérites du XIXe siècle fut la reconstitution d'un véritable trésor, l'ancien ayant été fondu à l'époque révolutionnaire. Seules quelques rares pièces, parmi lesquelles la précieuse relique de saint Jean-Baptiste et le cristal de roche qui la protégeait, échappèrent à l'anéantissement. À part cette pièce insigne, replacée dans un reliquaire d'orfèvrerie dû à Poussielgue-Rusand (1876), et qui est depuis peu présentée isolément sur le flanc nord du chœur, les œuvres les plus spectaculaires du trésor n'y sont parvenues qu'à l'époque moderne. Un des amis de Mgr de Salinis, le duc de Norfolk, fit don à la cathédrale, en 1850, d'une châsse d'orfèvrerie où furent transférées l'année suivante les reliques du premier évêque d'Amiens, d'où son nom de châsse de Saint-Firmin. Sa véritable origine a pu être déterminée par la suite (Borchgrave, 1926) : il s'agit de la châsse qui abritait les reliques de sainte Ermelinde, exécutée vers 1236, à l'initiative de l'évêque de Liège Jean d'Esmes, pour l'église de Meldert près de Tirlemont, en Brabant. Hormis la figure d'abbesse du pignon, ajoutée à la fin du XIIIe siècle, elle constitue un témoignage important de l'orfèvrerie mosane du deuxième quart du XIIIe siècle, proche de l'atelier d'où est issue la châsse de sainte Ode et saint Georges d'Amay.

En 1858, le trésor s'enrichit de trois pièces d'orfèvrerie majeures provenant de l'ancienne abbaye cistercienne du Paraclet, non loin d'Amiens, déposées par Antoinette et Pauline d'Ainval de Blache, petites-nièces de la dernière abbesse du lieu : une croix reliquaire du début du XIIIe siècle en argent doré et niellé garnie d'émaux et de pierres précieuses, une couronne reliquaire votive réalisée vers 1320-1330 et un vase-reliquaire formé d'un vase en cristal de roche serti dans une monture d'argent du troisième quart du XIVe siècle.

Les autres pièces du trésor, plus d'une centaine dans le dernier catalogue publié en 1987, s'échelonnent du Moyen Âge au XXe siècle. Elles proviennent de dons du clergé ou de particuliers, de dépôts d'œuvres de la cathédrale ou d'églises de la région, et contribuent, par l'enrichissement qu'elles apportent à la cathédrale, à évoquer, même plus modestement, la splendeur des temps passés, avec l'avantage toutefois d'être inaliénables, à la différence des trésors anciens qui servaient autant de réserves financières que de collections d'œuvres sacrées.

L'AMÉNAGEMENT DES ABORDS DE LA CATHÉDRALE

Depuis la fin du XVIIIe siècle, les abords de la cathédrale ont subi de profondes transformations. La plupart des établissements religieux qui l'entouraient ont disparu, notamment l'église Saint-Firmin-le-Confesseur contre le flanc nord de la nef, ou les collégiales Saint-Nicolas et Saint-Martin-aux-Jumeaux dans le quartier canonial. Le cloître des chanoines au chevet fut en partie détruit. Ces pertes suscitèrent, dès le XIXe siècle, une réflexion sur le traitement de l'environnement de la cathédrale, que certains, comme l'architecte diocésain Cheussey, souhaitaient dégager des constructions adventices dès les années 1840.

Rien ne se fit avant le Second Empire. Viollet-le-Duc entreprit alors de déblayer le pourtour de la cathédrale pour en assainir les maçonneries. Il dessina et fit élever de nouveaux bâtiments annexes, notamment une salle des Catéchismes au nord, sur un terrain de l'évêché, un logement pour le personnel de l'église servant aussi de petite sacristie près de la chapelle des Maccabées, contre laquelle il fit reconstruire, de façon un peu fantaisiste, quelques travées de cloître. On lui doit également la construction d'une nouvelle maison de gardiens à l'extrémité septentrionale de la façade, de même qu'un nouvel emmarchement devant les portails, mais le projet d'un nouveau parvis n'aboutit pas pour le moment.

Viollet-le-Duc parvint à contrer les projets d'isolement complet de la cathédrale, en défendant le maintien du palais épiscopal et de ses annexes contre le flanc nord du chœur. Il procéda seulement au dégagement de l'abside. Opposé au projet des architectes Herbault et Daullé d'agrandissement du parvis à l'ouest avec la percée d'une rue dans l'axe de la façade, il parvint en 1871 à faire changer d'avis la municipalité jusqu'alors favorable à cette idée, au profit de sa propre proposition du maintien de l'accès au parvis par les deux voies obliques que formaient les rues Henri-IV et Basse-Notre-Dame, simplement élargies.

La victoire de Viollet-le-Duc ne fut pas totale puisqu'il ne put empêcher Herbault de retracer en la dilatant exagérément l'ancienne rue du Cloître-Saint-Nicolas qui prit le nom de rue Robert-de-Luzarches, dans l'axe du bras sud du transept.

L'agrandissement du parvis ne fut réalisé qu'au début du XXe siècle. D'une profondeur de 55 m en avant de la façade, il était bordé à l'ouest d'une série de maisons néogothiques assez pittoresques dues à l'architecte Edmond Douillet. Les bombardements de 1940, qui anéantirent plus de la moitié de la ville, endommagèrent les abords de la cathédrale autour du parvis. L'architecte urbaniste Pierre Dufau, à qui fut confiée la reconstruction de la ville, proposa de remplacer l'îlot détruit, sur le flanc nord de la nef et de la place, par une succession de gradins plantés d'arbres et de plans d'eau, dont la réalisation frappe par son indigence. Au cours des dernières décennies, la question des abords de la cathédrale s'est posée avec toujours plus d'acuité. La construction, sur le flanc sud du parvis, de la maison de verre, par Bougeault, en 1970, provoqua un scandale. Après le projet de 1984, par l'architecte Rob Krier, de reconstruction des abords de la cathédrale jusqu'au quartier Saint-Leu et à l'église Saint-Germain, c'est à l'architecte Guillaume Huet que la municipalité confia le soin de concevoir cette vaste entreprise, qui a déjà porté ses fruits le long de l'Avre et de la Somme en contrebas de la cathédrale, et redéfinit le parvis en le bordant de nouvelles constructions qui lui donnent une échelle plus conforme à la réalité médiévale.

Avec les travaux de nettoyage de la cathédrale, entamés il y a quelques années, si spectaculaires pour les portails débarrassés de la crasse qui noyait les reliefs sous une couche uniforme noirâtre, le remodelage du quartier, s'il ne vise naturellement pas à restituer un état d'origine, doit avoir l'ambition de mieux faire comprendre ce que fut la cathédrale.

Conclusion

Notre-Dame d'Amiens, comme toutes les cathédrales gothiques du début du XIIIe siècle, incarne ce moment privilégié de l'histoire de l'Église, à l'apogée du pouvoir épiscopal, que consacre le IVe concile œcuménique du Latran (1215) où siégea d'ailleurs son évêque Évrard de Fouilloy. L'Église militante, contre l'hérésie, pour le salut des fidèles, est en ordre de bataille. Sa puissance n'est pas encore sérieusement inquiétée par les pouvoirs rivaux des villes et de la monarchie. Mais comme pour tout apogée, le déclin est proche. La cathédrale, dans le gigantesque déploiement de son architecture et de son décor, voulait pérenniser la prégnance de l'Église sur le monde, dans un paysage urbain en pleine mutation, à l'aube d'une phase capitale de l'unité politique et administrative du royaume. Mais le miroir du monde qu'elle présente, celui des campagnes gouvernées par une Église omnipotente, aussi magnifique soit-il, perd bientôt de son éclat.

La présence royale dans la cathédrale est tout à fait significative des profonds changements qui s'opèrent dès la fin du Moyen Âge. L'absence de représentation ou d'évocation des rois de France, dans les parties les plus anciennes, révèle bien le peu d'intérêt qu'éprouvaient alors les Capétiens pour des entreprises exemplaires de l'autonomie des évêques. À l'autre extrémité du XIIIe siècle, l'allégeance du prélat au roi est devenue incontournable. On la trouve dans l'invocation à Saint Louis et à Marguerite, la reine douairière, des deux chapelles fondées vers 1292 par Guillaume de Mâcon. Elle apparaît comme un manifeste au Beau Pilier commandé vers 1375 par le cardinal Jean de La Grange, soumis au sens propre comme au figuré au roi Charles V, dont l'effigie est placée directement sous la Vierge sur le flanc nord de la nef. Le rapport, dans des conditions extrêmes il est vrai, peut aller jusqu'à l'humiliation, comme pour Ferry de Beauvoir, évêque mort en exil en 1472, pour avoir préféré le parti bourguignon à Louis XI.

S'il faut reprendre l'image du miroir, popularisée au XIIIe siècle par Vincent de Beauvais, et reprise par Émile Mâle pour définir la cathédrale, il est préférable de substituer à la conception d'une entreprise reflet de la totalité du monde, celle d'un chantier jamais longtemps arrêté, constamment repris, usant des ressources des uns et des autres, clergé, fidèles et hommes de l'art, dans une évocation toujours très élevée de leurs aspirations.

Du pouvoir ecclésiastique, la cathédrale ne donne pas une image du passé, comme on aurait tendance à le croire aujourd'hui, mais une vision puisant son autorité dans la Bible et les siècles héroïques de la Chrétienté, pour amener les fidèles au salut, but ultime de la somme impressionnante des portails occidentaux.

Les fidèles du diocèse d'Amiens étaient présents par les donations individuelles et surtout collectives, émanant des métiers, des bourgeois d'Amiens comme des paysans alentour. Les mieux mises en valeur dans les vitraux du chœur proches du sanctuaire, qui évoquent la participation du peuple des doyennés, témoignent du rapport privilégié qu'entretient, par nature, depuis ses origines, la cathédrale avec le diocèse. La présence exceptionnelle d'une reine d'Angleterre, Éléonore de Castille († 1290), tient au fait qu'elle était l'héritière du Ponthieu, la région occidentale du diocèse. Ce n'est qu'à partir de la fin du Moyen Âge que se développent les donations individuelles, dont l'initiative personnelle s'impose parfois au détriment du monument, comme l'attestent la commande d'Adrien de Hénencourt de la clôture sud du chœur, et plus encore le tombeau hypertrophié voulu par l'évêque François de Halluin († 1533), détruit au XVIIIe siècle.

L'œuvre des architectes célèbre ses concepteurs, au cœur du labyrinthe dans la nef, peut-être au portail central dans la statue de saint Thomas, leur saint patron, à double titre pour Thomas de Cormont. Elle offre un juste sujet d'orgueil pour avoir entrepris et mené à bien le monument alors le plus vaste et le plus haut, d'une architecture audacieuse et limpide dont on a toujours admiré la maîtrise, même aux siècles les plus réfractaires à l'art médiéval, et dont on vient tout récemment encore de découvrir la valeur dans le domaine longtemps négligé de la charpenterie (Hoffsummer).

Par chance, le mobilier de la cathédrale est relativement bien conservé, ce qui est exceptionnel pour le nord de la France. Il en subsiste suffisamment de vestiges pour pouvoir être restitué et évalué, avec précaution pour le jubé et les vitraux, plus sûrement pour la clôture du chœur et le mobilier des chapelles de la fin du XVe au XIXe siècle. Au-delà des changements stylistiques, l'ensemble du décor de la cathédrale, depuis le XIIIe siècle jusqu'au XVIIIe siècle, révèle une unité et une continuité tout à fait remarquables. L'architecture de la cathédrale offre une résonance extraordinaire aux thèmes majeurs qui y reviennent constamment, d'un bout à l'autre de l'édifice, que ce soit le Jugement dernier présent au portail central comme au jubé gothique, ou l'invention des reliques de Firmin martyr, évoquée au portail gauche de la façade, et rappelée à la clôture sud du chœur, juste avant la châsse en or qui en retraçait les épisodes au-dessus de l'autel majeur.

Aux reliques rarement visibles, à l'instar de la plupart des reliquaires, mais qu'évoquait en permanence la représentation imagée des scènes miraculeuses dans la sculpture et les vitraux, répond l'architecture extraordinaire mais bien présente d'un monument censé évoquer les splendeurs de l'au-delà. Cette dimension hautement symbolique de la cathédrale, la plus évidente sans doute aux yeux de l'homme médiéval, n'est pas incompatible avec une approche positiviste qui ne peut qu'en tirer profit en saisissant véritablement les enjeux profonds de tel ou tel parti architectural et ornemental.

Le nouveau traitement des environs de la cathédrale semble participer à la réconciliation du passé et du présent, en renonçant définitivement aux projets d'isolement artificiel du monument et de dégagement de ses abords, dont le XIXe siècle s'est fait le chantre. Après une période d'hésitations qui suivit les dégâts effroyables de la Seconde Guerre mondiale et l'inachèvement du plan de reconstruction d'Amiens par l'architecte Pierre Dufau, le projet de Guillaume Huet semble renouer avec une longue tradition qui doit permettre de mieux comprendre la place de la cathédrale dans l'espace urbain, pour lui témoigner le respect dû aux grands chefs-d'œuvre de l'esprit humain. La cathédrale d'Amiens, inscrite au Patrimoine mondial de l'humanité par l'UNESCO, mérite ce nouvel hommage.

Repères chronologiques

303 : Saint Firmin, premier évêque, décapité à Amiens

334 ou 354 : charité de saint Martin

346 : Euloge, premier évêque d'Amiens attesté par les sources, assiste à un concile à Cologne

Fin VIe siècle : découverte hors de la ville par l'évêque saint Sauve de la dépouille de saint Firmin dont les reliques sont transférées dans la cathédrale

850 : donation par Anguilguin et Rumilde sa femme aux basiliques Sainte-Marie et Saint-Firmin

1019 : un incendie ravage la cathédrale

1104-1115 : épiscopat de Geoffroy qui prêche pour la reconstruction de la cathédrale

1137 : un nouvel incendie ravage l'édifice

1152 : consécration solennelle de la cathédrale par l'archevêque de Reims, Samson

1185 : la ville d'Amiens est rattachée au Domaine royal par Philippe Auguste

1193 : Philippe Auguste épouse Ingeburge de Danemark dans la cathédrale

1204 : translation des reliques de saint Firmin martyr, premier évêque d'Amiens, dans une nouvelle châsse

1206 : don du chef de saint Jean-Baptiste, rapporté de Constantinople, par Walon de Sarton, chanoine de Picquigny

1211-1222 : Évrard de Fouilloy, évêque d'Amiens

1215 : IVe concile du Latran

1218 : incendie de la cathédrale

1220 : début de la construction de la cathédrale actuelle

1223-1236 : Geoffroy d'Eu, évêque d'Amiens

1232 : don par l'évêque au chapitre de maisons et de terrains où élever la salle capitulaire et le cloître à l'est de l'abside actuelle ; première mention des marguilliers

1233 : don par le vidame d'Amiens de terrains pour construire près du palais épiscopal ; fondation de la chapelle de la Conversion de saint Paul dans le chœur, par l'ancien doyen Jean d'Abbeville ; création de « l'université » des chapelains

1234 : acquisition par le chapitre du droit d'exploitation des carrières de Beaumetz

1236-1247 : Arnoul de La Pierre, évêque d'Amiens

1236 : l'évêque accorde aux paroissiens de Saint-Firmin-le-Confesseur d'assister à la messe dans un bas-côté de la cathédrale et aux chanoines de cette collégiale de siéger dans le chœur de l'église mère

1238 : transfert de l'Hôtel-Dieu sur la rive droite de la Somme envisagé

1240 : la châsse de saint Honoré circule dans le diocèse afin de solliciter les fidèles à participer financièrement au chantier ; achèvement probable de la nef et de la façade ouest jusqu'au sommet de la rose

Avant 1241 : destruction de l'ancienne église Saint-Firmin-le-Confesseur

1241-1254 : abattage des bois des tirants des parties basses du chœur

1243 : fondation de la chapelle Saint-Éloi dans le chœur

1244 : meurtre de cinq clercs du chapitre avec la complicité du bailli d'Amiens, condamné à la fondation de cinq chapellenies dans la cathédrale

1247 : Arnoul de La Pierre est inhumé dans le déambulatoire, entre les deux piliers du pan axial du rond-point de l'abside ; début de la reconstruction de Saint-Firmin-le-Confesseur le long du flanc nord de la nef de la cathédrale

1247-1257 : Gérard de Conchy, évêque d'Amiens

1252 : fondation de la fête de la Conception de la Vierge par le chanoine Pierre d'Eu, sans doute dans la chapelle d'axe

1253 : plus ancienne mention de la chapelle Saint-Jacques dans le chœur

1258 : incendie dans la partie orientale de la cathédrale

1258-1259 : Alleaume de Neuilly, évêque d'Amiens

1259-1278 : Bernard d'Abbeville, évêque d'Amiens

1260 : Renaud de Cormont mentionné comme maître d'œuvre

1262 : règlement du service des chapelains dans le chœur

1269 : don par l'évêque du vitrail de la baie axiale de l'abside ; achèvement présumé du gros œuvre, à l'exception de la charpente

1278-1308 : Guillaume de Mâcon, évêque d'Amiens

1279 : translation solennelle des reliques de sainte Ulphe et de saint Firmin le Confesseur

1284-1285 : abattage des bois de charpente du chœur

1288 : pose du labyrinthe dans la nef où figurent les noms des trois maîtres d'œuvre successifs de la cathédrale, Robert de Luzarches, Thomas de Cormont et son fils Renaud de Cormont

Vers 1290 : réalisation du jubé

1291 : rédaction d'un nouvel ordinaire réglant le déroulement des offices et des processions dans la cathédrale

1292-1375 : construction des chapelles latérales de la nef

1292 : chapelle Sainte-Marguerite à l'extrémité du bas-côté sud de la nef, fondée par l'évêque Guillaume de Mâcon

1293-1298 : abattage des bois de charpente du transept

1296 : chapelle Sainte-Agnès, aujourd'hui chapelle Saint-Firmin, fondée par Drieu Malherbe

Vers 1297 : chapelle Saint-Louis, aujourd'hui Notre-Dame-de-Paix, fondée par Guillaume de Mâcon

1300-1305 : abattage des bois de charpente de la nef

1304 : aménagement du parvis

1310 : saint Christophe peint (disparu) au revers du portail du bras nord du transept

1325 : Simon de Gonçans, évêque, inhumé dans la chapelle d'axe

1372 : achèvement de la tour sud

1373-1375 : Jean de La Grange, évêque d'Amiens ; chapelles du Beau Pilier

1389 : fondation de la confrérie du Puy Notre-Dame

REPÈRES CHRONOLOGIQUES

1401-1402 : achèvement de la tour nord

1422 : don des orgues par Alphonse le Mure et Massine de Hainaut

1482-1510 : Pierre Tarisel, maître d'œuvre de la cathédrale

1485-1493 : réalisation d'un nouveau retable d'orfèvrerie pour l'autel majeur

1490-1531 : construction de la clôture du chœur

Vers 1490 : construction de la première travée de la clôture de Saint-Firmin avec le tombeau de l'évêque Ferry de Beauvoir

1508-1519 : stalles

1511 : décès du chanoine Guillaume aux Cousteaux, commanditaire du monument de Saint-Jacques dans le bras sud

1520 : tableau du Puy : « Palme eslute du Saulveur pour victoire »

Avant 1521 : réfection de la rose ouest par le chanoine Robert de Cocquerel

1522-1523 : décès du chanoine Jean Witz, commanditaire du monument du Temple de Jérusalem dans le bras nord

Vers 1527-1531 : construction de la seconde travée de la clôture de Saint-Firmin avec le tombeau d'Adrien de Hénencourt, commanditaire.

1528 : incendie de la flèche de la cathédrale

1531 : achèvement de la clôture de Saint-Jean-Baptiste

1533 : bénédiction de la nouvelle flèche par l'évêque François de Halluin

1543 : monument funéraire de l'évêque Charles Hémard de Denonville par Mathieu Laignel

1600-1659 : Nicolas Blasset, sculpteur amiénois

1627 : réfection de l'autel de la confrérie du Puy-Notre-Dame dans le bras sud

1628 : raccourcissement de la flèche ; tombeau du chanoine Ghislain Lucas par Nicolas Blasset (l'ange pleureur ajouté après 1636)

1648 : mise en place des dalles gravées des noms des maîtres du Puy dans le bras sud

1708-1711 : aménagement de la chapelle Saint-Jean-du-Vœu, ancienne chapelle Saint-Pierre

1723 : dépose des tableaux de la confrérie du Puy Notre-Dame

1742 : incendie qui endommagea le chœur

1743 : tombeau de l'évêque Pierre Sabatier († 1733) œuvre de Jean-Baptiste Dupuis

1751 : démolition du jubé gothique

1762-1781 : renouvellement du décor et du mobilier des chapelles de la nef

1766-1768 : mise en place du dallage du chœur

1768 : gloire du sanctuaire

1773 : chaire à prêcher de la nef

1775-1778 : renouvellement du décor et du mobilier des chapelles du chœur

1836 : fondation de la Société des antiquaires de Picardie

1843 : début de la restauration du portail Saint-Honoré par Caudron

1849-1874 : Viollet-le-Duc responsable de la restauration de la cathédrale (architecture, sculpture, vitraux, mobilier)

1894-1897 : réfection du dallage de la nef et du pourtour du chœur

1932-1933 : réfection des vitraux de la chapelle d'axe et de la chapelle du Sacré-Cœur par Jean Gaudin

1970 : construction de la maison de verre sur le flanc sud du parvis de la cathédrale

1981 : inscription sur la liste du Patrimoine mondial de l'UNESCO

1989 : projet de Guillaume Huet pour les abords de la cathédrale

1991-1994 : compléments par Jeannette Weiss-Gruber aux verrières de l'Enfance du Christ et de l'Arbre de Jessé mises en place dans la chapelle Saint-François-d'Assise

2000 : achèvement du nettoyage et mise en lumière de la façade occidentale

2003 : nettoyage du Beau Pilier et des deux chapelles adjacentes

Orientation bibliographique

Travaux d'érudition anciens

BARON (Jean), *Description de l'église Notre-Dame d'Amiens (1815)*, Edmond Soyez éd., Amiens, 1900.
DAIRE (Louis François), *Histoire de la ville d'Amiens depuis son origine jusqu'à présent*, Paris, 1757, 2 vol.
GILBERT (Antoine Pierre Marie), *Description historique de l'église cathédrale de Notre-Dame d'Amiens*, Amiens, 1833.
LA MORLIÈRE (Adrian de), *Antiquitez et choses plus remarquables de la ville d'Amiens succinctement traictées*, Amiens, 1621.
MACHART (Achille), *Notices historiques sur la ville d'Amiens commencées par M. Jean Pagès et continuées par Achille Machart*, XIXe siècle, Bibliothèque municipale d'Amiens, ms. 829-838.
RIVOIRE (Maurice), *Description de l'église cathédrale d'Amiens*, Amiens, 1806.

Histoire

BAYARD (Didier), « Amiens », *Archéologie des villes. Démarches et exemples en Picardie*, DESACHY (Bruno) et GUILHOT (Jean-Olivier) (dir.), *Revue archéologique de Picardie*, numéro spécial 16, 1999.
CALONNE (Albéric de), *Histoire de la ville d'Amiens*, Amiens, 1899-1906, 3 vol.
CORBLET (Jules), *Hagiographie du diocèse d'Amiens*, Paris, 1868, 5 vol.
CRAMPON (abbé Auguste), « Un sermon prêché dans la cathédrale d'Amiens vers l'an 1270 », *Mémoires de la Société des antiquaires de Picardie*, t. 25, 1873, p. 57 et 551.
DESPORTES (Pierre), MILLET (Hélène), *Fasti ecclesiae gallicanae. Répertoire prosopographique des évêques, dignitaires et chanoines de France de 1200 à 1500*, t. 1, *Diocèse d'Amiens*, Turnhout, 1996.
FOSSIER (Robert) dir., *Histoire de la Picardie*, Toulouse, 1974.
HUBSCHER (Ronald) dir., *Histoire d'Amiens*, Toulouse, 1986.
KRAUS (Henry), *À prix d'or. Le financement des cathédrales*, Paris, 1991 (éd. anglaise, 1979)
NEWMAN (William Mendel), *Le Personnel de la cathédrale d'Amiens (1066-1300) avec une note sur la famille des seigneurs de Heilly*, Paris, 1972.
SCHÖLLER (Wolfgang), *Die kirchliche Organisation des Kirchenbaues im Mittelalter vornehmlich des Kathedralbaues. Baulast – Bauherrenschaft – Baufinanzierung*, Cologne, Vienne, 1989.

Études d'ensemble

La Cathédrale d'Amiens, catalogue d'exposition, Amiens, musée de Picardie, 1980.
CAPPRONIER (Jean-Charles) et PONTROUÉ (Pierre-Marie), *La Cathédrale Notre-Dame d'Amiens, Somme*, Inventaire général de Picardie, coll. « Itinéraires du patrimoine », n° 138, 1997.
CRAMPON (Maurice), *La Cathédrale d'Amiens*, Amiens, 1980.
CRÉPIN (André), « Descriptions de la cathédrale d'Amiens », *Bulletin de la Société des antiquaires de Picardie*, 4e trimestre 1997, p. 440-477.
DURAND (Georges), *Monographie de l'église Notre-Dame, cathédrale d'Amiens*, 3 vol., Paris, 1901-1903.
DUVANEL (Maurice) et al., *La Cathédrale Notre-Dame d'Amiens*, Amiens, 1998.
EGGER (Anne), *Amiens, la cathédrale peinte*, Paris, 2000.
ERLANDE-BRANDENBURG (Alain), *La Cathédrale d'Amiens*, Paris, 1982.
MURRAY (Stephen), *Notre-Dame Cathedral of Amiens. The Power of Change in Gothic*, Cambridge, 1996.

PLAGNIEUX (Philippe), *Amiens, la cathédrale Notre-Dame*, Paris, 2003.
RUSKIN (John), *La Bible d'Amiens*, traduction, notes et préface par Marcel Proust, Paris, 1904 (rééd. 1997).

Architecture

BORK (Robert), MARK (Robert), MURRAY (Stephen), « The Openwork Flying Buttresses of Amiens Cathedral. « Postmodern Gothic » and the Limits of Structural Rationalism », *Journal of the Society of Architectural Historians*, t. 56, n° 4, 1997, p. 478-493.
BRANNER (Robert), *Saint Louis and the Court Style*, Londres, 1965.
DURAND (Georges), *Maître Pierre Tarisel, maître maçon du roi de la ville et de la cathédrale d'Amiens (1472-1510)*, Discours de réception à l'Académie d'Amiens, Amiens, 1897.
ERLANDE-BRANDENBURG (Alain), « La façade de la cathédrale d'Amiens », *Bulletin monumental*, t. 135, 1977, p. 253-293.
FOCILLON (Henri), *Art d'Occident*, Paris, 1938.
FOUCART (Jacques), « Viollet-le-Duc et la cathédrale d'Amiens », *Bulletin de la Société des antiquaires de Picardie*, 1er trimestre 1982, p. 172-238.
HOFFSUMMER (Patrick), Les Charpentes du XIe au XIXe siècle. Typologie et évolution en France du Nord et en Belgique, *Cahiers du patrimoine* n° 62, Paris, 2002.
KIMPEL (Dieter), « Le développement de la taille en série dans l'architecture médiévale et son rôle dans l'histoire économique », *Bulletin monumental*, t. 135, 1977, p. 195-222.
KIMPEL (Dieter), SUCKALE (Robert), *L'Architecture gothique en France 1130-1270*, Paris, 1990 (éd. allemande, 1985).
Le Nouvel Amiens, Marc Breitman, Rob Krier (dir.), Institut français d'architecture, Bruxelles, Liège, 1989.
MICHLER (Jürgen), « Über die Farbfassung hochgotischer Sakralräume », *Wallraf-Richartz-Jahrbuch*, t. 39, 1976, p. 29-68.
MURRAY (Stephen), ADDISS (James), « Plan and Space at Amiens Cathedral », *Journal of the Society of Architectural Historians*, t. 49, 1990, p. 44-60.
MURRAY (Stephen), « Reconciling the Feet at Beauvais and Amiens Cathedrals », *Ad Quadratum. The practical application of geometry in medieval architecture*, Nancy Wu éd., Avista Studies in the History of Medieval Technology, Science and Art, vol. 1, Aldershot, Burlington, 2002, p. 169-181.
PRACHE (Anne), « Remarques sur les parties hautes de la cathédrale d'Amiens », *Gazette des Beaux-Arts*, 6e période, t. 127, 1996, p. 55-62.
PRACHE (Anne), « L'emploi du bois dans la construction des cathédrales au XIIIe siècle », *Le Bois dans l'architecture, Entretiens du Patrimoine*, Paris, 1995, p. 34-38.
PRAK (Niles Luning), « Measurements of Amiens cathedral », *Journal of the Society of Architectural Historians*, XXV, 1966, p. 209-212.
RECHT (Roland), *Le Croire et le voir. L'art des cathédrales (XIIe-XVe siècle)*, Paris, 1999.
VIOLLET-LE-DUC (Eugène), *Dictionnaire raisonné de l'architecture française du XIe au XVIe siècle*, Paris, 1858-1868, 10 vol.
WOLFF (Arnold), « Die vollkommene Kathedrale. Der Kölner Dom und die Kathedralen der Ile-de-France », *Dombau und Theologie im mittelalterlichen Köln, Festschrift zur 750-Jahrfeier der Grundsteinlegung des Kölner Domes und zum 65. Geburtstag von Joachim Kardinal Meisner 1998*, Cologne, 1998, p. 15-47.

Vitraux

FRACHON-GIELAREK (Nathalie), *Amiens, les verrières de la cathédrale*, Amiens, 2003.
GRODECKI (Louis), TARALON (Jean), PERROT (Françoise), *Les Vitraux de Paris, de la région parisienne, de la Picardie et du Nord-Pas-de-Calais (Corpus Vitrearum Medii Aevi. Recensement des vitraux anciens de la France)*, vol. 1, Paris, 1978.

GUILHERMY (Ferdinand de), *Notes manuscrites*, Bibliothèque nationale de France, Département des manuscrits, n.a.f. 6094.
LAUTIER (Claudine), « Les vitraux », *L'art au temps des rois maudits, Philippe le Bel et ses fils*, Paris, Galeries nationales du Grand Palais, 1998, p. 377-393.

Sculpture monumentale

BOERNER (Bruno), *Par caritas par meritum. Studien zur Theologie der gotischen Weltgerichtsportal in Frankreich – am Beispiel des mittleren Westeingangs von Notre-Dame in Paris*, coll. « Scrinium Friburgense », t. 7, Fribourg (Suisse), 1998.
La Couleur et la pierre. Polychromie des portails gothiques, actes du colloque d'Amiens, 12-14 oct. 2000, VERRET (Denis), STEYAERT (Delphine) (dir.), Paris, 2002.
HAMON (Étienne), « La cathédrale de Bourges : bâtir un portail sculpté à l'époque flamboyante », *Revue de l'art*, 2002-4, n° 138, p. 19-30.
JOURDAIN (Édouard), DUVAL (Théophile), « Le grand portail de la cathédrale d'Amiens », *Bulletin monumental*, t. 11, 1845, p. 145-176, p. 279-305, p. 430-469, t. 12, 1846, p. 96-105, p. 269-292.
JOURDAIN (Édouard), *Le Portail Saint-Honoré dit de la Vierge dorée de la cathédrale d'Amiens*, Amiens, 1844.
KATZENELLENBOGEN (Adolf), « The prophets on the west façade of the Cathedral of Amiens », *Gazette des Beaux-Arts*, 6e période, t. 49, 1952, p. 241-260 et 293-300.
KATZENELLENBOGEN (Adolf), « Tympanum and Archivolts on the Portal of St. Honoré at Amiens », *Essays in honor of Erwin Panofsky*, New York, 1961, p. 280-290.
KIMPEL (Dieter), SUCKALE (Robert), « Die Skulpturenwerkstatt der Vierge Dorée am Honoratusportal der Kathedrale von Amiens », *Zeitschrift für Kunstgeschichte*, t. 36, 1973, p. 217-265.
KURMANN (Peter), « Mobilité des artistes ou mobilité des modèles ? À propos de l'atelier des sculpteurs rémois au XIIIe siècle », *Revue de l'art*, 1998, n° 120, p. 23-34.
KURMANN (Peter), « Nachwirkungen der Amienser Skulptur in den Bildhauerwerkstätten der Kathedrale zu Reims », *Skulptur des Mittelalters, Funktion und Gestalt*, Weimar, 1987, p. 121-183.
KURMANN (Peter), *La Façade de la cathédrale de Reims, architecture et sculpture*, Paris, Lausanne, 1987, 2 vol.
MÂLE (Émile), *L'Art religieux du XIIIe siècle en France*, Paris, 1898.
MEDDING (Wolfgang), *Die Westportale der Kathedrale von Amiens und ihre Meister*, Augsbourg, 1930.
PIEL (Caroline), « La restauration de la Vierge dorée à la cathédrale d'Amiens : une longue histoire », *Monumental*, n° 9-11, 1995, p. 154-161.
RICHARD (Marcia R.), « The iconography of the Virgin portal at Amiens », *Gesta*, t. 22, 1983, p. 147-157.
SAUERLÄNDER (Willibald), « Die kunstgeschichtliche Stellung der Westportale von Notre-Dame in Paris », *Marburger Jahrbuch für Kunstwissenschaft*, t. 17, 1959, p. 1-56.
SAUERLÄNDER (Willibald), « Reliquien, Altäre und Portale », *Kunst und Liturgie in Mittelalter*, Akten des Internationalen Kongress der Bibliotheca Hertziana und des Nederlands Instituutte Rome, Rom, 28-30 September 1997, Sible de Blaauw éd., 2000, p. 121-134.
SAUERLÄNDER (Willibald), *La Sculpture gothique en France 1140-1270*, Paris, 1972 (éd. allemande, 1970).
SCHLINK (Wilhelm), « Planung und Improvisation an der Westfassade der Kathedrale von Amiens », *Studien zur Geschichte der Europäischen Skulptur im 12./13. Jahrhundert*, éd. H. Beck, K. Hengevoss-Dürkop, Francfort-sur-le-Main, 1994, p. 75-85.
SCHLINK (Wilhelm), *Der Beau Dieu von Amiens. Das Christusbild der gotischen Kathedrale*, Francfort, 1991.
WILLIAMSON (Paul), *Gothic Sculpture 1140-1300*, Yale, New Haven, Londres, 1995.

Chapelles et décor mobilier

ANDRÉ (Aurélien), « Le Beau Pilier de la cathédrale Notre-Dame d'Amiens. Sa place dans l'iconographie politique du XIVᵉ siècle », *Bulletin de la Société des antiquaires de Picardie*, 1ᵉʳ trimestre 2003, p. 543-568.

BARON (Françoise), « Mort et résurrection du jubé de la cathédrale d'Amiens », *Revue de l'art*, n° 87, 1990, p. 29-41.

BORCHGRAVE D'ALTENA (comte Joseph de), « La châsse de saint Firmin au trésor de la cathédrale d'Amiens », *Bulletin monumental*, t. 85, 1926, p. 153-158 et 382-383.

BREUIL (A.), *La Confrérie de Notre-Dame du Puy d'Amiens*, Amiens, 1854.

CORBLET (Jules), *Les Tombes en bronze des deux évêques fondateurs de la cathédrale d'Amiens*, Amiens, s. d.

DEBRIE (Christine), *Nicolas Blasset : architecte et sculpteur ordinaire du Roi, 1600-1659*, Paris, 1985.

DUBOIS (Philippe), « Adrien de Hénencourt, le mécène amiénois », *Bulletin de la Société des antiquaires de Picardie*, 4ᵉ trimestre 1999, p. 296-344.

DURAND Georges, « Les tailleurs d'images d'Amiens du milieu du XVᵉ siècle au milieu du XVIᵉ. Notes biographiques », *Bulletin monumental*, t. 90, 1931, p. 333-370 et t. 91, 1932, p. 5-37.

FOUCART-BORVILLE (Jacques), « Les projets de Charles de Wailly pour la gloire de la cathédrale d'Amiens et de Victor Louis pour le maître-autel de la cathédrale de Noyon », *Bulletin de la Société d'histoire de l'art français*, 1974, p. 131-144.

FOUCART-BORVILLE (Jacques), « Nouveaux compléments aux décorations d'Oppenord et des Slodz », *Mélanges G.-F. Pariset, Bulletin de la Société de l'histoire de l'art français*, 1976, p. 163-175.

FOUCART-BORVILLE (Jacques), « Un grand ferronnier du XVIIIᵉ siècle : Vivarais », *Bulletin de la Société de l'histoire de l'art français*, 1982, p. 97-106.

JOURDAIN (Louis), DUVAL (Théophile), *Cathédrale d'Amiens. Les stalles et les clôtures du chœur*, Amiens, 1867.

JOURDAIN (Louis), *Les Stalles de la cathédrale d'Amiens*, Amiens, 1843.

KNIPPING (Detlef), *Die Chorschranke der Kathedrale von Amiens. Funktion und Krise eines mittelalterlichen Austattungstypus*, Munich, Berlin, 2001.

LECOQ (Anne-Marie), « Le Puy d'Amiens de 1518. La loi du genre et l'art du peintre », *Revue de l'art*, n° 38, 1977, p. 63-74.

LEMÉ (Kristiane), « Les stalles de la cathédrale d'Amiens », *Le miroir des miséricordes XIIIᵉ-XVIIᵉ siècle, Actes du colloque de Conques, 27-28 mai 1994*, Rodez, 1996, p. 205-234.

LEMÉ-HEBUTERNE (Kristiane), « La Renaissance à travers les stalles gothiques de la cathédrale d'Amiens », *Du gothique à la Renaissance. Architecture et décor en France 1470-1550*, ESQUIEU (Yves) (dir.), *Actes du colloque de Viviers, 20-23 sept. 2001*, Aix-en-Provence, 2003, p. 241-258.

PONTROUÉ (Pierre-Marie), *Le Trésor de la cathédrale d'Amiens*, exposition organisée par la Conservation des antiquités et objets d'art de la Somme, Amiens, 1987.

PRASKE (Tanja), *Le Beau Pilier d'Amiens*, Mémoire de DEA, université de Paris IV, 1998.

ZANETTACCI (Henri), *Les Ateliers picards de sculptures à la fin du Moyen Âge*, Paris, 1954.

Index

A

Aaron, patriarche, 118, 120, 121, 141, 144, 181
Abbeville, Bernard d', évêque d'Amiens, 18, 31, 32, 33, 94, 100
Abbeville, Jean d', doyen, 19, 32, 111, 152
Abbeville, Somme, 8, 94, 182
Abdias, prophète, 130, 142, 146
Abraham, 117, 141, 156
Achab, roi d'Israël, 130, 142
Ache, saint, 12, 15, 16, 125, 168
Acheul, saint, 12, 15, 16, 125, 168
Acon, vallée de l', 40
Adam, 75, 119, 126, 141, 145, 156, 184
Aegeas, proconsul romain, 113
Aggée, prophète, 131, 132, 143, 146
Agnès, sainte, 98, 101, 156
Agripinus, 170
Ainval de Blache, Antoinette et Pauline, 204
Albi, cathédrale, 168
Amay-sur-Meuse, Belgique, 204
Ambroise, saint, 145
Amiens, Arquet, porte l', 143
Amiens, Augustins, église des, 199
Amiens, Basse-Notre-Dame, rue, 205
Amiens, Beauvais, porte de, 169
Amiens, Cloître-Saint-Nicolas, rue du, 146, 206
Amiens, comté d', 22, 27
Amiens, Grand-Pont, quartier, 28
Amiens, Henri-IV, rue, 205
Amiens, Hocquet, quartier du, 25
Amiens, Hôtel-Dieu, 13, 17, 23, 24, 26, 28, 29, 32, 188
Amiens, Robert-de-Luzarches, rue, 206
Amiens, Saint-Acheul, abbaye, 12, 122, 172, 187, 192
Amiens, Saint-Denis, porte, 28
Amiens, Saint-Firmin-le-Confesseur, église, 28, 32, 140
Amiens, Saint-Germain-l'Écossais, église, 206
Amiens, Saint-Jacques, église, 170
Amiens, Saint-Jean, abbaye, 170
Amiens, Saint-Leu, quartier, 206
Amiens, Saint-Leu, rue, 187
Amiens, Saint-Martin-aux-Jumeaux, collégiale, 19, 28, 30, 205
Amiens, Saint-Maurice, église, 170
Amiens, Saint-Michel, faubourg, 160
Amiens, Saint-Michel-en-Castillon, église, 200
Amiens, Saint-Nicolas, collégiale, 19, 63, 136, 170, 205
Amiens, Saint-Nicolas, église, 17
Amiens, Saint-Nicolas, tour, 170
Amiens, Saint-Pierre, église, 170
Amiens, Saint-Remy, faubourg, 160
Amiens, Saint-Sulpice, église, 170
Amiens, Terre-l'Évêque, quartier, 25
Amiens, Thibaut d', archevêque de Rouen, 32
Amos, prophète, 129, 130, 142, 146
Anchin, abbatiale, 65
André, saint, 66, 113, 143
Angers, Maine-et-Loire, 171
Angleterre, 65
Anguilguin, comte d'Amiens, 13, 157
Anne, sainte, 178
Anneau de la Vierge, autel de l', 164
Anne d'Autriche, reine de France, 191
Annonciation, chapelle de l', *voir* Notre-Dame-de-Foy, chapelle
Anquier, Antoine, sculpteur, 171, 178, 187
Antiochus IV Épiphane, roi de Syrie, 142
Antoine, saint, 188
Arras, Pas-de-Calais, 39, 65
Arras Jean d', clerc de la fabrique, 21
Arthémie, martyr, 18
Attille, épouse d'Agripinus, 170
Augustin, saint, 143, 199
Augustin de Cantorbery, saint, 97, 99
Auxerre, cathédrale, 84, 99
Auxilius, prêtre romain, 122, 170
Avenier, *voir* Anquier, Antoine
Avernier, Antoine, sculpteur, 182
Avignon, Saint-Martial, 158
Avignon, Vaucluse, 179
Avre, rivière, 24, 25, 206

B

Babylone, 128, 131, 132
Bachelet, orfèvre de Paris, 202
Baillon, Antoine de, chanoine, 193
Balthazar, roi de l'Ancien Testament, 128
Barbieri, Philippe de, dominicain, 173
Barnabé, saint, 114
Baron, Noël, seigneur de La Maronde, 195
Baron de Noircin, Martin, 195
Barthélemy, saint, 31, 98, 113, 114
Basècles, Belgique, 204
Bavelincourt, Somme, 47
Béat, évêque, 139
Beaumetz, Somme, 20, 32, 40, 67
Beau Pilier, chapelles du, 34, 158
Beauvais, cathédrale, 39, 53, 56, 79, 100
Beauvais, église Saint-Étienne, 171
Beauvais, église Saint-Lucien, 182
Beauvais, Oise, 9, 15, 123, 172
Beauvais, Vincent de, 207
Beauvaisis, pays, 30
Beauvoir, Ferry de, évêque d'Amiens, 87, 169, 207
Bécourt, Guilain de, chanoine, 197
Belgique, 203
Bernard, archidiacre de Ponthieu, 31
Bernard, saint, 108
Béthulie, Samarie, 141
Billancourt, Thibaut de, archidiacre d'Amiens, 19
Blanche de Castille, reine de France, 22, 95
Blasset, Nicolas, sculpteur, 190, 191, 192, 193, 194, 197, 198, 199

Blimond, saint, 168
Boissy, Jean de, évêque d'Amiens, 158, 179
Boudinet, Mgr, évêque d'Amiens, 203
Bougeault, architecte, 206
Boulin, Arnould, huchier, 182
Boullet, Madeleine, épouse de Quignon, Jean, 197
Boulogne-sur-Mer, Pas-de-Calais, 204
Bourges, cathédrale, 49, 52, 86, 109, 126, 133, 149, 165
Boves, famille picarde, 23
Brabant, 186
Briton, Thibaut, évêque d'Amiens, 21
Bureau de La Rivière, conseiller royal, 160
Burry, Pierre, chanoine, 167, 188

C

Caignet, Pierre, écolâtre, 178
Cambrai, Nord, 9, 15, 65, 123, 172
Cambrin, Jean de, doyen, 167
Capétiens, dynastie, 207
Cardon, Antoine, charpentier, 80
Caron, François, chanoine, 199
Carpentier père, sculpteur, 195
Castus, miraculé, 172
Catéchismes, salle des, 202, 205
Catherine, sainte, 98, 101, 156
Caudron, Théophile, sculpteur, 76, 113, 127, 128, 137, 200
Cavaillé-Coll, facteur d'orgues, 192
Celle, vallée de la, 40, 41
Chambiges, Martin, architecte, 39
Champagne, 65, 84
Champs-sur-Marne, dépôt des Monuments historiques, 90, 97, 99
Charles Borromée, saint, 196
Charles le Mauvais, roi de Navarre, 160
Charles V, roi de France, 159, 160, 207
Charles VI, roi de France, 159
Chartres, cathédrale, 38, 42, 43, 49, 53, 55, 56, 59, 67, 83, 84, 99, 109, 114, 121, 126, 136, 141, 150, 168
Chelles, Jean de, architecte, 85
Cherchemont, Jean de, évêque d'Amiens, 9, 65, 154
Cheussey, architecte, 205
Chichester, cathédrale, 79
Christophe, saint, 87, 147, 198
Christophle, architecte, 196, 197
Claude, saint, 167, 192
Claude de Longwy, évêque d'Amiens, 179
Clermont, cathédrale, 74
Clermont, Thibaut de, archidiacre d'Amiens, 31
Clermont-en-Beauvaisis, 182
Cocquerel, famille de, 174
Cocquerel, Firmin de, chancelier de France et évêque de Noyon, 154
Cocquerel, Firmin de, maire d'Amiens, 160
Cocquerel, Robert de, chanoine, 76, 102, 174
Coffetier, peintre-verrier, 90, 97
Colard, maître charpentier, 40
Cologne, cathédrale, 72, 74
Cologne, concile de, 12

Combalot, 201
Conchy, Gérard de, évêque d'Amiens, 18, 31
Constantinople, 16, 97, 174, 177
Conty, famille, 94
Conversion de saint Paul, chapelle, 32, 152
Corbeil, 30
Corbie, abbaye de, 26, 136
Corbie, abbé de, 26
Cordelois, Augustin, 199
Cormont, famille, 39
Cormont, Renaud de, architecte, 38, 39, 83
Cormont, Thomas de, architecte, 38, 39, 83, 85, 113, 135, 208
Cornet de Coupel, François-Édouard, chanoine, 194, 197, 198, 199, 200
Cottenchy, Somme, 80
Crépin, saint, 179
Crépinien, saint, 179
Cressent, François, sculpteur amiénois, 194
Croissy, Oise, 40, 48
Croy, Jean de, bourgeois d'Amiens, 28

D

Dagobert, roi de France, 31
Damyens, Marc-Antoine, maître de la confrérie du Puy Notre-Dame, 191
Daniel, prophète, 119, 127, 128, 131, 142, 146
Darc, Jean, citoyen d'Amiens, 156
Daullé, architecte, 205
David, roi d'Israël, 112, 118, 141, 144, 184
Denuelle, Alexandre-Dominique, peintre, 202
Dinand-sur-Meuse, Belgique, 199
Dioclétien, empereur romain, 12
Domart, Guillaume de, 28
Doméliers, Oise, 40
Domice, saint, 15, 16, 18, 125, 126, 135, 168
Domitien, empereur romain, 113
Douillet, Edmond, architecte, 206
Doullens, Somme, 94
Du Cange, érudit bénédictin, 16, 23, 31, 94, 95, 98
Dufau, Pierre, architecte urbaniste, 206, 208
Dunstan, saint, archevêque de Cantorbery, 97
Dupuis, Jean-Baptiste, sculpteur, 196, 197, 198, 200
Dury, Pierre de, orfèvre, 167
Duthoit, frères, sculpteurs, 40, 66, 129, 159, 191, 196, 200, 202
Duval, abbé, 10, 114, 138, 140, 143, 147, 201

E

Edmond, saint, roi d'Angleterre, 95, 97, 99
Édouard Ier, roi d'Angleterre, 23, 95
Édouard le Confesseur, saint, roi d'Angleterre, 95, 97, 99
Éléonore de Castille, reine d'Angleterre, 23, 95, 98, 101, 154, 208
Élie, prophète, 130, 156
Élisabeth, sainte, 119, 120, 174, 175
Éloi, couvreur de tuiles, 40
Éloi, saint, 72, 96, 99
Éphèse, concile d', 13

Éphraïm, fils de Joseph, 141
Ermelinde, sainte, 204
Ésaü, personnage biblique, 141
Esmes, Jean d', évêque de Liège, 204
Esther, personnage biblique, 191
Etienne, saint, 147, 199
Eu, Geoffroy d', évêque d'Amiens, 13, 17, 28, 30, 31, 32
Eu, Pierre d', chanoine, 33
Eudin, Enguerran d', bourgeois d'Amiens, 157
Eugène, saint, 179
Eugène IV, pape, 9
Eugénie, impératrice, 103
Euloge, évêque d'Amiens, 12
Eustache, saint, 97, 99
Ève, 75, 119, 126, 156, 184
Ézéchiel, prophète, 127, 128, 142, 146

F

Falloux, Frédéric Albert de, 201
Faustinien, sénateur, 12, 169, 170
Fauvel, Pierre, orfèvre, 167
Filleux, Nicolas, chanoine, 195
Firme, père de saint Firmin, martyr, 171
Firmin le Confesseur, saint, 12, 13, 15, 16, 33, 124, 137, 147, 167
Firmin martyr, saint, 9, 12, 14, 15, 16, 21, 66, 80, 87, 97, 98, 103, 109, 110, 121, 122, 123, 124, 125, 126, 140, 159, 160, 167, 168, 169, 170, 171, 172, 177, 182, 187, 192, 195, 198, 208
Flandre, 186
Florent, saint, 139
Folleville, église, 186, 188
Fontaine-Bonneleau, Oise, 40
Fontaines, Robert de, maître de la confrérie du Puy Notre-Dame, 190
Fosses, Raoul de, chanoine puis archidiacre de Ponthieu, 94
Fouilloy, Évrard de, évêque d'Amiens, 17, 19, 29, 30, 32, 38, 48, 65, 110, 111, 207
Fournival, Richard de, chancelier de l'église d'Amiens, 112
Foy, Belgique, 199
Francken le Jeune, François, peintre anversois, 191
François d'Assise, saint, 96, 108, 117
François de Sales, saint, 195
François Ier, roi de France, 9, 80, 177
Fresne, François du, maître de la confrérie du Puy Notre-Dame, 199
Fresne d'Hauteville, Jean-François du, prévôt du chapitre, 199
Fuscien, saint, 15, 33, 125, 138, 139, 168, 179

G

Gabriel, archange, 98, 119
Gaggini, Pace, sculpteur italien, 186
Gaissart, Pierre de, couvreur, 40
Gard, abbaye du (Somme), 160, 178
Gard, Pierre-Jacques du, chanoine, 197
Gaudin, Jean, maître verrier, 90, 103

Gaydon, Étienne, chanoine, 156
Gédéon, juge d'Israël, 119, 120
Geneviève, sainte, 191
Gentien, saint, 15, 138, 139, 179
Georges, saint, 97, 204
Gerberoy, Richard de, évêque d'Amiens, 177
Gérente, Alfred, peintre-verrier, 90, 103
Germain l'Écossais, saint, 30
Gervin, évêque d'Amiens, 15
Gilles, saint, 91, 97, 99
Godde, Étienne-Hippolyte, architecte, 200
Gomer, épouse d'Osée, 129
Gonçans, Simon de, évêque d'Amiens, 152, 202
Granclas, architecte, 200
Grégoire le Grand, pape, 97
Grenier, dom, 90
Guéranger, dom, 201
Guilhermy, baron, 101
Guillaume-aux-Blanches-Mains, archevêque de Reims, 14
Guillaume aux Cousteaux, chanoine, 180
Guillaume l'Ours, 94
Guillelmus, maître verrier, 40

H

Habacuc, prophète, 131, 142, 146
Hac, Jacques, artiste, 187
Hainaut, Massine de, épouse d'Alphonse Le Mire, 192
Hallé, Claude-Guy, peintre, 195
Halluin, François de, évêque d'Amiens, 80, 167, 178, 179, 208
Hananya, faux prophète, 128
Heilly, famille picarde, 23
Heilly, Thibaut d', évêque d'Amiens, 15, 30
Helie, forgeron, 40
Hémard, Jean, 191
Hémard de Denonville, Charles, évêque d'Amiens et de Mâcon, 188
Hénencourt, Adrien de, doyen, 21, 169, 171, 173, 177, 180, 182, 185, 187, 208
Henri Biaxpingnié, ou Beaupignié, 158
Henri Ier, roi de France, 13
Henri II, roi de France, 192
Henri III, roi d'Angleterre, 95
Herbault, architecte, 205, 206
Hermogène, magicien, 180
Hérode Ier le Grand, 108, 119, 120
Hérode Agrippa Ier, 113
Hérode Antipas, 176
Hérodiade, princesse juive, 174, 176
Holopherne, général assyrien, 141
Honesta, martyre, 18
Honeste, saint, 171
Honnecourt, Villard de, Picard, 39
Honorat, évêque de Toulouse, 12
Honoré, saint, 12, 15, 16, 26, 33, 97, 103, 124, 138, 139, 140, 144, 147, 149, 167, 198
Horard, Joseph, chanoine, 198
Huet, Alexandre, huchier, 182
Huet, Guillaume, architecte, 8, 206, 208
Hugans Lienart le Sec, 94

Hydrequent, Pas-de-Calais, 204

I

Ile-de-France, 65, 84, 85, 148
Ingeburge de Danemark, reine de France, 14, 30, 31
Isaac, patriarche, 141, 144
Isaïe, prophète, 118, 127, 128, 142, 145, 146, 167

J

Jacob, patriarche, 120, 141, 144
Jacques, saint, 14, 80, 91, 97, 99, 113, 139, 143, 144, 179, 180, 181, 185, 186
Jacques le Mineur, saint, 113, 143
Jardinet, chapelle du, *voir* Notre-Dame-de-Foy
Jean, couvreur de plomb, 40
Jean, fabricant de cordes, 40
Jean-Baptiste, saint, 13, 16, 80, 97, 98, 99, 101, 109, 119, 120, 141, 142, 145, 159, 160, 164, 166, 167, 173, 174, 175, 176, 177, 188, 192, 195, 196, 204
Jean l'Évangéliste, saint, 14, 47, 66, 80, 98, 103, 107, 113, 114, 116, 117, 139, 140, 143, 145, 159, 165
Jean le Bon, roi de France, 160
Jeanne d'Évreux, reine de France, 157
Jeanne de Dammartin, 23
Jérémie, prophète, 127, 128, 142, 145, 146, 167
Jérôme, saint, 127, 129, 130
Jérusalem, 47, 109, 112, 117, 120, 127, 129, 130, 131, 132, 142, 145, 165, 181
Jessé, roi biblique, 90, 96, 99, 103, 118, 121, 127, 141, 148
Jézabel, reine, 130, 142
Job, 117, 141, 145, 184
Joël, prophète, 14, 129, 142, 145
Jonas, prophète, 130, 142, 146
Joron, François-Xavier, chanoine, 198
Joseph, patriarche, 141
Joseph, saint, 120, 187, 196
Josse, saint, 139
Jourdain, abbé, 10, 114, 138, 140, 143, 147, 175, 201
Joyenval, abbaye de, 30
Judas Maccabée, 142
Jude-Thaddée, saint, 113, 114
Judith, 141, 145, 191
Julien l'Apostat, empereur romain, 177
Just, martyr, 18

K

Krier, Rob, architecte, 206

L

L'Héritier, Jean, maître de la confrérie du Puy Notre-Dame, 190
Lacordaire, Henri, 201
La Couture, Nicolas de, évêque d'Hébron, 179
La Grange, Jean de, évêque d'Amiens, 65, 158, 159, 160, 179, 207
La Hyre, Laurent de, peintre, 199
Laignel, Mathieu, sculpteur, 188

Laignier, Guillaume, peintre, 171, 187
Lambert, évêque d'Arras, 15, 158
Lamorlière, 90
La Motte, Mgr de, 194, 197
La Neuville-en-Hez, Oise, 80, 182
Lannoy, François de, 188
Lannoy, Raoul de, 186
Laon, cathédrale, 52, 63, 64, 84, 136, 147
La Pierre, Arnoul de, évêque d'Amiens, 17, 24, 31, 32, 159, 166, 178
La Tour, Charles de, pénitencier de la cathédrale, 95, 179
Latran, concile du, 17, 110, 145, 207
Lazare, 117
Le Breton, Jacques, 103
Leclerc, Jean, chanoine, 167
Le Clerc, Linard, huchier, 182
Ledoux, Jacques, évêque d'Hébron, 179
Lefèvre de Caumartin, évêque d'Amiens, 191
Lefranc, Nicolas, maître de la confrérie du Puy Notre-Dame, 191
Le Marié, Nicole, chanoine, 168
Le Mire, Alphonse, 192
Lenglès, Pierre, notaire, 182
Léonard, saint, 95, 97, 99
Le Planque, Guillaume de, doyen, 156
Le Sellier, Grégoire, maître de la confrérie du Puy Notre-Dame, 190
Le Sieurre, Barthélemy, chanoine, 197
Lincoln, Angleterre, 84
Lisch, Juste, architecte, 203
Longpont, abbatiale, Aisne, 43, 84
Louis d'Orléans, frère de Charles VI, 160
Louise de Savoie, mère de François Ier, 9
Louis IX, roi de France, *voir* Saint Louis
Louis-Napoléon Bonaparte, 201
Louis VI, roi de France, 22
Louis VIII, roi de France, 22, 38
Louis XI, roi de France, 39, 166, 169, 207
Louis XIII, roi de France, 191
Louis XV, roi de France, 200
Louis XVI, roi de France, 199
Louvel, famille de, 174
Louvencourt, famille de, 174
Luc, saint, 140, 143, 144, 145, 174
Lucas, chanoine, 159
Lucas, Guillain, chanoine, 193, 196
Lucet, Nicolas, chanoine, 198
Lucien, saint, 179
Lugle, saint, 139
Luglien, saint, 139
Lupicin, saint, 138, 139
Luxor, saint, 15, 16, 125, 168
Luzarches, Robert de, architecte, 38, 39, 43, 48, 83, 84, 85
Lyre, Nicolas de, moine franciscain, 174

M

Maastricht, évêque de, 158
Maccabées, chapelle des, 205
Maccabées, cloître des, 200, 202
Machault, Mgr de, 195, 198

Mâcon, Guillaume de, évêque d'Amiens, 18, 33, 98, 111, 155, 156, 207
Madeleine, sainte, 165
Maillot, peintre, 203
Maître d'Amiens le, peintre anversois, 187
Malachie, prophète, 132, 143, 145
Malherbe, Drieu, mayeur d'Amiens, 94, 98, 101, 156
Malherbe, famille, 94
Manassé, fils de Joseph, 141, 142
Marc, saint, 140, 143, 144, 145
Marcel, Étienne, prévôt des marchands de Paris, 160
Marcel, saint, 179
Marchand, Honoffre, maître de la confrérie du Puy Notre-Dame, 190
Marguerite, sainte, 98, 155, 199
Marguerite de Provence, reine de France, 155, 207
Marie, épouse de Drieu Malherbe, 156
Marie, femme de Cléophas, 144
Marie-Madeleine, sainte femme, 144
Marie Salomé, mère des fils de Zébédée, 144
Martin, Michel, maître de la confrérie du Puy Notre-Dame, 199
Martin, saint, 12, 109, 115
Mathias, saint, 114
Mathieu, saint, 98, 114, 143
Melchisédech, roi prêtre de Salem, 141, 144
Menton Saint-Jacques, autel du, 164
Mère-Dieu, portail de la, *voir* Vierge, portail de la
Meurisse, Pierre, huchier, 182
Mézières, Philippe de, chancelier de Chypre, 9
Michée, prophète, 129, 130, 142, 146
Michel, archange, 108, 116, 133, 157, 198
Milly, Geoffroy de, bailli, 154
Moïse, 118, 119, 120, 121, 141, 144, 145, 156
Montalembert, 201
Montdidier, Somme, 139
Montreuil, Laurent de, pénitencier, 152
Montreuil-sur-Mer, Pas-de-Calais, 13, 125, 139
Morel, Antoine, sculpteur, 188
Moreuil, famille picarde, 23
Mouret, Antoine, maître de la confrérie du Puy Notre-Dame, 198
Mouret, François, 191
Mourin, Pierre, maître de la confrérie du Puy Notre-Dame, 191

N

Nabuchodonosor, 119, 128, 141, 142
Nahum, prophète, 129, 130, 142, 146
Napoléon III, empereur, 103
Narbonne, cathédrale, 74
Néron, empereur romain, 112, 113
Neuilly, Alleaume de, évêque d'Amiens, 18
Nicolas, saint, 99
Nicolle, peintre, 203
Ninive, 130, 131
Niquet, Antoine, chanoine, 193
Noé, 47, 141, 144
Norfolk, duc de, 204

Notre-Dame-Anglette, chapelle, *voir* Saint-Joseph, chapelle
Notre-Dame-de-Bon-Secours, chapelle, 197
Notre-Dame-de-Foy, chapelle, 157
Notre-Dame-de-Paix, chapelle, 156, 198
Notre-Dame de Pitié, autel, 196
Notre-Dame-de-Pitié, chapelle, 199
Notre-Dame du Pilier rouge, chapelle, *voir* Notre-Dame-du-Puy, chapelle
Notre-Dame-du-Puy, chapelle, 94, 154
Noyon, cathédrale, 14, 39
Noyon, Oise, 9, 12, 15, 123, 154, 172

O

Ode, sainte, 204
Oppenheim, église Sainte-Catherine, 76
Oppenord, Gilles, architecte, 195
Osée, prophète, 129, 142, 145

P

Palette, Pierre, peintre, 171, 187
Paraclet, abbaye du, 111, 204
Paris, 17, 18, 39, 84, 95, 110, 158, 160
Paris, abbaye de Saint-Germain-des-Prés, 99
Paris, le Louvre, 157, 165, 191
Paris, Notre-Dame, 17, 38, 53, 63, 64, 65, 67, 80, 85, 106, 109, 114, 116, 121, 126, 135, 136, 147, 148, 149, 150, 168
Paris, palais de la Cité, 47, 85
Paris, Sainte-Chapelle, 21, 47, 54, 63, 70, 72, 85, 86, 99, 148, 150, 165
Parrocel, Ignace, sculpteur, 200
Paul, saint, 13, 14, 66, 80, 98, 100, 101, 108, 111, 112, 113, 114, 115, 143, 146, 200
Pays-Bas, les anciens, 65
Pépin d'Herstal, 158
Philetus, disciple d'Hermogène, 180
Philippe, saint, 114, 135
Philippe Auguste, roi de France, 14, 22, 27, 30, 38
Philippe III, roi de France, 23
Piat, saint, 179
Picardie, 27, 84, 97, 166
Picardie, musée de, 37, 164, 165, 186, 191, 203
Picquigny, collégiale Saint-Martin de, 20, 40, 97, 177
Picquigny, Enguerrand de, vidame d'Amiens, 28
Picquigny, famille picarde, 23
Picquigny, Somme, 95
Pièce, Antoine, maître de la confrérie du Puy Notre-Dame, 198
Pie IX, pape, 103
Pierre, Claude, chanoine, 192
Pierre, saint, 13, 14, 66, 80, 101, 112, 113, 117, 143, 200
Pilier rouge, autel du, *voir* Puy Notre-Dame, autel du
Pilier vert, chapelle du, *voir* Saint-Sébastien, chapelle
Pingré, Antoine, maître de la confrérie du Puy Notre-Dame, 191
Pingré, Pierre-Joseph, chanoine, 199

Plailly, Hugues de, sculpteur, 30
Poix, doyenné, 94
Poix, famille, 23
Ponthieu, région de Picardie, 19, 23, 26, 94, 95, 96, 208
Poultier, J., sculpteur, 195
Poussielgue-Rusand, orfèvre parisien, 199, 203, 204
Puy Notre-Dame, autel du, 191
Puy Notre-Dame, confrérie du, 9, 186, 187, 190, 192, 195, 211, 212

Q

Quentin, Guillaume, huchier, 182
Quentin, saint, 154, 179
Quignon, Honoré, maître de la confrérie du Puy Notre-Dame, 191
Quignon, Jean, maître de la confrérie du Puy Notre-Dame, 197

R

Raineval, Jean de, chanoine, 16
Raphaël, archange, 157
Reginaldus, maître maçon, 40
Reims, abbatiale Saint-Remi, 52, 54, 139
Reims, cathédrale, 14, 38, 42, 43, 46, 49, 53, 54, 55, 56, 59, 75, 79, 83, 86, 109, 132, 136, 146, 147, 150
Reims, Marne, 14, 122
Reniu, Thomas, 94
Revelois, Guillaume, maître de la confrérie du Puy Notre-Dame, 191
Revelois, Marie de, épouse de Jean de Sachy, 192
Riencourt, famille picarde, 23
Rieul, saint, 179
Riquier, saint, 138, 139
Roch, saint, 191
Roche, Nicolas, maître de la confrérie du Puy Notre-Dame, 190
Roignard, ou Regnard, Claude, chanoine, 178
Rois, galerie des, 201
Rouen, cathédrale, 18, 32, 53, 84, 149, 182
Rouen, Seine-Maritime, 18
Rouvroy, Raoul de, doyen, 33
Roye, Barthélemy de, grand chambrier du roi, 23, 30, 31, 95
Roye, Nicolas de, évêque de Noyon, 30
Roye, Somme, 13, 139
Rue, Somme, 139
Rufin, saint, 179
Rumilde, épouse d'Anguilguin, comte d'Amiens, 13, 157

S

Saba, reine de, 119, 120
Sabatier, Pierre, évêque d'Amiens, 195, 196
Sachy, Jean de, échevin d'Amiens, 192
Sacquespée, Jean, chanoine, 179
Sacré-Cœur, chapelle du, 103, 203
Saint-Augustin, chapelle, voir Sainte-Theudosie, chapelle

Saint-Charles-Borromée, chapelle, voir Saint-Joseph, chapelle
Saint-Christophe, chapelle, 157
Saint-Christophe, porte, 155, 158, 198
Saint-Denis, basilique, 14, 31, 47, 62, 67, 126, 150, 157
Sainte-Agnès, chapelle, 156, 198
Saint-Éloi, chapelle, 32, 152, 202
Sainte-Marguerite, chapelle, 199
Sainte-Theudosie, chapelle, 202
Saint-Étienne, chapelle, 156, 199
Saint-Firmin, chapelle, 156, 198
Saint-Firmin, châsse, 204
Saint-Firmin, clôture de, 102, 172, 176, 180, 185, 187, 188, 194
Saint-Firmin, portail, 18, 87, 108, 111, 121, 135, 139, 146, 147
Saint-Firmin-à-la-Porte, église, 170
Saint-Firmin-en-Castillon, église, 87
Saint-Firmin-le-Confesseur, église, 17, 28, 159, 198, 200, 205
Saint-Firmin-le-Confesseur, fabrique, 26
Saint-François-d'Assise, chapelle, 103, 152, 178
Saint-Fuscien, Engrand de, 94
Saint-Fuscien, famille, 94
Saint-Fuscien, Jacques de, capitaine, 157, 160
Saint-Fuscien, Robert de, 94
Saint-Germain-en-Laye, chapelle, 71, 85
Saint-Germain-sur-Bresle, Somme, 30
Saint-Honoré, chapelle, 156, 198
Saint-Honoré, portail, 26, 106, 136, 137, 145, 146, 148, 149, 150
Saint-Jacques, chapelle, 103, 152, 203
Saint-Jacques, clôture de, 180
Saint-Jacques, faubourg, 160
Saint-Jacques de Compostelle, 113
Saint-Jean-Baptiste, chapelle (chœur), 32, 154
Saint-Jean-Baptiste, chapelle (nef), 197
Saint-Jean-Baptiste, clôture, 185, 188
Saint-Jean-d'Angély, abbaye de, 176
Saint-Jean-du-Vœu, chapelle, 195, 196, 200
Saint-Jean-l'Évangéliste, chapelle, 197
Saint-Joseph, chapelle, 154, 199
Saint-Lambert, chapelle, 158, 198
Saint-Louis, chapelle, 156, 198
Saint Louis, roi de France, 21, 23, 31, 85, 95, 155, 156, 191, 207
Saint-Michel, chapelle, voir Saint-Sauve, chapelle
Saint-Nicaise chapelle, voir Saint-François-d'Assise, chapelle
Saint-Nicolas, chapelle, 96, 101, 156, 199
Saint-Paul, chapelle, 137
Saint-Pierre, chapelle, 195
Saint-Pierre, chapelle, voir Saint-Jean-du-Vœu, chapelle
Saint-Quentin, Aisne, 65
Saint-Quentin, basilique, 38, 52, 67, 84, 168
Saint-Quentin, chapelle, 154
Saint-Riquier, abbaye, 94, 182
Saint-Sauve, chapelle, 156, 198
Saint-Sébastien, chapelle, 154
Saint-Valery, Somme, 168

INDEX

Salinis, Mgr de, évêque d'Amiens, 103, 201, 202, 204
Salisbury, Angleterre, 84
Salomé, princesse juive, 176
Salomon, roi d'Israël, 112, 119, 120, 141, 144
Samson, archevêque de Reims, 14
Samson, personnage biblique, 184
Samuel, prophète, 141
Sarton, Walon de, chanoine de Picquigny, 97, 177
Saturninus, évêque, 171
Sauve, saint, 12, 13, 15, 18, 122, 123, 125, 172, 198
Saveuse, famille picarde, 23
Savoie, Thomas de, chanoine, 152, 202
Saxe, Ludolphe de, chartreux, 174
Sebastianus, gouverneur romain, 12, 122, 170
Sébastien, saint, 191
Senlis, Oise, 203, 204
Sens, cathédrale, 52
Seux, Lucien de, chanoine, 21
Siméon, prêtre, 119
Simon, doyen, 19
Simon, saint, 113, 114
Simon le Magicien, 112
Slodtz, sculpteur, 194, 197
Soccard, peintre-verrier, 90
Soissons, Aisne, 43
Soissons, cathédrale, 49, 52, 53, 55, 65, 84
Somme, fleuve, 8, 24, 25, 40, 41, 206
Sonneurs, galerie des, 201
Sophonie, prophète, 129, 131, 142, 146
Steinheil, peintre-verrier, 90, 97, 203
Strasbourg, cathédrale, 76, 112
Suger, abbé, 47
Sully, Eudes de, évêque de Paris, 30
Suzanne, personnage biblique, 142, 146

T

Tamagnino, Antonio, sculpteur italien, 186
Tarisel, Pierre, maître maçon, 39, 185
Thérouanne, Pas-de-Calais, 9, 15, 123, 172
Theudosie, sainte, 103, 202
Thomas, saint, 39, 97, 113, 135, 208
Tirancourt, Somme, 40
Tirlemont, Brabant, 204
Tournai, Belgique, 164, 166

Tournai, cathédrale, 166
Toussaint Rolland, maître de la confrérie du Puy Notre-Dame, 190
Touzet, Achille, maître verrier, 90, 99, 202
Troyes, cathédrale, 67, 84, 98, 100
Trupin, Jean, huchier, 182

U

Ulphe, sainte, 15, 18, 33, 111, 125, 135, 168

V

Valère, saint, 179
Valery, saint, 139
Valois, dynastie, 160
Vérard, Antoine, imprimeur, 187
Vermandois, 23, 30, 31, 94
Versé, Pierre, évêque, 167, 178
Victoric, saint, 15, 138, 139, 179
Vienne, Jean de, amiral, 160
Vierge, portail de la, 107, 109, 118, 122, 136
Vignon, Claude, peintre, 191
Villers-Bocage, Somme, 41
Vimeux, Jacques-Firmin, sculpteur, 198, 199
Vincent de Paul, saint, 196
Viollet-le-Duc, Eugène, architecte, 7, 10, 24, 47, 53, 60, 62, 64, 66, 72, 78, 80, 83, 102, 103, 129, 190, 199, 201, 202, 203, 205, 206
Vitry, Charles de, conseiller du roi, 194
Vitry, François de, fils du précédent, 194
Vivarais, serrurier, 197
Voragine, Jacques de, 180
Vostre, Simon, imprimeur, 187
Vulphy, saint, 139

W

Waille, Pierre, chanoine, 182
Warlus, saint, 15, 16, 125, 168
Weiss-Gruber, Jeannette, maître verrier, 90, 103
Witz, Jean, chanoine, 181

Z

Zacharie, père de Jean-Baptiste, 120, 174
Zacharie, prophète, 14, 120, 132, 143, 145

Les photographies des cahiers iconographiques sont de Christian Lemzaouda
à l'exception des suivantes :
Amiens, musée de Picardie : 88 (cliché H. Martens) et 92 (cliché Ph. Arnaud)
Corpus vitrearum – France : 20
Aurélien André : 38 et 39

Composition : Facompo, Lisieux (Calvados)

Photogravure des cahiers iconographiques : Fotimprim, Paris
Impression des cahiers iconographiques : imprimerie Le Govic, Saint-Herblain
(Loire-Atlantique)

Reliure : Nouvelle Reliure Industrielle, Auxerre (Yonne)

Achevé d'imprimer en mars 2004
sur les presses de Normandie Roto Impression s.a.s., à Lonrai (Orne)
pour le compte des Éditions Zodiaque
N° d'impression : 040810

ISSN : 1379-7855
ISBN : 2-7369-0309-9

Imprimé en France

Dépôt légal : avril 2004